日本企業の戦略とガバナンス

Corporate Strategy and
Corporate Governance in Japan
An Empirical Study on Diversification

「選択と集中」による多角化の実証分析

Hidetaka AOKI
青木　英孝 著

中央経済社

まえがき

　本書は，コーポレート・ガバナンスが経営戦略に与える影響の解明を試みたものである。コーポレート・ガバナンスでは，所有と経営が分離した現代大企業において，企業のトップである経営者をいかにして規律づけるかが重要である。他方，経営戦略では，この経営者による戦略的意思決定が，いかにして企業の競争優位の維持と長期的な発展に結びつくのかが重要である。つまり，企業のガバナンスと経営戦略では，ともに経営者がキープレーヤーであり，その戦略的意思決定が重要になる。本書の分析対象は，日本の大企業（東証一部上場非金融事業法人）であり，分析期間は，バブル崩壊・銀行危機・リーマンショックを含む1990年度から2011年度までの22年間である。

　この間に，日本企業のガバナンス構造は大きく変容した。株式の相互持ち合い，メインバンク・システム，大規模な取締役会といった伝統的な日本型ガバナンスの存在感は徐々に薄れていった。人数が多く，内部昇進者が多数派を占める取締役会は，長期雇用の従業員に昇進インセンティブを与えるという意味で，日本型の雇用システムと制度的に補完関係にあった。しかし，取締役が40人とか50人もいた時代は，既に過去のものとなった。今では取締役が20人を超える会社も少数派となり，常務会という言葉は死語となった。対照的に，外国人株主や機関投資家などの"もの言う"株主の影響力が増大し，執行役員制度や社外取締役の導入といったトップ・マネジメントの構造改革が大きく進展した。日本企業は，資本市場からの利益圧力に直面するようになるとともに，そのトップ・マネジメント構造は，全社戦略やグループ戦略の強化に集中できる体制へと進化したのである。

　これほどコーポレート・ガバナンスのあり方が変容したのであれば，それはきっと経営者の現状認識に影響し，この経営者の戦略的意思決定が反映される企業の経営戦略にも何らかの影響がみられるのではないか。特に1990年代以降は，株主重視経営の必要性が謳われるようになったが，もしそうであれば，経営戦略の策定プロセスにも株主の影響が何かしらみられるのではないか。これらが，本研究をはじめた頃の興味関心であった。

実際，この間の日本企業の戦略展開にも大きな変化がみられた。まず，多角化やグローバル化が進展し，事業ポートフォリオ構造が複雑化した。さらに，分社化やM&Aが活発に行われ子会社が増加した。すなわち，グループ組織が巨大化した。そして，バブル崩壊後の失われた時を経て，1990年代の後半以降になると純粋持株会社が解禁となり，「選択と集中」による企業ドメインの見直しや事業ポートフォリオの再編が大きく進展したのである。

　コーポレート・ガバナンスの先行研究では，経営者に対する規律づけメカニズムが有効に機能しているのかを確認するために，企業パフォーマンスの低下が経営者の交代確率をシステマティックに上昇させるか否かが検証されてきた。つまり，業績の上がらない経営者が交代するという傾向がみられるのであれば，その背後にはきっと，企業業績を向上させるために必死に努力する経営者がいると思われるからである。そして，先行研究では概ねこの関係が確認されてきた。しかし，企業パフォーマンスが低下して経営者が交代するのであれば，その前に経営戦略の変更が行われているのではないか，という素朴な疑問をもつようになった。つまり，企業にとってのリーダーの交代というよりハードな変革の前に，経営戦略の変更というよりソフトな変革があるのではないか，という疑問である。これらの疑問が，本研究を始めるきっかけであった。そこで本書では，企業のガバナンス構造が，典型的な経営者の意思決定とされる多角化戦略の変更に与える影響を定量的に検証することで，これらの疑問にアプローチしたのである。

　本書は，筆者が早稲田大学大学院商学研究科に提出した博士学位申請論文「経営戦略とコーポレート・ガバナンス－事業ポートフォリオの再編と事業ガバナンスの分析－」の内容がベースになっている。博士論文では，1990年度から2005年度の期間に，日本企業の事業ポートフォリオ構造が多角化とグループ化の進展によって複雑化し，分社とM&Aの活用によってグループ組織が巨大化したという事実を分析の出発点とした。そして，その戦略的対処として，「選択と集中」によって企業ドメインを絞り込んだ上で，その絞り込まれた領域内の各事業をいかにしてコントロールするかを分析の対象とした。これらの研究内容のうち，多角化・グローバル化・グループ化の進展に関する事実の様式化と事業

ガバナンスの実態に関する内容は青木・宮島（2011）で公表した。また，企業のガバナンス構造が経営戦略の変更に与える影響に関する分析は青木（2014）に，事業ガバナンスのあり方と企業パフォーマンスの関係を検証した部分は青木（2016）に，それぞれシングルカットされている。したがって，本書ではまず，博士論文で用いた日本企業の事業構造やガバナンスのデータを，リーマンショックとその後の影響が確認できる時点まで6年度（2006年度から2011年度）拡張し，日本企業の事業ポートフォリオ構造の変容や，多角化戦略の変更メカニズムに対するガバナンス構造の影響を再確認した。そのうえで，新規事業への進出メカニズムと既存事業からの撤退メカニズムに対するガバナンス構造の影響に関する分析を加えるとともに，事業ガバナンスと子会社ガバナンスの部分をカットするという編集を行った。

　博士論文の審査では，主査をお引き受け頂いた早稲田大学大学院商学研究科の坂野友昭先生，副査として論文に目を通していただいた早稲田大学の大月博司先生，宮島英昭先生，慶應義塾大学の牛島辰男先生から，大変貴重で有意義なコメントを頂戴した。今思えば，大学のゼミの時，「プロ野球の監督はチームが成績不振だとクビになる。では，会社の経営者は企業の業績が不振だとクビになるのだろうか？」との疑問からコーポレート・ガバナンスなるものに出会った。その時から本書が刊行される現在に至るまでの24年間，コーポレート・ガバナンスに関連するテーマを研究している。この24年間という時間は，本書の分析対象期間（22年間）とほぼ同じ長さである。したがって，筆者が学生時代から現在まで，身近に見聞きして感じてきた日本企業のガバナンスと経営戦略の関係を分析したともいえる。

　小生が研究者としての道を歩む上で，早稲田大学商学部時代のゼミの指導教授であった宮島英昭先生には，大学院への進学後，さらに大学で職を得た後も共同研究の機会を頂戴するとともに，経済産業研究所（RIETI）のコーポレート・ガバナンス研究会のメンバーとして研究を行う機会を提供していただいた。自分が研究発表する時は，きっと寿命が縮んでいると思うほど緊張し，また，他の先生方やゲストスピーカーの先生方の最先端の研究成果に直に触れることができたのは大変貴重な経験だった。まさに"場"によって育てられたといえ

る。また，宮島先生との共同研究では，早稲田大学ファイナンス研究所（9号館にあった別名宮島計算工場）で，齊藤直氏（フェリス女学院大学）のお好みであった女性アイドルグループの楽曲が流れる中，計算工としての下働きを通して実証分析のノウハウを得る貴重な経験を積むことができた。日本企業研究で勉強したOJT（On the Job Training）は，研究者としても非常に大事であり，研究ノウハウがいかに暗黙知的な要素が多いかを実感した。

　大学院の博士課程に進学した後は，坂野友昭先生のゼミで勉学の機会を得た。坂野先生には，何時も温かく研究を見守っていただいた。いつも多忙ながら，その忙しさをネタにしてしまう先生の授業を楽しみにしていた。そして，いつも人に優しい先生のような心の広さをいつか自分ももてるようになりたいとある種の憧れを抱いてゼミに参加していた。鬼の宮島と仏の坂野の両先生のゼミで研究できたことは，今でも自分の大きな財産となっている（もっとも近年のゼミ生によると，宮島先生はとても優しくなられたらしい）。両先生とも，研究には厳しく，人に優しい理想の指導者であり，しばしば研究と教育に悩む私の目標とするところである。

　早稲田大学の学部と大学院では，経営学の先生方，特に二神恭一先生，小林俊治先生，江夏健一先生，厚東偉介先生，大月博司先生，藤田誠先生から，厳しいご指導と温かい励ましのお言葉をいただいた。また，大学院生時代から共に研鑽に励む研究者仲間にも恵まれた。経営学の分野では，日野健太氏（駒澤大学），山野井順一氏（早稲田大学）と共同研究の機会を得た。分野は違うが博士課程の同期である高橋愛典氏（近畿大学）とは，しばしば夏目坂のファミレスで議論した。また，千葉商科大学で職を得た後も良き同僚に恵まれた。特に，山本崇雄先生（神奈川大学），藤原七重先生，池田武俊先生，湯之上英雄先生（兵庫県立大学）には感謝の意を表したい。また，中央大学で勤めるようになった後も，花枝英樹先生，大橋正和先生（総合政策学部），高橋宏幸先生（経済学部），丹沢安治先生（戦略経営研究科）などに可愛がっていただいている。

　なお，本書のベースとなっている研究に関しては，科学研究費補助金（課題番号19730262），中央大学特定課題研究費の助成を受けた。また，本書の刊行に

まえがき

あたっては，中央経済社の酒井隆氏に大変お世話になった。心より感謝申し上げる。最後に，これまで育ててくれた父孝之と母文子，仕事と育児を両立してくれている妻奈央子，そして，2人の娘れおちんとゆりのんへ，日頃の感謝の言葉を記したい。いつも，この仕事が一段落したら家族との時間を…と思っているのです。

2017年3月

桜を待ちわびる多摩の研究室にて

青木　英孝

日本企業の戦略とガバナンス
－「選択と集中」による多角化の実証分析－

≪目　次≫

第1章
巨大化した日本企業とガバナンス構造の変容 …………1
1　はじめに－研究の背景と問題意識－　1
　　1-1　コーポレート・ガバナンスの学際性　1
　　1-2　経営戦略の決定プロセスへの接近　3
　　1-3　企業ガバナンスと経営戦略－経営者の意思決定－　5
2　事業ポートフォリオの変容とグループ組織の巨大化　7
　　2-1　事業ポートフォリオの変容　7
　　2-2　グループ組織の巨大化　8
　　2-3　事業ポートフォリオの再編
　　　　　－管理機構の限界への戦略的対応－　9
3　コーポレート・ガバナンスの変容　11
　　3-1　外部ガバナンス－資本市場の圧力増加－　11
　　3-2　内部ガバナンス－取締役会改革－　13
4　リサーチ・クエスチョン　15
　　4-1　コーポレート・ガバナンスと経営戦略　15
　　4-2　具体的問い　16
5　分析の枠組みと使用データ　17
　　5-1　分析の枠組み　17
　　5-2　サンプルとデータ　21

5-3 分析結果の概略　24

6　本書の構成　26

第2章

日本企業の戦略展開
－事業ポートフォリオ構造の複雑化とグループ組織の巨大化－ ………31

1　はじめに　31

2　伝統的な日本企業の事業構造　34
　2-1　高度経済成長期から安定成長期　34
　2-2　バブル経済期からバブル崩壊後　35

3　多角化の進展　36
　3-1　問題意識　36
　3-2　事業分野の再定義－日本標準産業分類の利用－　37
　3-3　多角化の尺度　39
　3-4　多角化タイプと本業比率の推移　41
　3-5　事業分野数の推移　45
　3-6　エントロピー指数の推移　47
　3-7　製造業と非製造業　50

4　グローバル化の進展　55

5　グループ化の進展　56
　5-1　連結子会社数　56
　5-2　売上高連単倍率　57
　5-3　製造業と非製造業　59
　5-4　グループ化の方法　61

6　まとめ　62

目次

第3章

多角化戦略とコーポレート・ガバナンス……………67

1　はじめに　67

2　戦略変更の意義－なぜ経営戦略の変更を問題とするのか－　69
　2-1　環境変化と組織慣性　69
　2-2　経営者の認知　70
　2-3　経営者の意思決定　71

3　分析の戦略　72
　3-1　経営戦略の変更－多角化と専業化－　72
　3-2　企業パフォーマンスと戦略変更－仮説－　75
　3-3　コーポレート・ガバナンスと戦略変更－仮説－　76
　3-4　推計モデルと変数　80

4　戦略変更の時系列推移－基本統計量－　84

5　戦略変更の決定要因　87
　5-1　企業パフォーマンスの影響　87
　5-2　コーポレート・ガバナンスの影響
　　　－1990年代後半から2000年代前半の分析－　90

6　経営戦略の見直し－低パフォーマンス時の分析－　94
　6-1　企業パフォーマンスの水準と戦略変更の必要度
　　　－分析の意図－　94
　6-2　戦略変更に対する企業パフォーマンスの影響　98
　6-3　戦略変更に対する企業ガバナンスの影響　100

7　まとめ　106
　7-1　戦略変更のメカニズム　106
　7-2　伝統的な日本型ガバナンスの逆機能　107
　7-3　低パフォーマンス時の戦略変更　110

第4章

進出・撤退とコーポレート・ガバナンス ……………… 117

- 1 はじめに 117
- 2 先行研究と本章の特長 118
- 3 分析の戦略 121
  - 3-1 企業パフォーマンスと進出・撤退－仮説－ 121
  - 3-2 コーポレート・ガバナンスと進出・撤退－仮説－ 123
  - 3-3 推計モデルと変数 125
- 4 進出と撤退の時系列推移－基本統計量－ 130
  - 4-1 進出と撤退の定義 130
  - 4-2 進出と撤退の推移 131
  - 4-3 基本統計量の変化 134
- 5 進出と撤退の決定要因－企業パフォーマンスの影響－ 136
  - 5-1 進出の決定要因 136
  - 5-2 撤退の決定要因 139
  - 5-3 企業パフォーマンスと進出・撤退 141
- 6 進出と撤退の決定要因－企業ガバナンスの影響－ 142
  - 6-1 分析の焦点 142
  - 6-2 コーポレート・ガバナンスと進出 143
  - 6-3 コーポレート・ガバナンスと撤退 147
- 7 進出と撤退のメカニズム－低パフォーマンス時の分析－ 149
  - 7-1 企業パフォーマンスの水準と事業再編の必要度
    －分析の意図－ 149
  - 7-2 進出に対する企業パフォーマンスの影響 151
  - 7-3 撤退に対する企業パフォーマンスの影響 153

8 進出・撤退とコーポレート・ガバナンス
　　－低パフォーマンス時の分析－　156
　　8-1　進出に対する企業ガバナンスの影響　156
　　8-2　撤退に対する企業ガバナンスの影響　160

9 まとめ　165
　　9-1　進出と撤退のメカニズム－企業パフォーマンスの影響－　165
　　9-2　進出・撤退のメカニズムとコーポレート・ガバナンス　167
　　9-3　低パフォーマンス時の進出と撤退のメカニズム　168
　　9-4　低パフォーマンス時の進出・撤退とコーポレート・
　　　　 ガバナンス　170

第5章

経営戦略を適正化するコーポレート・ガバナンス
－経営の規律づけメカニズム－ ……………………………175

　1　「選択と集中」による事業再編とコーポレート・
　　　ガバナンスの変容　175

　2　多角化戦略の変更メカニズムとコーポレート・ガバナンス　177

　3　進出と撤退のメカニズムとコーポレート・ガバナンス　180

　4　結論－ガバナンスは戦略に影響する－　182

あとがき－残された課題－　187

【参考文献】　189
【索　引】　197

第 1 章

巨大化した日本企業と
ガバナンス構造の変容

1　はじめに－研究の背景と問題意識－

1-1　コーポレート・ガバナンスの学際性

　本書では，コーポレート・ガバナンスと経営戦略の関係を問題にする。つまり，企業のガバナンス特性が，経営戦略の策定という企業の意思決定プロセスにどのような影響を与えているのかを実証的に解明することを試みる。

　コーポレート・ガバナンスの議論は多様であるが，企業は誰のものか，あるいは誰の目的のために運営されているのかといった議論とともに，実質的な企業の意思決定者であり，その影響力が絶大である経営者に対する規律づけメカニズムの有効性が重要な論点とされてきた。例えば，標準的なエージェンシー理論に基づいて，株式会社の主権者とされる株主が，インセンティブ制度の設計やモニタリングの仕組みを工夫することで，経営者の高い努力をいかに引き出し，良い経営を行わせるかが議論されてきた。ガバナンスが良好であれば，良い経営者が良い経営を行うことで，企業の持続的発展が期待できるからである。誰が，あるいは何が経営者をやる気にさせるのかという，規律づけの主体といった観点からみると，日本企業のガバナンスにおいては，メインバンクによるモニタリング，負債の規律，熾烈な企業間競争，近年では，"もの言う"株主の存在，すなわち，資本市場からの圧力などが重要な役割を果たしている。

　例えば，企業がどのような方法でファイナンスするかは，経営者の規律づけ

メカニズムと密接な関係をもっている。エクイティー・ファイナンスの場合，誰が株主であるか，あるいは株主の保有政策が，経営者に対する規律づけに影響を与える。持ち合い株主のような安定株主なのか，外国人株主や機関投資家などの"もの言う"株主なのか，あるいはオーナーなどの大株主や創業家一族なのかといった株主の特性が重要な意味をもつのである。他方，デット・ファイナンスの場合，負債の存在自体が経営者を規律づける。すなわち，負債が大きければデフォルト・リスクは上昇し，万が一倒産でもした場合には，経営者は自身の地位を失う可能性が高いから，一所懸命努力して経営にあたることが期待されるという負債の規律づけメカニズムである。また，最大の貸し手であるとともに主要な株主でもあったメインバンクは，債権者と株主の利害相反を超えて，企業のモニタリングに責任をもち，借り手企業の財務状態の悪化に応じて役員を派遣するなど経営に介入する。この業績悪化時のメインバンクによる経営介入の可能性は，自立性と内部者のイニシアティブを維持したい経営者にとっては良い経営を行うインセンティブとなる。このように，コーポレート・ガバナンスは，コーポレート・ファイナンスと親和性が高い学問である。

また，コーポレート・ガバナンスは法学分野との距離も近い。立場上，経営者は株主から企業経営を委託されているため，善良な注意を払いつつ委託された業務を行う必要がある。放漫経営などは善管注意義務，あるいは会社法での忠実義務に違反する行為である。また，伝統的な監査役会設置会社のほか，指名委員会等設置会社や監査等委員会設置会社などの仕組みを規定する企業法制は，取締役会を含む企業のトップ・マネジメント組織の設計に大きな影響を与える。そして，このトップ・マネジメント組織の設計は，経営者に対する規律づけやコントロール機能の面で極めて重要である。なぜならば，株主によって選任された取締役によって構成される取締役会は，経営者をモニタリングし，能力の低い経営者や業績の上がらない経営者を解任する権限をもつからである。この解任の可能性は，経営者にとって高い努力水準を維持するインセンティブとなる。

経営学の分野では，この取締役会を中心とする企業のトップ・マネジメント組織が，どのような機能と構造をもっているのか，あるいは欧米企業などと比較した場合の日本的な特徴は何かなどが議論されてきた[1]。しかし，取締役会を

中心とする企業のトップ・マネジメント組織は、経営者に対する規律づけとコントロールの機能を担うと同時に、日本における実際の企業経営では、戦略的な意思決定、すなわち経営戦略の策定を担う組織体でもある。それにもかかわらず、これまでコーポレート・ガバナンスと経営戦略は個別に議論されることが多く、両者の関係に焦点を当てた研究は本格的には行われてこなかった。

1-2　経営戦略の決定プロセスへの接近

　コーポレート・ガバナンスにおける経営の規律づけメカニズムの有効性をめぐっては、多くの先行研究が、企業のガバナンス構造と組織パフォーマンスとの関係を直接検討し、組織パフォーマンスが高い場合にガバナンスが有効に機能していると判断してきた。外部ガバナンスでは、企業の株式所有構造やメインバンク関係などの諸要因が、財務パフォーマンスや企業価値などのアウトプットに与える影響が検討されてきた。例えば、手嶋 (2000, 2004) は、1998年の東証一部上場の製造業企業650社をサンプルに、経営者による株式保有の影響をエージェンシー問題の視点から、特に株主と経営者の利害相反を緩和するアラインメント効果をもつか、逆に外部からの牽制を効かなくするエントレンチメント効果をもつかという視点から、経営者持株と企業価値（トービンのq）との関係をテストしている[2]。また、内部ガバナンスに関しても、トップ・マネジメント特性や従業員からの規律づけの影響などが検討されてきた[3]。例えば、トップ・マネジメント特性に関しては、経営者の報酬といったインセンティブの側面とともに、経営組織としての構造面での特徴、すなわち取締役会の規模や構成[4]、あるいは執行役員制度や社外取締役の採用が、効率性や生産性などに与える影響がテストされてきた[5]。これらの先行研究の多くに共通する特徴は、企業のガバナンス構造と組織パフォーマンスとの直接的な関係をテストすることで、経営者に対するモニタリングやインセンティブが有効に機能しているか否かを判断してきたことにある。つまり、資産効率などの事後的な組織パフォーマンスが高い場合に、コーポレート・ガバナンスが有効に機能しているとの評価を与えてきた。

　しかしながら、コーポレート・ガバナンスが有効に機能しているとすれば、すなわち、経営者に対するモニタリングが正常に機能しているとすれば、ある

いは経営者のインセンティブが適切に設計されているとすれば，それは一体どのようなプロセスを経て高い組織パフォーマンスに帰結するのだろうか。企業のガバナンス構造が経営者の現状認識と戦略的意思決定に影響を与え，それが企業の経営戦略という具体的な経営行動として現れ，その結果が組織パフォーマンスというアウトプットに反映されるという，企業内部の変革メカニズムを解明するというアプローチが必要なのではないか。本書の問題意識は，これまでブラックボックスとして扱われてきた部分，すなわち，企業のガバナンス構造と組織パフォーマンスとの中間に位置する企業内部の経営戦略の決定プロセスへの接近にある[6]。つまり，経営戦略に対する影響という観点から企業のガバナンス構造を分析するという位置づけである。

もっとも，このアイデア自体は決して目新しいものではなく，経済学で伝統的に用いられてきたSCPパラダイムの考え方に沿ったものである。SCPパラダイムとは，構造（Structure）が行動（Conduct）に影響を与え，その結果が，組織パフォーマンス（Performance）に反映されるという考え方である[7]。つまり，**図表1-1**に示したように，コーポレート・ガバナンスに関する先行研究では，多くが構造とパフォーマンスの関係（矢印①）を検証してきたが，本書では構造と行動の関係（矢印②）に着目し，企業のガバナンス構造が企業の経営行動，特に経営戦略に与える影響を定量的に検証する。なお，行動とパフォーマンスの関係（矢印③）は今後の課題とし，本書では扱わない。

図表1-1　ガバナンス構造・経営行動・パフォーマンス

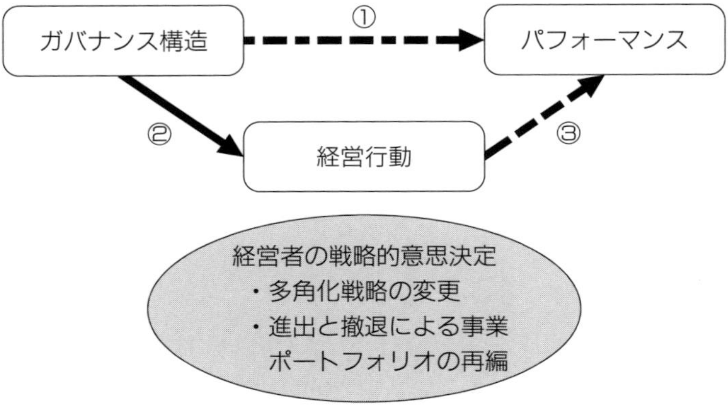
ガバナンス構造
①
パフォーマンス
②
経営行動
③
経営者の戦略的意思決定
・多角化戦略の変更
・進出と撤退による事業ポートフォリオの再編

1-3 企業ガバナンスと経営戦略―経営者の意思決定―

本書の目的は、コーポレート・ガバナンスが経営戦略に与える影響を解明することにあるが、この影響を与える主体であるコーポレート・ガバナンスと、影響を受ける客体である経営戦略との間には、当然のことながら企業の経営者が存在する。コーポレート・ガバナンスで問題とする規律づけの対象は主に企業の経営者であるし、経営戦略を策定するのも企業の実質的かつ最終的な意思決定主体である経営者だからである。図表1-2は、コーポレート・ガバナンスと経営戦略の関係を整理したものである。コーポレート・ガバナンスでは、株主あるいは広くステークホルダーの利害を満たすべく行われる経営の意思決定を担う経営者に対して、インセンティブが適切に設計されているか、モニタリングを通じた規律づけメカニズムが有効に機能しているかを問題とする。他方、経営戦略では、企業を外部環境とマッチさせつつ、いかに効率的に組織を運営し、経営目標を達成するかを問題とする。そして、この経営戦略の意思決定を行うのが経営者である。

図表1-2　コーポレート・ガバナンスと経営戦略

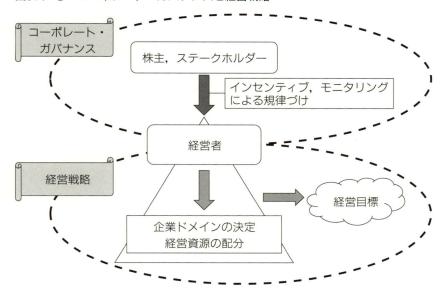

経営者の意思決定は，もちろん企業組織全体のパフォーマンスに大きな影響を与えるが，特に戦略的意思決定と呼ばれるトップ・マネジメントの意思決定では，企業ドメインの決定と経営資源の配分が重要である。経営資源に関しては，調達と管理も重要であるが，これらはミドル・マネジメント（事業部門）に意思決定権限を委譲することもできる。しかし，部門間をまたぐ調整を必要とする経営資源の配分は，本質的により上位のトップ・マネジメント・レベルでしか行うことができない。

　経営戦略の教科書的には，戦略のレベルには企業戦略あるいは全社戦略と，事業戦略あるいは競争戦略があるが，経営者に対する規律づけメカニズムの有効性を企業ガバナンスの影響という視点から検証する本書では，企業戦略あるいは全社戦略が分析のターゲットとなる。したがって，日本企業のガバナンス構造が，経営者の戦略的意思決定を介して，企業戦略・全社戦略にどのような影響を与えたのかを解明することになる。

　そして，この経営者の戦略的意思決定としては，「選択と集中」に着目する。事業分野の"選択"と経営資源の"集中"である。なぜならば，事業分野の"選択"は，事業ポートフォリオの再編を通じた企業ドメインの再定義を意味し，経営資源の"集中"は，事業分野間における資源配分ウェイトの変更を意味するからである。すなわち，これらは典型的な経営者の戦略的意思決定とされるからであり，その結果が，多角化戦略という企業の経営戦略に反映されるからである。そこで本書では，この経営者による「選択と集中」という戦略的意思決定が反映される事業ポートフォリオの選択と経営資源配分の重点化，すなわち，経営戦略の変更に対して，株式所有構造やトップ・マネジメント構造といった企業のガバナンス構造が，どのような影響を与えていたのかを検証する。具体的には，株式の相互持ち合いに基づく安定株主の存在や，外国人株主や機関投資家などの"もの言う"株主の存在といった所有構造の影響，および内部昇進者を中心とする大規模な取締役会といった構造的特徴や，執行役員制度や社外取締役の導入といった企業のトップ・マネジメント改革の影響を定量的に検証していく。

2 事業ポートフォリオの変容とグループ組織の巨大化

2-1 事業ポートフォリオの変容

　本書では，コーポレート・ガバナンスと経営戦略の関係を議論するが，この両者はともに，近年大きな変化を経験している。そこで，本章では以下，日本企業のガバナンス構造と経営戦略それぞれの変化を概観したうえで，リサーチ・クエスチョンを設定する。そして，その問いに答えていくための分析フレームワークを提示し，使用するデータについて説明する。

　日本企業は伝統的に，成長や市場シェアの拡大を重視した目標設定と，特に人的資源を中心として既存資源を活用しながら内部成長を図るといった戦略特性をもっている。その結果として，事業ポートフォリオの構造は専業型，あるいは，多角化する場合でも本業を中心とした関連多角化が主流であった。これは，長期雇用に基づく内部労働市場優位のもと，従業員がジョブローテーションやOJTによって企業特殊的スキルや熟練の蓄積を図るといった雇用特性と深く関連していた。すなわち，長期雇用のもとで多くの従業員に昇進の可能性をもたせるためには企業の成長が重要になるし，関連ビジネスに展開するほうが，既存の従業員が蓄積した企業特殊的な技能をより有効に活用することができ，シナジー効果が期待できるからである。そして，これらの戦略特性と事業ポートフォリオ構造は，本業の持続的成長が期待できた高度成長期からオイルショック後の調整期，概ね1980年代までの外部環境とも整合的であった。

　しかし，バブルが発生した1980年代の後半，本業の成長鈍化に直面した伝統的な大企業は，自社の基礎的な技術を梃子にして多角化を進めた。この多角化は，1990年代初頭のバブル崩壊直後には一旦修正されるものの，その後，情報通信革命や規制緩和など外部環境が急速に変化するなかで，1990年代を通じて継続していた。バブル経済の崩壊を機に拡大路線が自重されたかといえば，実はそうではなかったのである。そして，この多角化は特に大企業部門で顕著であった。実際に，多角化が落ち着くのは2000年代以降であるが，1997年の銀行危機以降は，「選択と集中」が戦略的スローガンとして定着し，企業は低収益

部門の整理・合理化に取り組み始めた[8]。

もっとも，近年の研究が明らかにしたように，日本企業は単純に不採算部門を縮小していたわけではなく，むしろ，並行して関連事業への進出を積極的に行っていた[9]。また，企業結合法制が整備されるなかで，日本企業は戦後経済史上初めて M&A を戦略的に利用することとなった。規模の経済や範囲の経済の実現を目的とした統合が進展する一方，コア関連事業の買収と，非コア事業の売却を通じた事業再組織化が進展したのである。さらに，多くの産業が国内市場の成熟化に直面し，需要が停滞するなかで，この再組織化は海外への事業展開を伴った[10]。円高を背景に，低価な労働力を求めて生産機能を海外にシフトさせる動きや，新たな成長機会を海外に求める動きが活発化したのである。

2-2　グループ組織の巨大化

多角化やグローバル化は，事業活動の内容や地理的範囲を拡大させることで事業ポートフォリオの複雑性を増加させるが，この事業構造の変化と並行して，企業のグループ化も大きく進展していた。1990年代の半ば以降は，親会社本体のスリム化を進めるのと同時に分社が活発に行われ，また2000年以降になるとM&A が積極的に活用されるようになった[11]。その結果，連結子会社数が増えグループ組織が巨大化したのである。代表的な企業で，1997年度から2007年度までの10年間に，グループ組織や事業構造がどのくらい変化したのかをみてみよう。例えば，トヨタ自動車では，連結子会社数が261社から523社へとほぼ倍増し，売上高連単倍率は1.50倍から2.18倍まで上昇していた。また，海外子会社も56社から88社へと増加し，海外売上高比率は57.0%から71.4%まで上昇していた。その結果，連結総資産は約14兆円から約32兆円へと倍以上も増加した。急速にグループ組織の巨大化が進展したのである。本田技研工業でも，連結子会社数が285社から397社へと100社以上も増加し，その結果，売上高連単倍率は1.95倍から2.94倍まで大きく上昇した。本田技研工業は早くから国際化が進んではいたが，この間に海外子会社数も101社から144社まで増加し，海外売上高比率も71.5%から86.8%に達していた。その結果，連結総資産は約5兆円から約13兆円へと増大し，グループ組織が巨大化したのである。また，建設機械大手のコマツでは，連結子会社数が81社から165社に倍増し，その結果，売上高連

単倍率は2.07倍から2.42倍に上昇した。またこの間，海外子会社数も47社（進出先19カ国）から61社（同22カ国）へと増加し，海外売上高比率は12.5％から77.5％まで65％もの大きな上昇を示した。

　これらの戦略展開の結果，すなわち，多角化やグローバル化によってビジネスの内容や地理的範囲が拡大し事業ポートフォリオの複雑性が増大したばかりでなく，分社やM&Aの積極的な活用によってグループ化が進展した結果，経営陣と各事業部門間，あるいは親会社とグループ子会社間の情報の非対称性が拡大したのである。これは，コーポレート・ガバナンスの観点からみれば，日本企業が，伝統的な株主と経営者との間のエージェンシー問題だけでなく，経営者と事業部門長，あるいは親会社の経営者とグループ子会社の経営者との間のエージェンシー問題にも直面するようになったことを意味する。Bolton and Scharfstein（1998）のいう"2層のエージェンシー関係"がコーポレート・ガバナンスの問題として新たに浮上したのである。親会社の組織内部における経営者と事業部門長，あるいはグループ組織内における親会社と子会社という2層目のエージェンシー問題が深刻化し，その解決が重要な戦略的課題となったのである。

2-3　事業ポートフォリオの再編－管理機構の限界への戦略的対応－

　効率的なグループ経営の観点からみれば，事業内容の拡大を意味する多角化は，管理コストや部門間の調整コストの上昇を招き，政治・経済・法制度や文化・習慣等の異なる国・地域への拡大を意味するグローバル化は，企業間競争を一層激化させるとともに，現地顧客や現地労働者への対応を要請した。そしてグループ化の進展は，増加した傘下子会社をいかにしてガバナンスし，グループ戦略の統一性を維持するかという問題を提起したのである[12]。これらは，従来にも増してより一層グループ経営の難易度が増大したこと，同時に，それを束ねる経営者の意思決定負担が増大したことを意味する[13]。経営者と事業部や子会社との間の情報の非対称性問題の深刻化は，グループ経営にとっては本質的に重要な問題であり，対応を誤れば企業の組織効率が大きく低下する可能性が高まったのである。そこで本書では，事業ポートフォリオ構造の複雑化とグループ組織の巨大化によって経営管理機構の限界に直面するようになり，グループ

図表1-3 「選択と集中」の推移

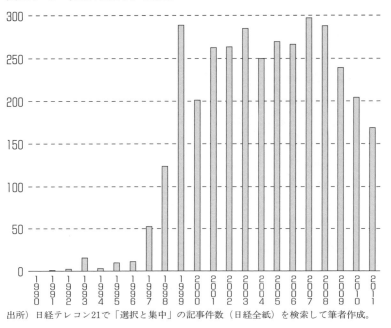

出所）日経テレコン21で「選択と集中」の記事件数（日経全紙）を検索して筆者作成。

経営の強化が最も重要な経営課題の1つとなった日本企業の戦略的対応として，「選択と集中」による事業ポートフォリオの再編と経営資源の重点的配分，すなわち経営戦略の変更に分析の焦点を当てる[14]。

　実際，1997年の銀行危機を契機に，「選択と集中」による事業ポートフォリオの再編が活発化した[15]。図表1-3は，日経全紙に掲載された「選択と集中」の記事件数の推移を整理したものである。「選択と集中」の記事件数は，1997年度の52件，1998年度の124件，1999年度の289件と1990年代の後半に大きく増加し，2000年度以降はリーマンショック後の2010年度まで，安定的に200件超となっている。つまり，日本企業の事業ポートフォリオ再編に関連してしばしば用いられる「選択と集中」は，1997年の銀行危機を契機に活発化し，翌1998年以降広く一般化したという事実が確認できる。日本企業は，「選択と集中」を事業ポートフォリオ再編の旗印に，不採算事業の整理・縮小と並んで，競争力のあるコア事業への経営資源の集中を図ったのである。菊谷・齋藤（2006）は，日本企

業が主に本業との関連性が薄い非関連事業からの撤退と，本業周辺事業への進出を組み合わせることによって，本業関連型の事業ポートフォリオへの回帰を図ったことを示している。

事業ポートフォリオ構造の複雑化とグループ組織の巨大化は，経営陣のスパン・オブ・コントロールの限界を超えて組織的な非効率を発生させる可能性がある。したがって，「選択と集中」による事業ポートフォリオの再編は，トップ・マネジメントがカバーする意思決定の範囲自体を制限しようとする戦略的対応であると解釈することができる[16]。すなわち，過度の多角化を修正し，経営者の意思決定問題の複雑性を緩和するという見方である。また，事業の「選択と集中」が進められるのと同時に，子会社の「選択と集中」も実施され，グループ経営の強化が図られた。つまり，戦略的に重要な子会社を本体へ吸収合併したり，子会社に対する持分を増加させて完全子会社化を図るなど，グループ組織の再編が進められたのである。例えば，松下電器産業（現 Panasonic）では，松下冷機の完全子会社化（2000年），松下電子工業の合併（2001年），松下通信工業，九州松下電器，松下精工，松下寿電子工業，松下電送システムの完全子会社化（2002年），松下電子部品，松下電池工業の完全子会社化（2003年），松下産業情報機器の合併（2005年）などのグループ経営の強化策が実施された。なお，1997年の独占禁止法の改正による純粋持株会社の解禁や2000年3月期からの本格的な連結決算の導入など，企業関連法制の整備も事業ポートフォリオの再編を後押しした。

以上のように，1997年の銀行危機後に活発化した「選択と集中」は，2000年代を通じて高い水準にあり，日本企業では，リーマンショック後の不況期に至るまで事業ポートフォリオの再編が断続的に進められていたと推察される。

3　コーポレート・ガバナンスの変容

3-1　外部ガバナンス－資本市場の圧力増加－

「選択と集中」による事業ポートフォリオの再編は，経営者によって行われた戦略的な意思決定である。この企業の実質的な，あるいは最終的な意思決定者

である経営者のインセンティブ構造を規定し，高い努力水準を維持させる規律づけの機能を果たすのが，コーポレート・ガバナンスの役割である。伝統的な日本型ガバナンスは，大規模で内部昇進者が多数派を占める取締役会の構成，株式の相互持ち合い，メインバンク・システムなどの特徴を備えていた。大規模で内部昇進者優位の取締役会は，長期雇用関係のもとで熟練を形成する従業員に昇進のゴールとしての役員ポストを潤沢に提供するという点でインセンティブ効果をもち，株式の相互持ち合いによる安定株主の存在は，敵対的企業買収の脅威から経営者を自由にすることで，長期的な視点に立った経営戦略の立案を可能にしたとされる[17]。また，企業経営が順調な時は経営に介入することなく企業の自立性を担保する一方，もしも財務状態が悪化した場合には，企業のモニタリングに責任をもつメインバンクが経営再建に中心的な役割を果たした。この企業の財務状態の悪化に応じて，メインバンクによる経営監視が強化され，経営権が企業の内部者からメインバンクに移転するという関係は，Aoki（1994a，1994b），青木（1995，1996）によって"状態依存的ガバナンス"として定式化された。そして，これらの日本型ガバナンスの諸特性は，外部環境が比較的安定的であった1980年代頃までは，日本企業の高いパフォーマンスの維持に貢献してきた[18]。

しかし，日本企業のガバナンス構造は，1980年代の後半から株式所有構造などの外部ガバナンスが徐々に変化し，1990年代の後半，特に1997年の銀行危機以降は，取締役会構造などの内部ガバナンスの面でも大きな変化を見せ始めた。まず，1980年代後半のバブル期には，株高を背景にして，主要企業の資金調達パターンがメインバンクを中心とする間接金融から直接金融にシフトした。さらにバブルが崩壊した1990年代に入ると，銀行部門の不良債権問題を背景に，主に銀行と事業会社間の株式持ち合いの解消が進んだ[19]。これらの現象は，経営者を資本市場の短期的な利益圧力から解放し，長期的視野に立った経営戦略の立案を可能にしたとされる"もの言わぬ"安定株主のウェイト縮小と，株式の相互持ち合いのもとで経営者のモラルハザードの防止に重要な役割を果たしたメインバンク・モニタリングのウェイト低下を意味した[20]。一方，株式持ち合い比率が低下するのとは対照的に，"もの言う"株主として知られる外国人株主や機関投資家がプレゼンスを上昇させた。"もの言わぬ"株主とは，株式保有先企

業の業績が悪くても，経営責任を追及したり株主総会で会社提案に反対票を投じることなく，また株式売却も行わない株主，すなわち Voice（発言）も Exit（退出）も行使しない株主である[21]。したがって，現経営陣に友好的な安定株主と考えることができる。他方，"もの言う"株主とは，投資収益の最大化を目的とし，株式保有先企業の業績が悪い場合，株主総会での議決権行使（Voice）や保有株式の売却（Exit）を行う株主である。したがって，経営者は業績が悪化した場合，説明責任を果たす必要があり，改革のプレッシャーをより強く受けると考えられる。日本取引所グループの株式分布状況調査（2015年度・要約版）によると，1990年から2010年までの20年間で，金融機関保有は43.0％から29.7％まで，事業法人等保有も30.1％から21.2％まで低下していた。これとは対照的に，外国法人等保有は1990年の4.7％から2010年の26.7％まで大きく上昇していた。伝統的に日本企業のガバナンスにおいて重要な役割を果たしてきたとされるメインバンクによる経営の規律づけメカニズムが後退し，資本市場からの圧力が企業経営に大きな影響を与えるようになったのである。

3-2　内部ガバナンス－取締役会改革－

　他方，伝統的な日本型の取締役会を中心とする内部ガバナンスのあり方も大きく変容した。1997年の商法改正による解禁を契機にストック・オプションの導入によって経営者インセンティブの強化が図られると同時に，取締役会の構造改革が大きな進展をみせた。その背後には，取締役会の構造上の問題が，戦略とガバナンスの機能不全の原因になっているのではないかとの批判があった。そこで，取締役会の戦略的意思決定機能とモニタリング機能の強化を狙ったトップ・マネジメントの構造改革が実施されたのである[22]。

　第一に，大規模な取締役会は，意思決定機関として形骸化している，あるいは決定までに時間がかかり過ぎるといった問題点が指摘され，議論の活発化や意思決定の質的向上などを狙って取締役会のスリム化が徐々に進展した。ただし，実質的な意思決定は，常務以上の取締役で構成される常務会，あるいは社長と副社長や専務など数名の上級取締役で構成される経営会議等（名称は企業により異なる）で行われ，その決定がヒラの取締役を加えた取締役会で事後的に承認されるという意思決定プロセスが普通であった。したがって，取締役会

の問題としては，意思決定のスピードよりも活発な議論が行われていないといった形骸化にあったと思われる。

　第二に，モニタリング機能に関しては，戦略立案・業務執行・結果評価という，いわゆるマネジメント・サイクルにおけるPlan・Do・Seeの3機能が取締役会という同一組織体で担われていることから，特に結果評価が自己採点でお手盛りになるという構造的な問題点が指摘された。そこで，戦略立案（Plan）と結果評価（See）を取締役が担当し，業務執行（Do）を執行役員が担当するという執行役員制度が導入された。例えて言うならば，選手と審判は分けるということである。この執行役員制度の導入は，1997年のソニーが日本企業初であったが，その要点は，トップ・マネジメントの戦略的意思決定機能とモニタリング機能の双方を強化することにあった。執行機能を執行役員に権限委譲することで，取締役は全社戦略の策定と監督・評価に集中できるからである。その後は，執行役員制度が普及する過程で，取締役会のスリム化が一気に加速した。つまり，執行役員制度の導入は，機能面での改革とともに，取締役会のダウンサイジングを図るという意味合いも大きかった。例えば，ソニーの場合，執行役員制度の導入前に38人いた取締役が，導入後は代表権をもつ副社長以上の7名と社外取締役3名の合計10名にまで減少するという劇的な変化であった。

　ところで，戦略立案と業務執行の分離は，現場情報を戦略立案に反映させにくくするというデメリットもあるが，取締役会の戦略的意思決定機能を強化する可能性もある。他方，監督・評価と業務執行を分離するだけでは，モニタリング機能の強化には不十分であった。なぜなら，内部昇進者がトップ・マネジメントを構成する日本企業では，取締役と執行役員の関係は，いわば同じ釜の飯を食う先輩と後輩の関係であり，企業の外部者からみれば，監督・評価に身内の甘さがあるのではないかという疑義が残るからである。そこで，さらにモニタリング機能を高めるとともに，戦略的意思決定機能をも高める取り組みがなされた。それは，取締役会に外部者である社外取締役を導入することであった。この社外取締役には，経営に対するモニタリング機能とアドバイス機能が期待されている。第三者の目によるチェックは監督・評価の客観性を高めるし，他社の経営者や弁護士などの専門的知識や経験をもつ人材を社外取締役として招聘すれば，投資やリストラ等について有益な助言を得られる可能性が高まる

からである。つまり，社外取締役の導入によるチェック機能と戦略機能の強化である。このように，戦略とモニタリングの機能強化を狙った日本企業のトップ・マネジメント改革が進展したのである。

4 リサーチ・クエスチョン

4-1 コーポレート・ガバナンスと経営戦略

　日本でコーポレート・ガバナンスの議論が活発化したのは概ね1990年代以降であり，従来の日本型企業システムに対する批判的再検討がその中心にあった。高度経済成長期とその後の安定成長期には，基本的に企業業績の拡大が続いていたため，ステークホルダー間でのパイの分配における利害対立はそれほど深刻な問題ではなかった。企業成長とともに多かれ少なかれ皆が潤ったわけである。しかし，「失われた10年」などとも称されたバブル経済崩壊後の企業業績の長期低迷は，縮小するパイをいかに分配するかという意味でステークホルダー間の利害対立を先鋭化させ，特に企業の所有者とされる株主の利害を重視するという観点からコーポレート・ガバナンスの議論が活発化した。このバブル崩壊後の企業パフォーマンスの長期低迷に加えて，続発した企業不祥事も，経営に対する規律づけメカニズムの弱体化によってもたらされたのではないかと懸念された。つまり，それまで外部環境との整合性が高く，比較的良く機能してきた日本のコーポレート・ガバナンスに空白が生じ，経営戦略の機能不全が引き起こされたのではないかといった批判である。もともと，長期的な視点からの戦略立案に貢献してきたとされる株式持ち合いに対しては，Voice（発言）もExit（退出）も行使しない安定株主はサイレント・パートナーであり，経営に対するチェック機能が弱いといった問題点が指摘されていた。そこで，経営者のモラルハザードの可能性に対する規律づけの機能を果たしていたとされるのがメインバンクのモニタリングであるが，主要な優良企業の銀行離れに伴ってメインバンクの影響力が低下した。これらの見方は，コーポレート・ガバナンスにおける経営の規律づけメカニズムがうまく機能せず，その結果として問題のある戦略的意思決定が放置された可能性を示唆する。

しかし，1990年代以降，日本企業のガバナンス構造は大きく変容した。すなわち，株式の相互持ち合いに基づく安定株主が減少するのと対照的に増加した外国人株主や機関投資家は，"もの言う"株主という性質上，企業経営に対する利益や株価の上昇圧力を確実に増加させたとみられる。また，執行役員制度や社外取締役の導入などの取締役会改革が進展し，トップ・マネジメントの戦略的意思決定機能やモニタリング機能は向上したと考えられる。

それでは，経営に対する資本市場からの圧力増大とトップ・マネジメント改革を特徴とするコーポレート・ガバナンスの変容は，どのように企業の戦略的行動に反映されたのだろうか。経営戦略の面では，多角化やグローバル化の進展に伴う事業ポートフォリオ構造の複雑化と，分社やM&Aの積極的活用に伴うグループ組織の巨大化への戦略的対応として，「選択と集中」をスローガンに事業ポートフォリオの再構築が進んでいた。それでは実際に，企業のガバナンス構造は，「選択と集中」による事業ポートフォリオの再編にどの程度影響を与えていたのだろうか。本書で知りたいのは，企業のガバナンス構造が「選択と集中」という経営者の典型的な戦略的意思決定に影響を与えていたのか否かである。そこで，日本企業のガバナンス構造が経営戦略に与えた影響を実証的に解明することを本書のリサーチ・クエスチョンとして設定する。

4-2　具体的問い

経営戦略の典型として取り上げる事業分野の"選択"と経営資源の"集中"に関しては，多角化戦略の変更メカニズム，および，新規事業への進出メカニズムと既存事業からの撤退メカニズムの解明を試みる。そのうえで，これらのメカニズムに対する影響という視点から企業ガバナンスの特性にアプローチする。具体的には，以下のような問いに答えることが本書の課題である。

まずは，事業分野の"選択"と経営資源の"集中"がどのような時に行われてきたのか，その意思決定メカニズムの実態に関する基本的な理解を深めるための問いが必要である。多角化戦略の変更は，組織パフォーマンスの低下に応じてシステマティックに発生しているのだろうか。同様に，新規事業への進出や既存事業からの撤退も，組織パフォーマンスの低下に応じてシステマティックに発生しているのだろうか。それとも，進出は企業パフォーマンスが良好で，

財務状態に余裕がある時に行われる一方，撤退は企業パフォーマンスが悪化し，リストラの必要に迫られて行われるなど，進出と撤退でその発生メカニズムに違いはあるのだろうか。これらがベーシックな検討課題である。

次に，事業分野の"選択"と経営資源の"集中"という経営者の意思決定に対する企業のガバナンス構造の影響を検討する。具体的には，次のような論点を検証する。安定株主の存在や大規模で内部昇進者優位の取締役会構造といった伝統的な日本型ガバナンスの諸特性は，企業パフォーマンスが低下した場合でも，経営者に対する改革圧力を緩和し，既存の戦略や事業ポートフォリオを温存する方向に作用したのだろうか。逆に，外国人株主や機関投資家などの"もの言う"株主からの利益圧力，すなわち資本市場からのプレッシャーは，企業パフォーマンス低下時の戦略変更あるいは進出や撤退を促すという意味で，経営の規律づけ機能を果たしていたのだろうか。このように，多角化戦略の変更や進出・撤退という戦略的意思決定メカニズムの適正化に寄与したのか否かという観点から，企業のガバナンス構造の影響を検証していく。

5　分析の枠組みと使用データ

5-1　分析の枠組み

本書では，コーポレート・ガバナンスが経営戦略に与える影響を検討するが，それぞれの内容を再度整理しておこう。図表1-4は，より具体的な検討内容を示している。

まず，企業のガバナンス構造としては，内部ガバナンスとしてトップ・マネジメント構造を，外部ガバナンスとして株式所有構造を取り上げる。トップ・マネジメント構造としては，取締役会の構造改革に着目し，取締役会の規模，および執行役員制度と社外取締役の導入の影響を検討する[23]。取締役会の改革は，トップ・マネジメントの戦略的意思決定機能とモニタリング機能の強化を狙ったものであった。それでは，これらの取締役会改革は，経営戦略の変更メカニズムに実際どのような影響を与えたのだろうか。一方，株式所有構造としては，"もの言わぬ"株主と"もの言う"株主という対照的な株主に着目する。

図表 1-4　企業のガバナンス構造と経営戦略の関係

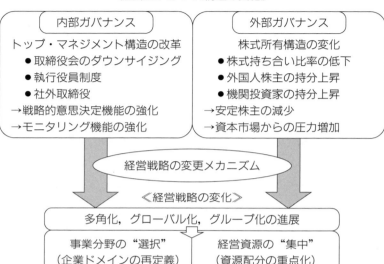

"もの言わぬ"株主としては持ち合い株主の影響を，"もの言う"株主としては外国人株主と機関投資家の影響を検討する。株式の持ち合い比率が低下するのとは対照的に，外国人株主や機関投資家のプレゼンスが上昇したが，これらは安定株主の減少と資本市場からの利益圧力の増大を意味する。それでは，これらの株式所有構造の変化は，経営戦略の変更メカニズムに実際どのような影響を与えたのだろうか。

　他方，多角化とグローバル化の進展によって事業ポートフォリオ構造が複雑化し，分社やM&Aの積極的な利用によってグループ組織が巨大化した日本企業は，「選択と集中」を経営のスローガンに，経営戦略の見直しに着手した。本書では，この企業の戦略的対応，あるいはその背後にある経営者の戦略的な意思決定として，次の2つのレベルにおける変化に着目する。第一は，多角化水準の変化である。そして第二は，新規事業への進出と既存事業からの撤退であ

る。これらの2つの戦略レベルは，事業ポートフォリオの再編や多角化戦略における重要なキーワードである「選択と集中」に対応している。

　まず，自社の競争力を十分発揮できる事業分野，あるいは将来性がある有望な事業分野の"選択"という戦略的意思決定と深く関連するのは，進出と撤退である。図表1-5に示したように，経営者は新規事業分野への進出と既存事業分野からの撤退という戦略行動を組み合わせることで事業ポートフォリオを構築し，自社の活動領域，すなわち企業ドメインを決定するからである。例えば，パネルAは将来性のある事業分野への進出によって事業領域が拡大することを，パネルBは不採算事業などからの撤退によって事業領域の絞り込みが行われたことを，パネルCは進出と撤退によって事業ポートフォリオの組み換えが行われたことを示している。

　そして，このように，ひとたび企業全体の事業領域が"選択"されると，この"選択"された事業領域内の複数の事業分野間に，ヒト・モノ・カネなどの経営資源をどのように配分するかという意思決定が行われる。企業の競争優位を高めるためには，コア事業により多くの経営資源を重点的に配分することが要求される。このように，複数の事業分野間にどのようなウェイトで経営資源を配分するか，すなわち，経営資源の"集中"という戦略的意思決定と深く関連するのが，多角化水準の変化である[24]。図表1-6は，経営者が経営資源のインプットの部門間配分に濃淡をつける様子を示している。このケースでは，経営者が，A事業部門への経営資源インプットを増加させ，B事業部門への経営資源インプットは現状維持し，C事業部門への経営資源インプットは減少させるという戦略的意思決定を行った結果，A事業部門の拡大とC事業部門の縮小という結果がもたらされた。すなわち，経営資源のインプットをA事業に"集中"した結果，コア事業であるAを中心とした事業ポートフォリオ構造への変化が起きたわけである。経営資源の"集中"の前後で事業構造を比較すると，どちらもA・B・Cという3つの事業から成るが，同規模の事業が3つ均衡するという，より多角化度の高い事業構造から，Aをコア事業とする本業中心型へと，専業化方向への変化が起きたといえる。つまり，経営資源の"集中"が，多角化水準の変化に反映されたのである。

　本書では，多角化の程度を捉える尺度としてエントロピー指数を使用するが，

図表1-5 進出と撤退による事業ポートフォリオの再編

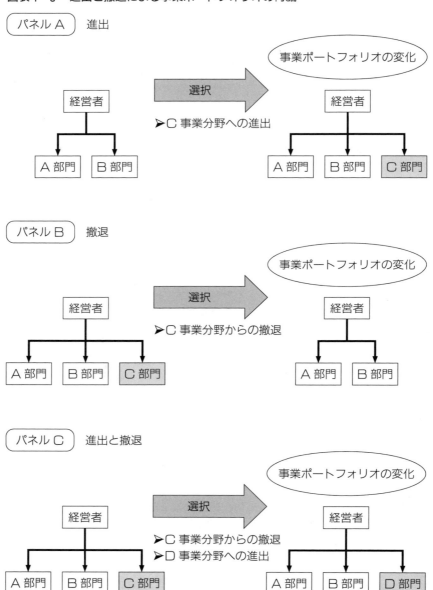

図表1-6　経営資源の集中と多角化水準の変化

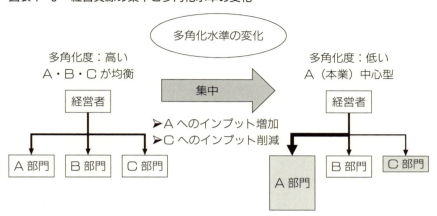

　この指数は，企業の各事業分野の売上高構成比をもとに計算される。エントロピー指数の算出方法は次章に譲るが，例えば，経営者が高収益の事業分野に対する経営資源の配分を増やし，低収益の事業分野に対する経営資源の配分を減らした場合，この経営資源のインプットのウェイト変更の結果が，それぞれの事業分野の売上高に影響する。そして，その結果が，企業全体の売上高に占める各事業分野の売上高比率を用いて計算されるエントロピー指数に反映される。すなわち，経営資源の"集中"といった戦略的意思決定の結果が，エントロピー指数で測った多角化水準の変化に反映されると考えるのである。ただし，当然であるが，各事業分野の売上高の変化に影響するのは企業内で配分される経営資源のインプットの増減だけではない。それぞれの事業分野における経営環境の違い，例えば資源価格や為替の変動，あるいはライバル企業の動向など，それぞれの事業分野の売上高に影響を与える要因がほかにも存在することには注意が必要である。つまり，実際には資源配分の重点化という意思決定が行われていなくとも，戦略変更があったと捉えてしまう可能性があるという点で限界があることも認識しておく必要がある。

5-2　サンプルとデータ

　以上の諸課題を検討するために本書では，東京証券取引所第一部上場の非金

融事業法人全般をサンプルとする。分析対象期間は，1990年度から2011年度までの22年間である。サンプル・サイズは年度によって異なるが，平均1,421社，標準偏差232社である。

　日本企業が，特に1997年の銀行危機以降「選択と集中」によって事業ポートフォリオの再編を活発化させてきたこと，および1990年代の後半以降，株式の相互持ち合いの解消が進み安定株主のウェイトが低下するのとは対照的に，外国人株主や機関投資家などの"もの言う"株主のプレゼンスが上昇したことは既述の通りである。これらの事実は，経営戦略に対するコーポレート・ガバナンスの影響を検証する本書のなかでは，説明される事象と説明する事象のそれぞれが1990年代の後半に大きな変化を経験したことを意味し，当然両者の関係も1990年代の後半を契機に変化している可能性がある。そこで以下の分析では，1990年度から2011年度までの22年間のアンバランスド・パネル・データを，1990年度から1997年度までのバブル崩壊後の不況期，1998年度から2004年度までの銀行危機とITバブル崩壊後の時期，および2005年度から2011年度までのリーマンショック後の混乱を含む時期に区分して，経営戦略に対するコーポレート・ガバナンスの影響が変化しているのか否かも確認する。

　ところで，本書では多角化戦略の変更や進出と撤退による事業ポートフォリオの変化を問題とするため，サンプルを確定する際には上場廃止企業の影響に一定の配慮が必要である。つまり，上場廃止は，不採算事業からの撤退や事業売却などの戦略的意思決定と深く関連する可能性があり，また，これらの戦略的意思決定は企業ドメインの決定に関係するという意味で，多角化戦略の変更にも大きく影響している可能性がある。したがって，上場廃止企業をサンプルから除外してしまうと，特に撤退による事業縮小や専業化方向への戦略変化が過少に評価されてしまう可能性が高くなる。そこで，このバイアスを回避するために，分析対象期間中に東証一部に上場していた企業に関しては，上場期間中のデータすべてをサンプルに含めることにした[25]。なお，上場企業同士が合併した場合も，合併前のそれぞれの企業が上場していた期間中はすべて捕捉しサンプルに含めてある。

　なお，本書では基本的に，連結決算ベースのデータを用いて分析を行った。多角化戦略の変更や進出と撤退による事業ポートフォリオの再編を，単独決算

ベースで捕捉した場合と連結決算ベースで捕捉した場合の、それぞれの問題点は**図表1-7**のように整理することができる。単独決算ベースで多角化や事業ポートフォリオ構造を把握した場合、例えば親会社内部の不採算部門を分社化して子会社を設立するようなケースは、連結決算ベースでみた事業ポートフォリオの構成には実質的な変更がなく、企業グループとしての多角化戦略が変更されていない可能性が高いにもかかわらず、既存事業からの撤退や事業の集約化が発生したと判断されてしまうという問題がある。逆に、戦略的な位置づけが高いグループ内の子会社を親会社本体に吸収合併する場合も、連結決算ベースでみた事業ポートフォリオに実質的な変化が生じていないにもかかわらず、新規事業分野への進出や多角化が発生したと判断されてしまうという問題がある。また、グループ内の子会社が新規事業に進出した場合や既存事業から撤退した場合、すなわち、企業グループ全体でみて事業の多角化や集約化という多角化戦略の変更が発生したとしても、それは単独決算ベースの多角化や事業ポートフォリオには反映されないという問題がある。したがって、単独決算ベースで多角化や事業ポートフォリオを把握した場合には、子会社を通じて行われた事業展開の捕捉に大きな問題が残ってしまう。

一方、連結決算ベースで多角化や事業ポートフォリオ構造を把握した場合、親会社内部の一部門をスピンオフして子会社を設立するようなケースや、戦略上重要な子会社を親会社本体に吸収合併するようなケースは、多角化戦略の変更や事業ポートフォリオの再編には反映されない。つまり、連結決算ベースのデータを用いる場合の大きな問題点は、企業グループ内における事業ガバナンス構造の変更、すなわち分権化や集権化を伴う子会社ガバナンスのあり方の変

図表1-7　単独決算と連結決算の比較

戦略的行動の例	単独決算	連結決算
親会社の不採算部門を分社化して子会社にする	○	×
子会社の事業を親会社本体に吸収する	○	×
子会社を買収して新規事業に進出する	×	○
子会社が既存事業から撤退する	×	○

注）○は決算に反映される、×は決算に反映されないことを示す。

更，およびこれと密接な関係がある企業の境界の変更を捕捉することが困難なことである。しかしながら，1990年代の後半以降活発化した「選択と集中」による事業領域の絞り込みで，グループ内の子会社を整理・売却するようなケースや，2000年代以降大きく増加したM&Aによって，他社を子会社化することで新規事業への展開を図るといったイベントは，多角化戦略の変更や事業ポートフォリオの再編として捕捉することができる。

以上のように，多角化や事業ポートフォリオ構造を単独決算ベースで捉える場合にも連結決算ベースで捉える場合にも，それぞれに固有の問題があるが，これらの諸特徴を踏まえたうえで，本書では連結決算ベースで多角化や事業ポートフォリオ構造を把握する。主な理由は，事業構造の複雑化とグループ組織の巨大化への戦略的対応として，事業ポートフォリオの再編に注目するからであり，連結決算ベースでみた場合の多角化戦略の変更や進出と撤退はその中心テーマであるからである。また，コーポレート・ガバナンスの影響を受ける経営者の責任は，連結ベースでみた事業展開と，その結果としての組織成果にまで及ぶと考えるのが当然だからである。

なお，基本的に，多角化指標等の作成に用いるセグメント情報（分野別売上高）やパフォーマンス指標等の作成に用いる財務データに関しては，日経NEEDSのFinancial QUESTから取得した。また，海外子会社に関する情報は，東洋経済新報社の『海外進出企業総覧・会社別編』を用いて把握した。ただし，多角化指標の作成に当たり事業内容の詳細な把握が必要になった場合は，各社の『有価証券報告書』やホームページの記載内容等を参照した。トップ・マネジメント特性や株式所有構造などの企業ガバナンス変数の作成に必要なデータは，日経NEEDS-CGES，東洋経済新報社『役員四季報』，ニッセイ基礎研究所『株式持ち合い状況調査基礎データ』を利用した。

5-3 分析結果の概略

分析結果をあらかじめ要約しておけば以下のようになる。基本的に，企業のガバナンス構造は経営者の現状認識に影響を与え，その意思決定が反映される経営戦略の策定に影響する。そして，興味深いことに，"選択"と"集中"それぞれの戦略的意思決定に対するガバナンス構造の影響は異なっていた。進出と

撤退による事業ポートフォリオの再編というよりハードな戦略的意思決定に対するガバナンス構造の影響は限定的であったが，経営資源の重点的配分の結果も含めた多角化レベルの変更というよりソフトな戦略的意思決定に対するガバナンス構造の影響は顕著に確認できたのである。ただし，企業のガバナンス構造の影響は，主にネガティブなものであった。大規模な取締役会や持ち合い株主が，経営者の現状認識に関するアンテナの感度を鈍化させ，既存戦略を温存させる方向に作用していたからである。つまり，企業パフォーマンスの低下に応じた多角化戦略の柔軟で迅速な変更を阻害するという意味で，伝統的な日本型ガバナンスの逆機能が確認されたのである。

さらに興味深いことに，企業のガバナンス構造の影響は，新規事業への進出と既存事業からの撤退で異なっていた。進出と撤退に対するガバナンス構造の影響は，主に企業パフォーマンスが一定の水準に満たない場合に確認できたが，パフォーマンス感応度への影響が確認できたのは，既存事業からの撤退に対してのみであった。「選択と集中」が活発化した1990年代の後半から2000年代の前半にかけて，企業パフォーマンスの低下に応じて既存事業からの撤退確率がシステマティックに上昇するという関係が，持ち合い株主の持株比率が高い企業では緩和される一方，機関投資家の持株比率が高い企業では増幅されていたのである。他方，企業パフォーマンスの低下に応じて新規事業への進出確率は高くなるが，企業のガバナンス構造はこの関係に一切影響を与えていなかったのである。

企業のガバナンス構造は経営戦略に影響する。これが基本的な結論であるが，主に2つの重要な注意が必要である。第一の注意点は，企業のガバナンス構造は常に経営戦略に影響するわけではないという事実である。つまり，コーポレート・ガバナンスの影響は，常に一定ではなく，強く表出する時期とそうではない時期があるといえる。経営戦略に対するガバナンス構造の影響が顕著に確認できたのは，1990年代の後半から2000年代の前半にかけての時期であった。

第二の注意点は，経営戦略に対する企業のガバナンス構造の影響は，企業パフォーマンスが良好な時はそれほど明瞭ではないという事実である。逆にいえば，企業パフォーマンスが一定の水準に満たない場合に，ガバナンス構造の影響が顕著であった。そして，その影響は，外国人株主をはじめとする機関投資

家などの"もの言う"株主の存在，および社外取締役の存在が，企業パフォーマンスの低下に応じた経営戦略の変更を促進するというものであった。つまり，増大した資本市場からの圧力という外部ガバナンスの変容と，取締役会のスリム化や社外取締役の採用などのトップ・マネジメント改革という内部ガバナンスの強化が，経営の規律づけメカニズムの"鍵"だったのである。コーポレート・ガバナンスの真価は，組織に問題がある時にこそ問われるから，経営の規律づけメカニズムの発現を確認できたことの意義は大きいといえる。

6　本書の構成

　本書の構成は以下の通りである。第2章では，本書の出発点となる日本企業の戦略展開に関する事実を様式化する。具体的には，多角化やグローバル化，そしてグループ化がいかに進展してきたのかを概観する。第3章と第4章では，経営戦略に対するコーポレート・ガバナンスの影響を定量的に実証分析する。第3章では，「選択と集中」に関する経営者の戦略的意思決定のうち，主に経営資源の"集中"に対応する多角化水準の変化に着目する。そして，この多角化戦略の変更メカニズムに対するコーポレート・ガバナンスの影響を検討する。第4章では，「選択と集中」に関する経営者の戦略的意思決定のうち，主に事業分野の"選択"に対応する新規事業分野への進出と既存事業分野からの撤退に着目する。そして，この進出と撤退のメカニズムに対するコーポレート・ガバナンスの影響を検討する。最終章では，これまでの分析結果をまとめ，本書の結論を述べる。

1　コーポレート・ガバナンスの国際比較研究に関しては，例えば，高橋編（1995），深尾・森田（1997），菊池・平田編（2000），吉森（2001）などを参照のこと。
2　ほかにも，Morck, Shleifer and Vishny（1988）が，1980年の米国企業371社をサンプルに，経営者持株と企業価値との関係をテストしている。1976年と1986年の米国企業約1,000社をサンプルとした McConnell and Servaes（1990）では，経営者の持株比率に加えて，

機関投資家の持株比率がトービンのqに与えた影響がテストされている。また，Lichtenberg and Pushner（1994）や米澤・宮崎（1996）は，日本企業をサンプルとして，経営者や金融機関等の株式保有が生産性に与える影響をテストしている。

3　Allen and Gale（2000），河村・広田（2002）などを参照のこと。

4　例えば，Yermack（1996），中山（1999），鈴木・胥（2000）などは，小さな取締役会に対する市場評価が高い，あるいは大規模な取締役会が生産性に負の影響を与える可能性を実証している。

5　例えば，延岡・田中（2002），Aoki（2004），宮島・新田（2007）などは，執行役員制度の導入効果を，齋藤（2011）などは社外取締役の導入効果を検証している。

6　しかし近年では，企業のガバナンス構造が様々な経営行動に与える影響に関して，研究の蓄積が進んでいる。例えば，宮島・蟻川・齊藤（2001）は投資行動に対するガバナンス構造の影響を，手嶋（2004）は経営者による株式保有が負債比率の選択に与える影響を，佐々木・佐々木・胥・花枝（2016）は余剰金保有に対するガバナンスの影響を，久保（2011）は配当政策や雇用調整に対するガバナンス構造の影響を，Denis・Denis・Sarin（1997），宮島（1998），宮島・青木（2002），青木・新田（2004）は，経営者交代のパフォーマンス感応度に対するガバナンス構造の影響を，青木（2008）は事業ポートフォリオの再編に対するガバナンス構造の影響を分析している。包括的な研究に関しては，花崎・寺西編（2003），神田・財務省財務総合政策研究所（2007），宮島編（2008, 2011, 2017）などを参照のこと。

7　SCPパラダイムに関してはBain（1968）やScherer（1980）を参照のこと。また，浅羽（2006）は，SCPパラダイムに代表される伝統的産業組織論が，ポジショニング・スクールと呼ばれる戦略論の発想のベースになっていることを紹介している。

8　Schaede（2008）は，"choose and focus"あるいは"selection and concentration"と訳される「選択と集中」は，いくつかの選択されたカテゴリーにおける優れた市場ポジショニングにフォーカスすること，そしてコア事業の強みと収益性によって勝ち抜くことと定義している。また，都留（2004）と井上（2004）は，事業に投下する経営資源をどの程度重点化しているかという「重点度」（「選択と集中」の「選択」に対応する）と，保有事業ごとに重点化と撤退をどの程度濃淡をつけて行っているかという「メリハリ度」（「選択と集中」の「集中」に対応する）から，「選択と集中」のパターン化を行っている。

9　森川（1998），菊谷・伊藤・林田（2005），菊谷・齋藤（2006），Kikutani, Itoh and Hayashida（2007）などを参照のこと。

10　宮島（2007）などを参照のこと。

11　分社に関しては，Aoki（1984），Itoh and Shishido（2001），伊藤・菊谷・林田（1997, 2003），大坪（2004），下谷（2006）などを参照のこと。例えば，Aoki（1984）は，親会社とは別の労働条件が子会社利用の主要なモチベーションであるとの見方を示している。また，

Itoh and Shishido (2001) は，親会社の内部組織である事業部と別法人である子会社との間に差異があることを指摘し，法人格の付与が子会社への権限移譲を保証する効果を議論している。また，下谷 (2006) は，日本企業の子会社の多さは，事業部だけでなく非自律的な事業単位も積極的に分社してきたことに起因すると指摘している。M&A に関しては宮島 (2007)，蟻川・宮島 (2007, 2008) などを参照のこと。

12 子会社ガバナンスを含むグループ経営の重要性の高まりは，伊藤・菊谷・林田 (2002) で指摘されている。

13 伝統的には，企業成長に伴う管理上の非効率への対応として，権限委譲が進み，職能別組織に代わって事業部制組織が採用されてきた。Chandler (1962)，Williamson (1975) などを参照のこと。

14 Coase (1937) は，著名な論文 "The Nature of the Firm" で，「なぜすべての生産は，巨大な一企業によって行われてしまわないのだろうか」を問い，その１つの答えとして，「経営管理における収穫逓減」をあげている。詳しくは，Coase (1937)，Coase (1988) 第 2 章を参照のこと。

15 宮島・稲垣 (2003) は，子会社パフォーマンスの低迷が1990年代後半の「選択と集中」の一因となったことを指摘している。

16 なお，経営者がエネルギーを注力する範囲を限定したうえで，傘下の事業部や子会社などの事業ユニットをいかにコントロールするかという事業ガバナンスの強化も重要な戦略的課題である。この事業ガバナンスや子会社ガバナンスに関しては，伊藤・菊谷・林田 (2002, 2003) や青木・宮島 (2011) が詳細な分析を行っている。

17 例えば，伊藤 (1993) やシェアード (1993) などを参照のこと。

18 ただし，メインバンクによる取引先企業の監視や規律づけに懐疑的な見方も存在する。例えば，Hanazaki and Horiuchi (2000) は，製造業企業の経営効率の向上は，メインバンク関係よりも市場競争圧力（国際的な競争にさらされている程度）によってもたらされたと主張している。

19 株式持ち合いの解消プロセスに関しては宮島・稲垣 (2003) が詳しい。

20 例えば，広田・宮島 (2001) は，オイルショック後の不況期とバブル崩壊後の不況期を比較し，バブル崩壊後の不況期にはメインバンク介入後のパフォーマンス改善効果が弱まったこと，および企業救済の慣行にも変化が生じている可能性を指摘している。

21 Voice と Exit に関しては Hirschman (1970) を参照のこと。

22 取締役会の役割や機能面での問題に関しては，延岡・田中 (2002)，青木 (2002)，Aoki (2004) などを参照のこと。なお，宮島・新田 (2007)，新田 (2008) は，日本型取締役会の多元的な進化とパフォーマンスに与えた影響を分析している。

23 取締役会の規模は取締役の人数であり監査役は含まない。また，社外取締役は，取締役会

の監督機能を強化するための商法改正 (2001年, 2002年) で導入された制度であるため，それ以前に関しては，当該企業出身者ではない取締役，もしくは他社との兼任が確認できる取締役を，内部昇進者ではなく外部者の取締役という意味で使用している．

24 もちろん，多角化水準の変化には，事業分野の"選択"と経営資源の"集中"の両方の結果が反映される．

25 もちろん上場廃止には，少数株主の影響力を排除したい等の理由からゴーイング・プライベートを図るといったケースも存在する可能性があるが，分析対象期間中に上場廃止となった企業それぞれの理由は把握せず，上場期間中はすべてサンプルに含めた．

第 2 章

日本企業の戦略展開
— 事業ポートフォリオ構造の複雑化と
　グループ組織の巨大化 —

1　はじめに

　本章の目的は，日本企業の戦略展開に関する事実を様式化することである。主にバブル経済が崩壊した1990年代の初頭以降，日本企業の事業ポートフォリオ構造がどのように変化してきたのかを，多角化やグローバル化の進展，分社やM&Aを活用したグループ化の進展といった視点から明らかにする。

　実は，1990年代以降の日本企業の戦略展開の実態は包括的に理解されているとは言い難い[1]。例えば，1980年代後半のバブル経済期における拡大路線は，1990年代初頭のバブル崩壊によって修正を余儀なくされたのだろうか。1997年の銀行危機以降は，不採算事業の縮小を図るとともに自社のコア・コンピタンスが十分発揮できるような事業分野に経営資源を投入すること，いわゆる「選択と集中」が戦略的なブームとなったが，これは実際に，事業ポートフォリオの再編，あるいは多角化の変化にどの程度反映されたのだろうか。また，1990年代初頭のバブル崩壊から，1997年の銀行危機，ITバブルとその崩壊，2002年以降の"いざなぎ超え"とも呼ばれた景気拡大期，そして2008年のリーマンショック後の局面に至るまで，日本企業の多角化戦略はどのように変化してきたのだろうか[2]。あるいは，事業ポートフォリオの再編や海外展開の手段として分社やM&Aが活発に行われるようになったが，その結果，子会社はどの程度増加したのだろうか。つまり，グループ化はどのように展開され，グループ組織はいかに巨大化したのだろうか。これらが背後にある問題意識である。そこで本章で

は,「選択と集中」やグループ経営が重要な戦略的課題となった日本企業における事業ポートフォリオ構造とグループ組織の変容の実態にアプローチする。

多角化に関しては,企業の成長を議論したPenrose(1959)が,余剰経営資源の有効活用が多角化の主なモチベーションであることを指摘し,「組織構造は戦略に従う」という命題を提唱したChandler（1962）が,多角化に伴って事業部制組織（M-Form）の採用が進むことを示して以来,数多くの研究が蓄積されてきた。その主要な関心は,多角化のあり方と組織パフォーマンスとの関係解明にあった。その後の実証研究に大きな影響を与えたのは,Rumelt(1974)による多角化タイプの分類である。Rumelt(1974)は,特化率(SR: Specialization Ratio),垂直比率(VR: Vertical Ratio),関連比率(RR: Related Ratio)という基準を用いて,多角化のタイプを専業型（S: Single),垂直型（V: Vertical),本業・集約型(DC: Dominant-Constrained),本業・拡散型(DL: Dominant-Linked),関連・集約型（RC: Related-Constrained),関連・拡散型（RL: Related-Linked),非関連型（U: Unrelated)の7つに区分した。そして,本業・集約型や関連・集約型のパフォーマンスが良好であることや,専業型に比べて垂直型や本業・拡散型のパフォーマンスが低いことなどを明らかにした。

日本企業を対象とした研究では,吉原・佐久間・伊丹・加護野（1981）や萩原（2007）などが,Rumelt（1974）の多角化タイプの分類と,定量的指標である多角化度指数（DI: Diversification Index）などを用いて,日本企業の多角化戦略の動向や組織パフォーマンスとの関係を検証してきた。ただし,戦略タイプの分類を行うためには,垂直比率を求めるために複数の事業単位間の関係が垂直統合に該当するか否かを確認したり,関連比率を求めるために事業単位間の市場や技術の関係性を確認するなどの作業が必要になる。そのため,多角化タイプと組織パフォーマンスとの関係に分析の主眼が置かれていた先行研究では,多角化のタイプを識別するために分析サンプル,あるいは分析対象業種が限定されることが避けられず,分析結果の一般化には限界があった。例えば,吉原・佐久間・伊丹・加護野（1981）のサンプルは大企業118社であり,1958年から1973年までの15年間の多角化戦略が分析されている[3]。また,萩原（2007）のサンプルも142社にとどまり,1991年と1996年の2時点間で多角化タイプと多

角化度指数 (DI) を比較している[4]。それに対して本書では，多角化タイプの分類を日本標準産業分類の小分類（3桁コード）および中分類（2桁コード）基準に基づいた関連多角化と非関連多角化のみに簡略化し[5]，主に定量的指標を用いることによって，大サンプルを用いた分析を行っている。また，分析対象期間も，特定の2時点を比較するのではなく，1990年度から2011年度までの22年間のパネルデータを用いて，毎年の変化を長期間にわたって把握している。つまり，東証一部上場の非金融事業法人全般という年平均約1,400社の22年間の事業ポートフォリオをすべて把握し，多角化戦略の分析を行っている。

日本企業の事業ポートフォリオ構造の変容に関する注目すべき事実を簡単に要約しておけば次の通りである。第一に，1980年代後半のバブル経済期の拡大路線は，1990年代初頭のバブル崩壊直後に一旦は見直されるものの，実は1990年代を通して多角化が大きく進展していた。そして，その主役は製造業の大企業であった。1997年の銀行危機以降は，「選択と集中」によって本業への回帰を志向する事業再編が進展するが，その結果が実際に，企業の事業ポートフォリオに反映されるのは主に2000年代以降であった。その後は，2000年代を通して多角化は極めて安定的に推移した。そして，2008年のリーマンショック後の不況期に，事業分野の絞り込み，専業化方向への大きな変化がみられた。第二に，1990年代にも円高を背景とした海外進出が盛んであったが，特に2000年代におけるグローバル化の進展は目覚ましかった。輸出と現地生産を含めた海外売上高比率は，リーマンショック直前の2007年まで大きな伸びをみせたのである。第三に，1990年代の後半から2000年代の前半にかけては主に分社を活用した内部拡大によって，2000年代以降は主にM&Aの積極的な活用による外部拡大によって子会社数が増加し，グループ化が大きく進展していた。

本章の構成は以下の通りである。第2節では，伝統的な日本企業についてこれまで共有されてきた事業ポートフォリオと組織構造の特徴を整理する。第3節では，1990年代以降の日本企業の多角化の推移を明らかにする。第4節ではグローバル化の進展を，第5節ではグループ化の進展を概観する。最終の第6節はまとめにあてる。

2　伝統的な日本企業の事業構造

2-1　高度経済成長期から安定成長期

　吉原・佐久間・伊丹・加護野（1981）は，高度経済成長期からオイルショック後の調整過程における日本企業の多角化戦略の特徴を整理している。そして，日本企業の多角化の程度は欧米企業に比べて低いこと，多角化のタイプでみると関連事業分野への展開，すなわち関連多角化のケースが多いことなどを報告している。その後も，小田切（1992）や萩原（2007）などによって，日本企業の事業展開に関するほぼ同様の特徴が確認されている。こうした日本企業の事業ポートフォリオの特徴は，多角化が進展し，多くの非関連事業を抱える1980年代半ばまでの米国のコングロマリット型企業とは対照的であった。また，経営目標としても，成長やマーケット・シェアの拡大を重視する日本企業は，事業単位の収益性や投資効率を重視する米国企業とは対照的であった。さらに，多角化する場合，日本企業では既存の経営資源を活用した内部成長が主流であり，時間や資源，ノウハウ等を買うM&Aなどの外部成長は限定的であった。これに対して米国企業では，M&Aによって事業ポートフォリオの組み替えが比較的容易に行われるという対照的な特徴をもっていた。

　他方，日本企業の組織形態としては，専業型や関連多角化といった事業構造の特性に対応して，職能別組織の採用割合が高く，事業部制組織を採用する場合も，各事業部への権限移譲が相対的に低い擬似的な事業部制が主流であった。例えば，加護野（1993）は，日本の事業部制が欧米の事業部制とは異なり製造や販売に特化した事業部の混合形態が多いことを指摘し，これらの形態を職能別事業部制と呼んでいる。また，森本（2006）は，事業部が利益単位になっていないことから，日本企業の事業部制を疑似事業部制（quasi divisional system）であると指摘している。つまり，日本企業の事業部制は，Chandler（1962）によって1920年代のデュポン，ゼネラル・モーターズ（GM）に起源をもつとされた，いわゆる米国型の事業部制（M-Form）とは異なっていた。すなわち，各事業部門長がそれぞれの製品市場や地理的市場における各職能機能と部門利

益に責任をもつという，プロフィット・センターとして高度に権限委譲が進んだ自律型の事業部制組織ではなかったのである。日本企業は専業型ないし関連多角化という，いわゆる本業周辺の土地勘のあるビジネスからなる事業ポートフォリオ構造をもっていたため，その当然の帰結として，企業組織内部で分権化を進める必然性が低く，事業部制組織という呼称を用いていたとしても実際の分権度は低くて十分であったといえる。そして実際に，上野（2004）による2000年9月時点の調査でも，事業部制組織を採用する企業でも実質的な分権化が進んでいないことが報告されている。

2-2　バブル経済期からバブル崩壊後

このような日本企業の戦略と組織の特性，すなわち，専業型あるいは本業を中心とした関連多角化という事業ポートフォリオ構造と分権度の低い組織形態の採用という特性は，本業の持続的な成長が期待できた高度経済成長期からオイルショック後の調整期における外部環境とも整合的であると理解されてきた。しかし，日本企業の事業ポートフォリオと組織構造は，1980年代の半ば以降，徐々に変容を開始した。1980年代後半のバブル経済期には，事業の多角化が大きく進展した。本業の成長に制約が加わった伝統的な大企業は，自社の技術的基礎を梃子に多角化を進めた。例えば，新日本製鉄などの鉄鋼メーカーは，エンジニアリング，半導体などの事業に多角化した。久保田鉄工所，ヤンマーディーゼル，井関農機の農業機械大手や，日本鋼管，大日本インキ化学工業などはバイオテクノロジー分野への多角化を進めた。また，食品業界では，サントリーや日清食品などが医薬品事業へ進出した。そのほかにも，化粧品市場の成熟化に直面した資生堂は，スポーツ事業や食品事業への多角化を進めた[6]。さらに，1980年代の後半には海外進出が大きなブームとなり，自動車や電気機器業界では現地法人の設立が進む一方，金融，流通，不動産業を中心に海外企業の買収が進展した。同時期の米国では，レバレッジド・バイアウトを通じてコングロマリット企業の事業再編成が進展したのに対して[7]，日本企業の事業戦略はやや遅れて多角化の方向に向かったのである。

この多角化は，実は1990年代初頭のバブル崩壊後には一度急激に調整されるが，その後すぐに多角化路線が復活することになった。そして，この多角化に

合わせて，社内カンパニー制の採用など，企業内での分権化の流れが進展した。社内カンパニー制とは，事業部制組織における事業部に対する分権度をさらに高め，事業単位を疑似的な企業（カンパニー）とみなし，事業責任者（プレジデント）により大きな裁量が与えられる組織形態である[8]。つまり，1990年代には多角化と分権化組織の導入が進んだのである。しかし，特に1997年の銀行危機以降は，多角化部門，あるいは，グループ会社の収益性が再検討されることとなった[9]。いわゆる「選択と集中」が開始されたのである。競争力を強化するために，不採算事業からの撤退と並んで自社の得意分野であるコア事業に経営資源を集中することが要請されるようになった。他方，内需頼みの企業戦略が限界に直面するようになるとともに，1990年代における円高が中国やアジア諸国などへの海外展開を後押しした。事業構造のグローバル化が進展したのである。さらに，1997年の純粋持株会社の解禁や2000年3月期からの本格的な連結決算の導入など，企業関連法制の整備が進んだ結果，企業の組織選択の自由度が拡大し，これを制度的基盤としてM&Aが活発化した[10]。この結果，事業ポートフォリオや組織構造における従来の日本企業の特徴は大きく変容することとなったのである。

　もっとも，先行研究では主に1980年代までの日本企業の多角化戦略の実態が明らかにされているが，バブル経済が崩壊し経営戦略の見直しが必要になったと思われる1990年代，景気が安定的であった2000年代，さらにリーマンショック後の局面に至る日本企業の事業ポートフォリオの実態に関しては，いまだ研究の蓄積も少なく現在のところ包括的な事実の共有にも至っていないのが現状である。そこでまず，この点に関する事実の様式化を試みる。

3　多角化の進展

3-1　問題意識

　日本企業では，特に1990年代の後半から2000年代の初頭にかけて，不採算事業を縮小あるいは整理すると同時に，競争優位の発揮できる事業分野に経営資源を集中するという，いわゆる「選択と集中」が進められてきた。そして，こ

のような企業の積極的な経営戦略の見直しが、2000年代前半からの景気回復の背後にあったとみられている。もし、事業ポートフォリオ再編の動きが本物だったとすれば、それは日本企業の多角化にどのような影響を与えていたのだろうか。果たして「選択と集中」は事実であり、日本企業全般で多角化の修正、つまり専業化方向への転換とその進展が確認されるのだろうか。あるいは、事業領域の絞り込みは特定の代表的企業や一部の業界において確認される特徴に過ぎなかったのだろうか。これらが基本的な問題意識である。

バブル崩壊後の1990年代は、「失われた10年」とも表現される長期の不況下にあった。さらに、1997年には銀行危機が、2000年にはITバブルが崩壊するなど、日本企業を取り巻く経済環境は極めて厳しい状況にあった。このような状況下で日本企業は、競争優位を発揮するために、コア事業の再確認、あるいはグループ経営の強化や他社との戦略的提携など、包括的な経営戦略の見直しの一環として事業ポートフォリオの再編を進めたものと推察される。

そこで本章では、バブル経済が崩壊し経営戦略を見直す必要性が高まったとみられる1990年代の前半、銀行危機やITバブル崩壊のもと「選択と集中」が経営戦略のキーワードとして注目を集めるようになった1990年代の後半から2000年代初頭、"いざなぎ超え"とも呼ばれる長期の回復期となった2000年代半ば、そして2008年のリーマンショックとその後の局面に至るまでの長期間にわたる日本企業の多角化の実態を概観する。

3-2 事業分野の再定義ー日本標準産業分類の利用ー

日本企業の多角化の推移を確認するためにはまず、企業がどのような分野に事業展開しているのかを把握することが必要になる。そして、この事業分野を特定するためには、企業が公表しているセグメント情報から事業内容を確認する必要がある。しかし、このセグメント情報における事業分野の区分は、企業が裁量的に決定しているため、統一的な事業分類のルールに基づいていないという問題がある。したがって、企業間での比較を行うためには、あるいは日本企業の多角化の平均像をみるためには、客観的な分類基準に基づいて各社の事業内容を再定義する必要がある。そこで本書では、総務省の日本標準産業分類（2002年版）の小分類（3桁コード）基準と中分類（2桁コード）基準を利用し

て，各社の事業分野を特定した。具体的には，まず1990年度から2005年度までは，セグメント情報における各社の事業分野の名称をもとに判断して，それぞれの事業分野に日本標準産業分類の3桁コードと2桁コードを付与し，同一のコード番号をもつ事業分野を名寄せ（部門売上高は合算）して，最終的な事業分野を特定した。セグメントの名称から事業内容を特定することが難しい場合は，各社の有価証券報告書やホームページの製品情報などを参考に判断した。次に，2006年度から2011年度に関しては，日経NEEDSのFinancial QUESTからダウンロードしたセグメント情報にあらかじめ付与されていた3桁コード・2桁コードに基づいて，同一の分類コードをもつ事業分野を名寄せして1つの事業分野にカウントするという作業を行った。

　なお，企業が公表するオリジナルのセグメント区分が細分化されていれば，それぞれの事業分野に業種分類コードを割り当てることが可能になるため，事業分野を特定する際の精度は高くなる。しかし，企業がセグメントを区切る際の元々の基準が大雑把であれば，複数の異なる事業が含まれていたとしても，事業内容の内訳を把握することは困難になってしまうという問題がある。例えば，企業が公表するセグメントの区分が，「エアコン事業」と「冷蔵庫事業」に分けられていれば，それぞれに業種分類コードを割り当てることができる。しかし，「家電事業」と大きな括りで公表されている場合は，何の家電が含まれているかを特定することは難しい。さらに，「総合ビジネス」や「ソリューション・ビジネス」などと公表されている場合は，事業内容の特定は極めて困難である。こういったケースでは，この「総合ビジネス」や「ソリューション・ビジネス」が，当該企業のその他の事業分野と内容的に異なるか否かを慎重に判断した。つまり，多角化の視点で重要な基準は，複数の異なる事業分野に展開しているか否かであるから，これらが他の事業と同一の分類コードで適切であるか否かが問題であり，他と異なる事業と判断できる場合は，その具体的内容は特定せずとも異なる分類コードを割り当てればよいわけである。以上の手順を踏んで，ある事業を企業側が複数の別々の事業分野として公表していたとしても，それぞれの事業内容が日本標準産業分類の小分類（3桁コード）・中分類（2桁コード）基準でみて同一である場合には，1つの事業分野として把握するという作業を行ったのである。

図表 2 - 1　東レの事業セグメント（2002年度）

セグメント	売上高	小分類コード	中分類コード	中分類名称
繊維事業	419,527	174	<u>17</u>	化学
プラスチック・ケミカル事業	270,038	173	<u>17</u>	化学
情報・通信機材事業	152,545	291	29	電子部品・デバイス
住宅・エンジニアリング事業	155,443	061	06	総合工事
医薬・医療事業	47,635	176	<u>17</u>	化学
新事業その他	76,568	226	22	窯業・土石
合計	1,121,756			

注）小分類（3桁コード）・中分類（2桁コード）は日本標準産業分類の区分である。下線（同一コード）は筆者。
出所）東レのセグメント情報より筆者作成。

　実際の企業のケースでみてみよう。例えば，**図表 2 - 1** は東レの2002年度のセグメント情報を示している。この場合，東レは日本標準産業分類の小分類（3桁コード）基準でみると6つの異なる事業分野に展開していることになる。ただし，日本標準産業分類の中分類（2桁コード）基準でみると，繊維事業[11]，プラスチック・ケミカル事業，医薬・医療事業は，化学（17）という同一の事業分野に集約されるため，事業分野数は4つになる。

3-3　多角化の尺度

　このような手順で各社の毎年の事業内容を特定したうえで，多角化の推移をみるために以下の4つの尺度を準備した。第一の尺度は，多角化タイプである。これは，以下のように定義した。まず，日本標準産業分類の中分類（2桁コード）基準に基づいて特定された事業分野数が1つであり，かつ小分類（3桁コード）基準に基づいて特定された事業分野数も1つである企業を"専業企業"と区分する。次に，日本標準産業分類の中分類（2桁コード）基準に基づいて特定された事業分野数が1つであり，かつ小分類（3桁コード）基準に基づいて特定された事業分野数が2つ以上の企業を"関連多角化企業"と区分する。最後に，日本標準産業分類の中分類（2桁コード）基準に基づいて特定された事業分野数が2つ以上の企業を"非関連多角化企業"と区分した。

第二の尺度は，本業比率である。これは，日本標準産業分類の中分類（2桁コード）基準でみて最大の売上高をもつ事業分野を"本業"と定義し，この"本業"の売上高が総売上高に占める比率を計算したものである。

　第三の尺度は，事業分野数である。これは単純に，日本標準産業分類に基づいて再定義された事業分野の数であり，小分類（3桁コード）基準と中分類（2桁コード）基準それぞれでみた場合の事業分野数を確認する。

　第四の尺度は，エントロピー指数と呼ばれる代表的な多角化指標である[12]。エントロピー指数とは，企業の総売上高に占める各事業分野の売上高構成比をもとに算出されるものであり，1からnまでの事業分野をもつ企業の第i番目の事業分野の売上高構成比をp_iとした場合に，

$$\sum_{i=1}^{n} p_i \ln \frac{1}{p_i}$$

で与えられる[13]。したがって，事業分野数が1つの場合，すなわち専業企業の場合，このエントロピー指数は0であり，数値が大きくなるほど多角化の進展を表すことになる。

　事業分野数は，企業がビジネスを展開している分野の数自体を教えてはくれるものの，複数の事業を抱える場合に，各事業分野のウェイトに関しては何の情報も与えてはくれない。例えば，X社とY社がともに3つの事業分野に展開している場合を考えてみよう。3つの事業分野の売上高構成比は，X社が8：1：1であるのに対して，Y社が4：3：3であるような場合，両社の多角化の程度は大きく異なる。この場合，事業分野数は3つで同じであっても，本業中心のX社よりも複数のコア事業を抱えるY社のほうが多角化の程度は高いと判断できよう。実際にエントロピー指数を計算すると，X社が0.64，Y社が1.09となる。次に，具体的な企業の事業構成とエントロピー指数の数値例を例示しておこう。**図表2-2**は，武田薬品工業，東レ，日立製作所の事業構成とエントロピー指数を示している。武田薬品工業（2004年）は2つの事業分野をもつが，本業である化学の比重が86％と高い。この場合，エントロピー指数を計算すると0.4になる。武田薬品工業よりも多角化が進み4つの事業分野を抱える東レ（2002年）の場合，本業である化学の売上高構成比が66％であり，その他の事業分野は，電子部品・デバイスと総合工事がそれぞれ14％，窯業・土石が

図表2-2　エントロピー指数の例

企業名	年度	事業分野（売上高構成比）	エントロピー指数
武田薬品工業	2004	化学（0.86），その他（0.14）	0.4
東レ	2002	化学（0.66），電子部品・デバイス（0.14）， 総合工事（0.14），窯業・土石（0.06）	1.0
日立製作所	2005	情報通信機器（0.21），一般機械（0.36）， 電気機器（0.12），非鉄金属（0.15）， 機械器具卸売（0.11），貸金等（0.05）	1.6

出所）各社のセグメント情報から筆者作成。

6％となっている。この場合，実際にエントロピー指数を計算すると1.0となる。さらに多角化が進んでいるのが，6つの事業分野に展開している日立製作所（2005年）である。日立製作所では，最も大きい売上高構成比をもつのは一般機械の36％であるが，第2位の情報通信機器が21％，第3位の非鉄金属が15％，第4位の電気機器が12％と続いており，複数のコア事業が並存しているといえる状況である。この場合，実際にエントロピー指数を計算すると1.6になる。このように多角化が進展しているほどエントロピー指数は大きくなる。

以下では，日本標準産業分類の小分類（3桁コード）基準に基づいて再定義した事業分野の売上高構成比をもとに計算したエントロピー指数を関連多角化エントロピー指数，中分類（2桁コード）基準に基づいて再定義した事業分野の売上高構成比をもとに計算したエントロピー指数を非関連多角化エントロピー指数と定義して分析を進める[14]。

なお，本章では，特に大企業における多角化・グローバル化・グループ化の推移も確認する。具体的には，総資産上位200社の推移である。以下，総資産上位200社といった場合，1990年度・1997年度・2005年度の3時点すべてにおいて連結総資産が上位200社に含まれる企業を指す。

3-4　多角化タイプと本業比率の推移

はじめに，多角化タイプ別の企業数の推移と本業比率の推移を確認しよう。図表2-3は，多角化タイプ別の企業数の推移を示している。第一の特徴として，非関連多角化企業が圧倒的に多いことがわかる。1990年度から2009年度ま

図表 2-3 多角化タイプ別の企業数の推移

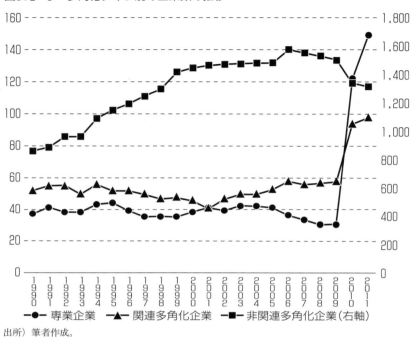

出所）筆者作成。

では全体の90％超，2010年度と2011年度でも全体の85％程度の企業が，日本標準産業分類の中分類（2桁コード）基準で複数の事業分野を抱える非関連多角化企業である。第二の特徴として，リーマンショック後に非関連多角化企業が大きく減少する一方，専業企業と関連多角化企業が大きく増加している。2009年度から2010年度への変化をみると，非関連多角化企業がおよそ160社減少する一方，専業企業はおよそ90社，関連多角化企業はおよそ40社増加していた。2011年度時点でみれば，専業企業が約10％（150社），関連多角化企業が約6％（99社），非関連多角化企業が約84％（1,326社）といった構成になっている。

次に，本業比率の推移を確認しよう。**図表 2-4** は，本業比率の推移を示したものである。第一に，東証一部上場非金融事業法人全体の平均でみると，本業の売上高は総売上高のおよそ78％を占めていることがわかる。そして第二に，本業比率の推移は，かなり安定的である。1990年度に76.0％だった本業比率は

図表 2-4　本業比率の推移

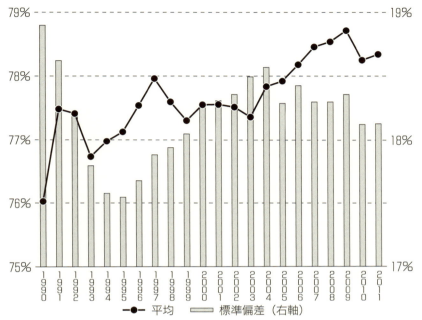

出所）筆者作成。

2011年度には78.4％となっており，基本的には本業比率が上昇する傾向が確認できる。ただし，最小の76.0％（1990年度）から最大の78.7％（2009年度）まで，その差はわずか2.7％程度しかない。また，標準偏差も最小の17.5％（1995年度）から最大の18.9％（1990年度）までその差はわずか1.4％である。

　以上のことから，東証一部上場非金融事業法人全体では，日本標準産業分類の中分類（2桁コード）基準でみて複数の事業分野を抱える非関連多角化企業が圧倒的に多いが，本業比率の平均はおよそ8割と高く，かつ安定的であるという意味で，本業を中心とした事業展開が一般的であることがわかった。それでは次に，事業分野数やエントロピー指数の変化から日本企業の多角化動向を把握することにしよう。

図表2-5　事業分野数

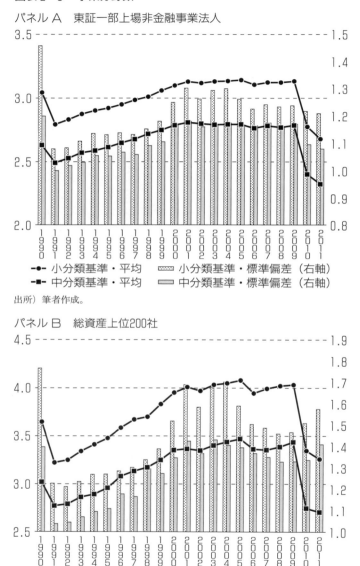

パネルA　東証一部上場非金融事業法人

出所）筆者作成。

パネルB　総資産上位200社

出所）筆者作成。

3-5 事業分野数の推移

図表2-5 パネルAは，東証一部上場非金融事業法人全体の1990年度から2011年度までの事業分野数の平均と標準偏差の推移を，日本標準産業分類の小分類（3桁コード）基準と中分類（2桁コード）基準それぞれについて示したものである。

第一に，バブル経済の崩壊後，事業分野数の絞り込みが行われていたことがわかる。日経平均株価は1989年の約38,000円のピークから翌1990年には20,000円台前半まで下落するが，この1990年度時点における事業分野数の平均は，日本標準産業分類の小分類（3桁コード）基準で3.05，中分類（2桁コード）基準で2.64であった。しかし，翌1991年度には，日本標準産業分類の小分類（3桁コード）基準では2.80まで，中分類（2桁コード）基準では2.50まで一気に事業分野数が減少する。そして，このバブル崩壊後の事業分野数の絞り込みは，各企業で一様に行われていたことがわかる。1990年度から1991年度にかけての事業分野数の標準偏差の変化をみると，日本標準産業分類の小分類（3桁コード）基準で1.46から1.08まで，中分類（2桁コード）基準で1.20から1.00まで減少しており，企業間の格差も縮小していたからである。

第二に，バブル崩壊直後の調整を経た後は，事業分野数の拡大傾向が明確になる。この拡大傾向は，日本標準産業分類の小分類（3桁コード）基準でも中分類（2桁コード）基準でも同様に確認でき，しかも，1997年の銀行危機を契機に事業の「選択と集中」が経営のスローガンとして叫ばれるようになった後も，2001年度まで継続していた。1991年度から2001年度にかけて，平均事業分野数は，日本標準産業分類の小分類（3桁コード）基準で2.80から3.13まで，中分類（2桁コード）基準で2.50から2.81まで増加していた。ただし，この1990年代における事業分野数の拡大は，企業間格差の拡大という特徴も伴っていた。つまり，事業分野数を増加させる企業とそうでない企業との差異も拡大していたという点で，すべての企業が拡大路線をとっていたわけではないことに注意が必要である。これは，1991年度から2001年度にかけて，事業分野数の標準偏差が，日本標準産業分類の小分類（3桁コード）基準では1.08から1.31まで，中分類（2桁コード）基準では1.00から1.18まで上昇していたことから確認で

きる。

　第三に，事業分野数の拡大路線は2000年代の初頭で一段落し，その後2000年代は，事業分野数は非常に安定的に推移していた。2000年度から2009年度まで，事業分野数の平均は，日本標準産業分類の小分類（3桁コード）基準ではおよそ3.13程度で，中分類（2桁コード）基準ではおよそ2.79程度で推移していた。したがって，1997年の銀行危機後に活発化した「選択と集中」は，2000年代に入ってようやく事業ポートフォリオに反映されるようになるが，特定の事業分野が"選択"された後は，事業分野数は2000年代の景気拡大期を通じて非常に安定的であったといえる。そして，2000年度以降は，企業間の差異もまた安定的であった。事業分野数の標準偏差は，日本標準産業分類の小分類（3桁コード）基準では1.27前後，中分類（2桁コード）基準では1.17前後で安定的に推移していたのである。ただし，2000年代における事業分野数の安定的推移は，事業分野数を増加させる企業の割合と減少させる企業の割合が拮抗していた結果という可能性もある。つまり，必ずしも事業ポートフォリオの再編が一段落し，低調であったことを意味しないという見方である。この点に関連して，森川（1998），菊谷・伊藤・林田（2005），菊谷・齋藤（2006），Kikutani, Itoh and Hayashida（2007）の一連の研究では，日本企業がネットで観察されるよりもグロスでみるとはるかに多くの進出と撤退を行ってきたこと，進出が多い企業では撤退も多いことなどが明らかにされている。

　第四に，2008年のリーマンショック後の不況を受け，2009年度から2010年度にかけて事業分野数の急速な絞り込みが確認できる。事業分野数の平均を日本標準産業分類の小分類（3桁コード）基準でみると，2009年度の3.14から2010年度には2.78へ，そして翌2011年度には2.68まで低下している。また，日本標準産業分類の中分類（2桁コード）基準でみた場合，事業分野数の平均は2009年度の2.79から2010年度には2.41まで，翌2011年度には2.33まで大きく減少していた。事業分野数は，日本標準産業分類の小分類（3桁コード）・中分類（2桁コード）基準でそれぞれ0.5ポイント程度も落ち込んでいたのである。これは，平均的には東証一部上場の約半数の企業が1つの事業から撤退したことを意味するから，そのインパクトがいかに大きかったのかが理解できるだろう。日本企業はリーマンショックによって，再度「選択と集中」による事業ポート

フォリオの見直しを迫られたといえる。

　なお，サンプルを総資産上位200社に限定した場合の事業分野数の推移は**図表2-5**パネルBに示されている。1990年代初頭のバブル崩壊後に事業分野数の絞り込みが行われていた点，その後1990年代を通じて事業分野数の拡大が続いていた点，2000年代においては事業分野数が安定的に推移していた点，2008年のリーマンショック後に大幅な事業分野数の絞り込みが行われた点などの基本的な諸特徴は全体サンプルの場合と同様である。大企業における特徴は，当然であるが全体サンプルに比べて事業分野数が多い点，そしてバブル崩壊後やリーマンショック後の事業分野数の絞り込みの幅も大きい点であった。特に，リーマンショック後の調整幅は大きく，日本標準産業分類の小分類（3桁コード）基準でみた場合の事業分野数の平均は2009年度の4.04から2010年度には3.35まで，中分類（2桁コード）基準でみた場合の事業分野数の平均は2009年度の3.43から2010年度の2.75まで大きく落ち込んでいた。

3-6　エントロピー指数の推移

　次に，**図表2-6**によってエントロピー指数の推移を確認しよう。基本的に，多角化の推移は事業分野数で確認した傾向と概ね一致する。はじめに，東証一部上場非金融事業法人全体をサンプルとした場合の結果をパネルAで確認しよう。まず，エントロピー指数が，バブル崩壊の影響により1990年度から1991年度にかけて大きく落ち込んでいることが確認できる。この専業化方向への変化は，バブル崩壊後，企業パフォーマンスが急速に悪化するなかで多角化戦略の見直しが行われた可能性を示唆する。その後，エントロピー指数は1990年代を通じて緩やかに上昇する。関連多角化エントロピー指数も非関連多角化エントロピー指数も，ピークは2001年度にあり，バブル崩壊以前とほぼ同じ水準に達している。その後，2000年代の初頭から中頃，そして後半にかけて，緩やかにではあるが多角化の修正が進行する。そして，リーマンショック後の2009年度から2010年度にかけてエントロピー指数は大きく減少し，専業化方向への鮮明な変化が確認できる。

　総資産上位200社のエントロピー指数の推移を示したパネルBをみると，まず関連多角化エントロピー指数，非関連多角化エントロピー指数ともに，東証

図表2-6　エントロピー指数

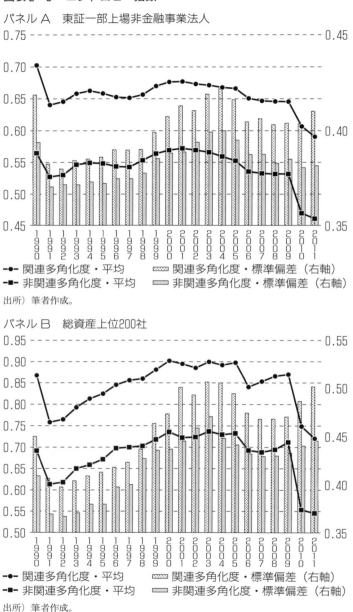

パネルA　東証一部上場非金融事業法人

-●- 関連多角化度・平均　　関連多角化度・標準偏差（右軸）
-■- 非関連多角化度・平均　非関連多角化度・標準偏差（右軸）

出所）筆者作成。

パネルB　総資産上位200社

-●- 関連多角化度・平均　　関連多角化度・標準偏差（右軸）
-■- 非関連多角化度・平均　非関連多角化度・標準偏差（右軸）

出所）筆者作成。

一部上場非金融事業法人全体の平均値よりも絶対的水準が高くなっている。したがって，予想された結果であるが，一般的には経営資源の蓄積が厚い大規模企業ほど多角化が進展しているという事実が確認された。大企業におけるエントロピー指数の変化を確認すると，特にバブル崩壊による落ち込み後，1990年代における多角化方向への変化がより顕著であった。関連多角化エントロピー指数は，1990年度の0.87から1991年度には0.76まで下落するが，その後1990年代を通じて多角化が大きく進展し，1999年度には0.88とバブル崩壊直前の水準を上回った。また，非関連多角化エントロピー指数は，1990年度の0.69から1991年度には0.62まで下落するが，その後は，早くも1996年度には0.70とバブル崩壊直前の水準まで回復していたのである[15]。したがって，大企業では1990年代を通じて非関連多角化が顕著に進展していたといえる。また，東証一部上場非金融事業法人全体では1990年代の半ばに専業化方向への変化が若干みられたが，大企業では一貫して多角化が進展していたことも特徴といえる。そして，2000年代の初頭から半ばにかけては関連多角化も非関連多角化も安定的に推移するが，リーマンショック後の不況を経た後，大幅な多角化の修正が行われている。大企業では元々多角化の進展が顕著であった分，不況後の専業化方向への変化，すなわち事業のリストラクチャリングも大規模であった。

なお，バブル崩壊後とリーマンショック後の変化を比較すると，エントロピー指数の落ち込み，すなわち専業化方向への変化の規模はリーマンショック後のほうが大きかった。ただし，関連多角化の修正はバブル崩壊後とリーマンショック後でそれほど大きな違いはみられないが，非関連多角化の修正はリーマンショック後のほうが顕著であった。具体的な数値でみると，関連多角化エントロピー指数の1990年度から1991年度への変化は－0.11ポイント（0.87から0.76），2009年度から2010年度への変化は－0.12ポイント（0.87から0.75）で大差ないが，非関連多角化エントロピー指数の場合は，1990年度から1991年度への変化が－0.07ポイント（0.69から0.62）であるのに対して，2009年度から2010年度への変化は－0.15ポイント（0.71から0.56）と大きく，非関連多角化の修正に関するリーマンショック後のインパクトはバブル崩壊後の2倍ほどであった。

以上，多角化の推移を事業分野数とエントロピー指数で確認した結果，事業

の「選択と集中」に関しては以下のような事実を発見することができた。すなわち，1997年の銀行危機を契機に「選択と集中」が経営のスローガンとして一般化し，まずは事業分野数の伸びが一段落する2000年代の初頭にかけて事業分野の"選択"が行われた。そして主に2000年以降，選択された事業分野のなかで，より競争力のある事業分野への経営資源の"集中"が行われた。なぜならば，2000年代における事業分野数の推移は極めて安定的でほぼ不変である一方，2000年代のはじめ頃から徐々にエントロピー指数の低下を確認できたからである。関連多角化エントロピー指数は2001年度の0.68をピークに，非関連多角化エントロピー指数も同じく2001年度の0.57をピークに減少していくのである。これは，不採算事業に対する経営資源のインプットを減らす一方，競争力のある事業へ経営資源の集中を図った結果，コア事業のウェイトが増加し本業中心型の事業構造へシフトしたという見方と整合的である。

3-7　製造業と非製造業

ここでは，製造業企業と非製造業企業で多角化のレベルに違いがあったのかを確認しておこう。**図表2-7**は，事業分野数の推移を製造業企業と非製造業企業別に整理したものである[16]。パネルAが製造業企業，パネルBが非製造業企業の事業分野数の推移を示している。

第一に，非製造業を本業とする企業のほうが，製造業を本業とする企業よりも事業分野数が多いことがわかる。1990年度から2011年度までの平均でみると，製造業企業では事業分野を，日本標準産業分類の小分類（3桁コード）基準で2.83，中分類（2桁コード）基準で2.46抱えているが，非製造業企業では事業分野を，小分類（3桁コード）基準で3.28，中分類（2桁コード）基準で3.02抱えている。したがって，非製造業企業は，製造業企業に比べて，日本標準産業分類の小分類（3桁コード）基準，中分類（2桁コード）基準いずれでみた場合でも事業分野数が0.5ほど多い。

第二に，1990年代における事業分野数の推移は，製造業企業と非製造業企業で明確に異なる特徴をもっていた。製造業企業では事業分野数の拡大が進展する一方，非製造業企業における事業分野数は極めて安定的に推移していたのである。したがって，全体サンプルでみられた1990年代における事業分野数の増

第 2 章 日本企業の戦略展開

図表 2-7 事業分野数：製造業・非製造業

出所）筆者作成。

加傾向という特徴は，主に製造業企業の変化を反映したものであり，単純にすべての産業分野で事業の拡大が進展していたわけではなかった。製造業企業では，1990年度から1991年度にかけて事業分野数の小さな落ち込みがみられるが，その後は，2003年度まで事業分野数の拡大傾向が明確であった。日本標準産業分類の小分類（3桁コード）基準でみた場合の事業分野数は1991年度の2.57から2003年度の3.01まで，中分類（2桁コード）基準でみた場合の事業分野数も1991年度の2.24から2003年度の2.61まで，それぞれおよそ0.4増加していた。これに対して非製造業では，1990年度から1991年度にかけて事業分野数が大きく落ち込んだ後，1990年代だけでなく2000年代以降も事業分野数は極めて安定的に推移していた。日本標準産業分類の小分類（3桁コード）基準でみた場合の事業分野数は1991年度の3.26から2009年度の3.25まで，中分類（2桁コード）基準でみた場合の事業分野数も1991年度の2.99から2009年度の2.99まで，約20年間という長期に渡ってほとんど変化がなかったのである。このようにみると，1997年の銀行危機後の「選択と集中」は，主に事業分野数が増加していた製造業企業におけるイベントであり，その影響は2000年代の初頭における事業分野数の伸びの鈍化として事業ポートフォリオに反映されたといえる。なお，1990年代初頭のバブル崩壊後と2000年代後半のリーマンショック後の事業分野数の絞り込み，および2000年代における事業分野数の安定的な推移は，製造業企業と非製造業企業に共通して確認される特徴であった。つまり，製造業と非製造業の差異は1990年代にあり，製造業における多角化と非製造業における安定化が特徴であった。

　次に，製造業企業と非製造業企業それぞれの多角化の動向をエントロピー指数で確認しておこう。**図表2-8**のパネルAは製造業企業におけるエントロピー指数の推移を，パネルBは非製造業企業におけるエントロピー指数の推移を示したものである。

　第一に，平均的には製造業企業よりも非製造業企業のほうが，多角化が進展していることがわかる。1991年度から2011年度までの平均でみると，関連多角化エントロピー指数は，製造業企業が0.65であるのに対して，非製造業企業は0.66である。また，非関連多角化エントロピー指数は，製造業企業が0.51であるのに対して，非製造業企業は0.59となっている。したがって，関連多角化の

図表2-8 エントロピー指数：製造業・非製造業

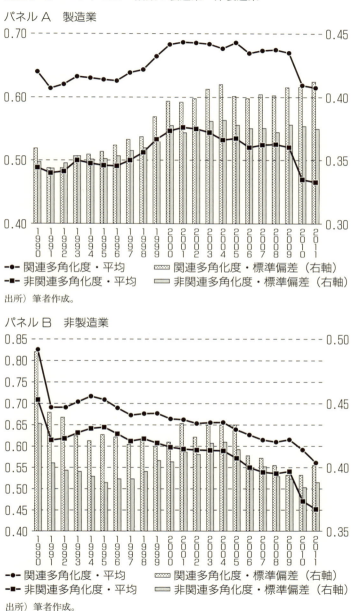

出所）筆者作成。

進展度合いは，製造業企業と非製造業企業との間にそれほど大きな差はないが，非関連多角化は非製造業企業でより進展しているといえる。

　第二に，1990年代初頭のバブル崩壊後の専業化方向への変化，2000年代における多角化の安定的な推移，およびリーマンショック後の専業化方向への変化といった諸特徴は，製造業企業にも非製造業企業にも共通するが，注目すべき事実は，1990年代の多角化動向が製造業企業と非製造業企業で対照的なことである。すなわち，製造業企業では1990年代に多角化が進展する一方，非製造業企業では逆に専業化方向への変化が進展していたのである。なお，製造業企業の多角化では，企業間の格差も拡大していた。エントロピー指数の標準偏差の推移をみると，製造業企業では明確な上昇傾向が確認できるからである。つまり，1990年代の製造業では，多角化を進める企業とそうでない企業の分化が明確化していたといえる。一方，非製造業企業の場合，早くも1990年代の半ばから専業化方向への変化が始まり，以降2000年代を通じて多角化度の低下が基本的なトレンドであった。

　1991年度から2001年度にかけてのエントロピー指数の平均値の変化を確認しておくと，製造業企業の場合，関連多角化エントロピー指数は0.61から0.69まで0.08ポイントの上昇，非関連多角化エントロピー指数は0.48から0.55まで0.07ポイントの上昇であった。対照的に，非製造業企業の場合は，関連多角化エントロピー指数は0.69から0.66まで0.03ポイントの減少，非関連多角化エントロピー指数は0.62から0.60まで0.02ポイント減少していたのである。このように，1990年代に製造業企業では多角化方向への変化が，非製造業企業では専業化方向への変化が進んだ結果，関連多角化の水準においては，2000年度に製造業企業が非製造業企業を逆転し，その後2011年度まで製造業企業のほうが関連多角化度が高い状態が続いている。他方，非関連多角化に関しては，この間一貫して非製造業企業のほうが多角化水準が高く，リーマンショック後の2011年度になって初めて製造業企業の多角化水準がわずかではあるが非製造業企業の多角化水準を上回ることとなった。その結果，リーマンショック後の水準でみれば，製造業企業のほうが関連多角化度が高いが，非関連多角化に関しては，製造業企業と非製造業企業との間の差異はほとんどなくなっている。したがって，製造業では多角化が進展し，非製造業では専業化方向への変化が進展した

ことで，製造業企業と非製造業企業の多角化レベルの差異は縮小したといえる。

4 グローバル化の進展

　多角化は事業内容の多様化を通じて事業ポートフォリオ構造を複雑化させるが，グローバル化は事業活動の地理的範囲の拡大を通じて事業ポートフォリオ構造を複雑化させる。そこで，ここでは日本企業のグローバル化の動向を簡単に確認しておこう。

　グローバル化の程度を表す具体的な指標としては，総売上高に占める海外売上高の割合である海外売上高比率に注目する。**図表2-9**は，海外売上高比率の平均と標準偏差の推移を示したものである。第一に，1990年代末から2007年度にかけて海外売上高比率が一貫して上昇していることがわかる。東証一部上場非金融事業法人の海外売上高比率の平均は，1999年度の13.1％から2007年度には18.4％まで一貫して上昇している。そして，このグローバル化の進展傾向は，

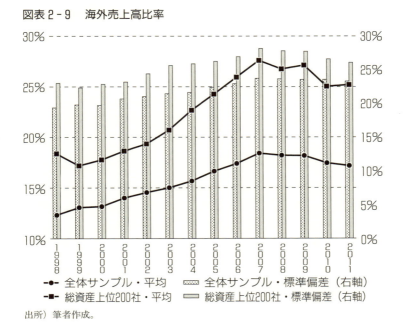

図表2-9　海外売上高比率

出所）筆者作成。

大企業でより顕著であった。総資産上位200社の海外売上高比率は，1999年度の17.2％から2007年度の27.7％まで10ポイント以上も上昇していたのである。したがって，特に2000年代の景気拡大期には，大企業を中心にグローバル化が大きく進展していたといえる。なお，1990年代の後半から2000年代の中頃にかけての変化を，1997年度から2005年度までの海外売上高比率の推移で業種別に確認すると[17]，医薬品が14.8％増（エーザイ40.5％増，武田薬品工業28.2％増など），自動車が14.4％増（KYB20.1％増，ショーワ19.6％増など），鉄鋼が12.4％増（大和工業36.0％増，日立金属16.2％増など）と，グローバル化の進展が顕著であった。第二に，リーマンショックを契機に，海外売上高比率の上昇は頭打ちになっていることが確認できる。海外売上高比率の平均は，2007年度から2011年度にかけて，東証一部上場非金融事業法人全体では1.2％，総資産上位200社では2.4％低下している。

5　グループ化の進展

5-1　連結子会社数

　事業ポートフォリオ構造における多角化やグローバル化の進展は，企業のグループ化の進展を伴っていた。そこで本節では，日本企業のグループ化の動向を確認しておこう。まず，グループ化の程度を直接的に表現する企業の連結子会社数に注目しよう。**図表2-10**は，連結子会社数の平均と標準偏差の推移を示したものである。

　第一に，連結子会社数は1990年代に大きく増加し，2000年代以降も安定的に増加していたことがわかる。東証一部上場非金融事業法人の連結子会社数の平均は，1990年度の15.2社から2000年度の26.5社まで10年間でおよそ10社程度増加し，その後は増加のペースが鈍るものの，2009年度の31.9社まで基本的に増加基調にあった。他方，大企業の場合も，1990年度から2009年度までほぼ一貫して連結子会社数が増加するという傾向は基本的に同じであった。ただし，当然ながら大企業のほうが連結子会社数が多く，その増え方も顕著であった。総資産上位200社の連結子会社数の平均は，1990年度の46.5社から2000年度の

図表2-10 連結子会社数

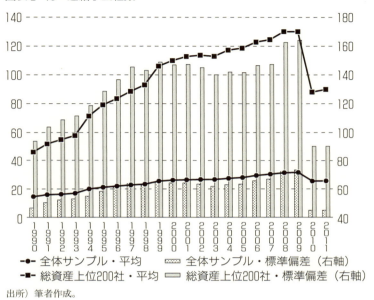

出所）筆者作成。

110.5社まで，60社以上もの急激な増加を示した。その後増加傾向は緩やかになるが，2009年度の130.7社までさらに20社程度の増加を示した。なお，標準偏差の動きをみると，大企業ほど値が大きく企業間の格差が大きいこと，特に連結子会社数の増加傾向が顕著であった1990年代に標準偏差も上昇していることが確認できる。したがって，連結子会社数は，特に大企業において1990年代に顕著に増加したが，同時に企業間の差異も拡大していたといえる。第二に，リーマンショック後の不況を経て，2010年代の初頭に連結子会社数の減少がみられる。2010年度における連結子会社数の平均は，東証一部上場非金融事業法人で25.9社，総資産上位200社では88.7社となっており，対前年比でそれぞれ6社と42社減少している。

5-2　売上高連単倍率

次に，グループ化の程度を表す代表的な指標として，連結売上高を親会社単独の売上高で除した値である売上高連単倍率に注目しよう。この指標は，グルー

図表 2-11　売上高連単倍率

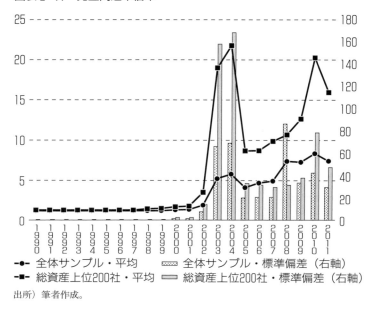

出所）筆者作成。

プ全体の売上高が親会社単独の売上高の何倍になっているかを示すものであり，当然この数値が大きいほど，グループ化が進展していることを意味する。**図表 2-11**は，売上高連単倍率の平均と標準偏差の推移を示している。

　第一の特徴は，2000年代以降，売上高連単倍率が大きく上昇し，さらに企業間格差が急速に拡大している点である。これは，2000年3月期からの本格的な連結決算の導入の影響が原因であろう。第二の特徴は，大企業ほど売上高連単倍率が高く，企業間の格差も大きいことである[18]。はじめに，東証一部上場非金融事業法人の売上高連単倍率の平均をみると，1990年度の1.2倍から2001年度の1.4倍までは安定的な増加傾向を示していた。その後，2000年代の前半に小さな山があり，2003年度（5.3倍）と2004年度（5.9倍）には5倍を超えていた。その後，2000年代の中頃に一旦低下した後は，2010年度の8.4倍まで上昇している。他方，総資産上位200社の売上高連単倍率の平均をみると，1990年代における安定的な推移という特徴は同じであるが，2000年代以降は乱高下がみられる。2001年度の1.9倍から2003年度には19.1倍に，そして2004年度には21.9倍に

なっており，急激に上昇していた。2005年度には一度8.8倍まで下落するが，その後は再び2010年度の20.4倍まで大きく上昇した。売上高連単倍率の標準偏差の推移をみても，2000年代以降に急速に値が上昇している点，特に平均が急上昇した2003年度から2004年度にかけて大きな山がある点が特徴的である。

以上，グループ化の進展を売上高連単倍率で確認した結果，特に2000年代以降，連結決算の本格的な導入によってグループ化が大きく進展したともいえるし，あるいは，親会社の陰に隠れていたグループ化の実態がみえるようになったともいえる。

5-3　製造業と非製造業

ここでは，製造業企業と非製造業企業でグループ化のレベルに違いがあったのかを確認しておこう。図表2-12は，製造業企業と非製造業企業別に，連結子会社数と売上高連単倍率の推移を整理したものである。

パネルAは，連結子会社数の推移を示している。第一に，製造業企業のほうが，非製造業企業よりも連結子会社数が多いことがわかる。2011年度時点で比較すると，非製造業企業の平均子会社数が22.1社であるのに対して，製造業企業の平均子会社数は29.5社となっている。第二に，連結子会社数の推移を確認すると，1990年代の初頭から2009年度まで，一貫して子会社数が増加するという傾向，およびリーマンショック後の2009年度から2010年度にかけて子会社数の絞り込みがみられるという点は，製造業企業と非製造業企業に共通する特徴である。ただし，1990年代の前半においては，製造業企業と非製造業企業との間に連結子会社数の差はほとんどなかったが，1990年代の中頃から製造業企業における連結子会社数の増加ペースが非製造企業における連結子会社数の増加ペースを上回り，製造業企業と非製造業企業との格差が徐々に拡大した。そして，2000年代になると，この格差の拡大がより明確になった。その結果，2000年代の半ば以降でみると，製造業企業のほうが非製造業企業よりも連結子会社数がおよそ10社程度多い状態となった。他方，標準偏差の推移をみると，特に2000年代において企業間の格差が製造業で大きいことが確認できる。したがって，2000年代における製造業企業での連結子会社数の増加は，増加が顕著な企業とそうでない企業との差の拡大を伴っていたといえる。ただし，2010年度と

図表 2-12　グループ化：製造業・非製造業

パネル A　連結子会社数

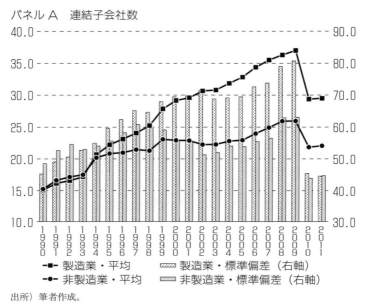

出所）筆者作成。

パネル B　売上高連単倍率

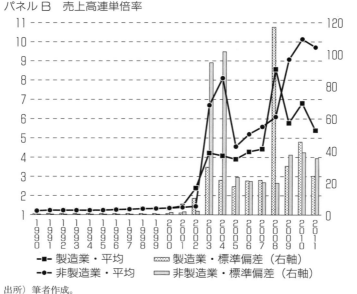

出所）筆者作成。

2011年度における標準偏差の落ち込みは，製造業企業と非製造業企業に共通する特徴である。つまり，リーマンショック後の連結子会社数の絞り込みは，製造業企業と非製造業企業で一様に行われていたといえる。

パネルBは，売上高連単倍率の推移を示している。第一に，2000年代の初頭までは売上高連単倍率が1倍台と低位にあること，2000年代以降は売上高連単倍率が上昇するとともに企業間の格差も拡大することは，製造業企業でも非製造業企業でも変わらない。第二に，2000年代以降，基本的には非製造業企業のほうが製造業企業よりも売上高連単倍率が高くなっている。2003年度以降でみると，製造業企業の売上高連単倍率がおよそ5倍強であるのに対して，非製造業企業の売上高連単倍率はおよそ7倍強となっている。

以上のことから，平均的には，製造業企業のほうが連結子会社数は多いが，売上高連単倍率は非製造業企業のほうが高いといえる。

5-4　グループ化の方法

近年の日本企業のグループ化の進展は，主に1990年代を通じた連結子会社数の増加と，2000年代以降の売上高連単倍率の上昇という特徴をもっていた。つまり，1990年代に連結子会社数が増加し，その後子会社のウェイトが増大するという形でグループが拡大していったのである。そこで，ここでは日本企業がどのような方法でグループ化を進めたのかを検討しておこう。

図表2-13は，日経全紙に掲載された「分社」の記事件数，およびM&A件数の推移を示したものである。分社に関しては，分社自体の件数ではなく新聞記事の件数の推移であることに注意が必要であるが，分社が1990年代を通じて顕著な増加傾向を示していることが確認できる。特に，銀行危機後の1998年度からITバブル崩壊後の2002年度にかけては，年間1,000件以上の高水準にあり，経営環境の悪化を背景とした親会社の合理化目的の分社が多かったものと推察される。財務や経理などの間接部門を分社することで経費の削減を狙ったケースや，損益やコスト管理を徹底し財務体質や資産効率の改善を図ることを目的とした分社などである。そして，分社は1999年度の1,500件超をピークに減少傾向に転じ，2006年度以降は年間500件未満に後退している。

次に，M&A件数の推移を確認すると，日本企業同士のM&A(IN-IN)と日

図表2-13　分社とM&A

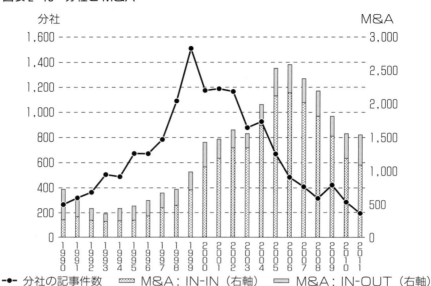

出所）分社の記事件数は日経テレコン21を利用，M&A件数はレコフデータ
『MARR統計とデータ June 2010』とRECOF NEWS RELEASE
「2015年1-12月の日本企業のM&A動向」をもとに筆者作成。

本企業による外国企業をターゲットにしたM&A（IN-OUT）を合計した件数は，2000年以降急激に増加していることがわかる。その件数は，2000年には1,434件に達し，その後2004年には2,000件，2006年にはさらに増加し2,595件とピークに達した。特に，2004年から2008年までは年間2,000件を超える高水準にあった。

以上のように，日本企業のグループ化は1990年代の分社と2000年代のM&Aによって進められたといえる。

6　まとめ

本章の狙いは，日本企業の事業ポートフォリオ構造の複雑化と，グループ組織の巨大化に関する具体的なイメージを得ることにあった。特に，これまで十

第 2 章　日本企業の戦略展開

分に理解されているとは言い難かった1990年代以降の多角化の実態に対して，企業の事業分野を日本標準産業分類の小分類（3桁コード）基準と中分類（2桁コード）基準に基づいて把握したうえで，多角化タイプ，本業比率，事業分野数，および多角化の代表的指標であるエントロピー指数を用いて接近した。本章で確認された事実を再度整理すれば以下の通りである。

　多角化に関しては，第一に，日本標準産業分類の中分類（2桁コード）基準でみて複数の事業を抱えている非関連多角化タイプが数の上では圧倒的に多いことがわかった。その割合は，本書のサンプル，すなわち東証一部上場非金融事業法人でみた場合，全体の85％から90％程度を占めた。なお，リーマンショック後には，専業企業と関連多角化企業が大きな増加を示していた。サンプルに占める割合でみると，専業企業は約2％から約10％までおよそ8％増加し，関連多角化企業も約4％から約6％へとおよそ2％増加していた。第二に，多角化タイプとしては非関連多角化企業が多いが，本業比率の平均はおよそ8割（78％）と高いことが確認された。したがって，複数の非関連事業分野にビジネス展開してはいるものの，基本的には本業を中心とした事業構造が主流である。第三に，事業分野数の推移に関しては，1990年代初頭のバブル崩壊後に事業分野数の絞り込みがあること，1990年代は一貫して事業分野数の拡大が続くこと，2000年代は非常に安定的に推移すること，そしてリーマンショック後の不況を経て事業分野数が再び調整されたことが確認できた。この傾向は，エントロピー指数の変化でみても基本的に同様であった。さらに，この傾向は大企業でより顕著であった。第四に，製造業企業と非製造業企業を分けてみると，1990年代の事業分野数の増加および多角化の進展は，主に製造業企業にみられる特徴であった。非製造業企業では，1990年代だけではなく2000年代以降も，2009年度に至るまでの約20年の長期間にわたって，事業分野数はほぼ不変，エントロピー指数では専業化方向への変化が確認できた。多角化の推移に関して，製造業企業と非製造業企業の差異は，主にこの1990年代における対照的な変化にあり，その他の時期に関しては大きな差異はなかった。つまり，1990年代初頭のバブル崩壊後と2000年代後半のリーマンショック後の事業分野数の絞り込みと専業化方向への変化，および2000年代における多角化の安定的な推移は，製造業企業と非製造業企業に共通の特徴であった。

グローバル化に関しては，海外売上高比率が1990年代の後半から2000年代の後半にかけて上昇し，リーマンショック後に頭打ちになっていることが確認された。2011年度における海外売上高比率は，東証一部上場非金融事業法人で17.2％，総資産上位200社で25.3％であった。また，グループ化に関しては，1990年代には主に大企業で連結子会社数が大きく増加し，2000年代以降も主に製造業企業で子会社数の増加が続いていた。そして，リーマンショック後に連結子会社数の絞り込みが行われていた。なお，連結子会社数の増加には，1990年代の分社と2000年代以降のM&Aが影響を与えていた。

1　1980年代以前に関しては，吉原・佐久間・伊丹・加護野（1981），加護野・野中・榊原・奥村（1983），小田切（1992）などを参照のこと。なお，青木・宮島（2011）は，1990年代初頭から2005年度までの多角化等をカバーしているが，本書ではデータを2011年度まで拡張し，リーマンショック後の変化までをフォローしている。

2　なお，多角化はどのような企業でどのようなモチベーションで実施されたのだろうかという問題意識に関しては，多角化戦略の決定要因や進出や撤退の決定要因を分析する第3章と第4章で扱う。

3　吉原・佐久間・伊丹・加護野（1981）のサンプル118社は，1970年度の鉱工業売上高トップ100社，資本金トップ100社，さらに主要14業種の売上高トップ3社，のいずれかに該当する企業である。また，戦略タイプの判定は，1958年，1963年，1968年，1973年の4時点で行い，多角化度指数（DI）は，1963年，1968年，1973年の3時点で計算している。

4　萩原（2007）のサンプルは，1996年の鉱工業売上高トップ100社，資本金トップ100社，営業利益トップ100社，経常利益トップ100社，当期純利益トップ100社のいずれかに該当する企業142社である。

5　多角化タイプの分類に関しては，日本標準産業分類の小分類や中分類基準でみた場合に，事業分野が1つしかない専業型企業も存在するから，実際の多角化タイプは3つになる。

6　非製造業では，中堅の建設各社が本業の採算低下を補うために金融や保険代理業に取り組み始めたケースや，オリックスが合弁で生命保険事業に進出したケースなどが確認できる。

7　Holmstrom and Kaplan（2001）を参照のこと。

8　詳しくは渡辺（1996）を参照のこと。分権化は，現場情報を意思決定に有効活用できる効果がある反面，委譲された権限が組織全体のためではなく部門優先で使用されるという問

題もある。詳しくは Agihon and Tirole（1997）を参照のこと。なお，カンパニー制はその後見直されるケースも相次いだ。日本企業で最初に導入したソニーも，2005年にネットワークカンパニー制を廃止し，事業本部・事業グループなどからなる新組織を導入している。詳しくは下谷（2009）などを参照のこと。

9 多角化と企業パフォーマンスの関係を検証した実証分析では，Berger and Montgomely（1988），Wernerfelt and Montgomery（1988），Lang and Stulz（1994），Berger and Ofek（1995）などが，過剰な多角化による経営の非効率，企業価値のディスカウントを報告している。日本企業を対象とした分析でも，Lins and Servaes（1999）や平元（2002）が多角化ディスカウントの存在を確認している。

10 詳しくは宮島（2007），蟻川・宮島（2007）などを参照のこと。

11 ナイロン，ポリエステル，アクリルといった合成繊維である。

12 多角化指標に関しては，Jacquemin and Berry（1979）などを参照のこと。

13 エントロピー指数の作成過程でも，事業分野の特定と同様，各社のセグメント情報から得られる各事業部門に日本標準産業分類の3桁コード（小分類基準）と2桁コード（中分類基準）を割り当てたうえで，同一のコードが付与された事業部門は同一の事業分野とみなして売上高を合算している。

14 この区分の方法は，平元（2002）や青木（2014）でも採用されている。

15 なお，図表2-6パネルAで確認できるが，東証一部上場非金融事業法人全体でみると，関連多角化に関してはバブル崩壊以前（1990年度）の水準までには達していないが，非関連多角化に関しては1999年度にバブル崩壊以前の水準を超えている。

16 製造業・非製造業の区分は，日経業種コードの大分類基準に従った。

17 サンプル数が10社以上の業種に限る。

18 なお，フローの売上高を用いた売上高連単倍率だけではなく，ストックの総資産を用いた総資産連単倍率の動きも確認したところ，変動は極めて安定的であるものの，同様の傾向，すなわち2000年代以降，総資産連単倍率の平均と標準偏差が上昇すること，大企業ほど平均も標準偏差も大きいことが確認された。なお，総資産連単倍率の平均は，1990年度から2011年度まで，東証一部上場非金融事業法人全体で1.2倍から1.3倍，総資産上位200社で1.4倍から1.6倍程度であった。

第│3│章

多角化戦略とコーポレート・ガバナンス[1]

1　はじめに

　日本企業では，多角化やグローバル化の進展によって事業ポートフォリオ構造が複雑化し，分社やM&Aの積極的な活用による連結子会社数の増加によってグループ組織が巨大化した。その結果，統括本部と事業部門間，あるいは親会社と子会社間の情報の非対称性が拡大し，企業内あるいは企業グループ内でのエージェンシー問題が深刻化した。統括本部や親会社が，事業部や子会社などの傘下のビジネス・ユニットをいかにコントロールするかという事業ガバナンス，子会社ガバナンスがより一層重要になったといえる。問題はほかにもある。事業ポートフォリオ構造の複雑化とグループ組織の巨大化は，トップ・マネジメントの経営に関する意思決定負荷を，以前に比べてより一層大きくしたのである。「選択と集中」によって事業ポートフォリオを再編し，より競争力のある事業分野を中心にビジネスを展開することは，この問題に対する日本企業の戦略的対応策の１つであった。「選択と集中」のうち，コアな事業分野を"選択"するということは，経営者の意思決定範囲を限定するという意義もあるからである。そして，この「選択と集中」による事業ポートフォリオ再編の背後には，どの事業から撤退し，どんな事業へ新たに進出するのか，さらに，どの事業のウェイトを低下させ，どの事業のウェイトを増加させるのかといった経営者の戦略的な意図が存在する。

　そこで本書では，経営者の戦略的な意図が具体的な形として現れる経営戦略

に着目し，その経営戦略がどのようなメカニズムで策定されるのかを検証する。分析の焦点は，経営戦略の策定という意思決定メカニズムに対する企業のガバナンス構造の影響を解明することである。つまり，企業のガバナンス構造が，経営者の戦略的意思決定，すなわち経営戦略の変更に対してどのような影響をもつのかを実証的に検討し，その結果からコーポレート・ガバナンスの役割を考察する[2]。

本章ではまず，「選択と集中」のうち主に経営資源の"集中"という戦略的意思決定に着目し，その結果が反映される多角化水準の変化を分析の対象とする。例えば，宮島・稲垣（2003）は，1990年代の日本企業（製造業）を対象に，既存市場の需要成長率が低く不確実性が高いこと，企業規模が大きいことなどが多角化を促進することを確認している[3]。このように，本章では，多角化の決定要因の分析を通じて，コーポレート・ガバナンスが経営戦略に与えた影響を考察する。1990年代以降は，日本企業が経営戦略とコーポレート・ガバナンスの両面で非常にダイナミックな変容を経験した興味深い時期であるが，具体的には次のような問いに解答を与えることが本章の課題である。企業パフォーマンスの低下は多角化戦略を変更する契機となるのだろうか，それとも，多角化戦略の策定は企業パフォーマンスとは無関係に行われているのだろうか。また，企業のガバナンス構造は多角化戦略の変更にいかなる影響を与えたのだろうか。あるいは，企業のガバナンス構造の違いは，企業パフォーマンスと多角化戦略の変更の関係に，何らかの影響を与えるのだろうか。

本章の構成は以下の通りである。第2節では，経営戦略の変更がどのような意味をもつのかを先行研究をレビューしながら整理する。また，経営戦略として多角化戦略に着目する理由を，一般的なエージェンシー理論と経営戦略論に依拠しながら簡単に説明する。第3節では，経営戦略の変更の捉え方を議論したうえで，経営戦略の変更に対する企業のパフォーマンス要因とガバナンス要因の影響に関する仮説を提示し，推計モデルと変数を説明する。第4節では，基本統計量を確認しつつ，戦略変更の時系列変化を概観する。第5節と第6節は計量分析のパートである。第5節では，企業の経営戦略変更の決定要因を分析する。具体的には，多角化戦略の変更に対する企業のパフォーマンス要因とガバナンス要因の影響が検討される。続く第6節では，特に企業パフォーマン

スが悪い状況,具体的には資産効率が業種平均に満たない場合に焦点を当て,第5節の分析結果を再検討する。最終節はまとめである。

2 戦略変更の意義
　　ーなぜ経営戦略の変更を問題とするのかー

2-1　環境変化と組織慣性

　本書では,企業のガバナンス構造が,企業内の戦略的意思決定プロセスに与える影響を解明することに分析の重心を置く。そして,この戦略的意思決定のプロセスとして,経営戦略の変更に注目する。経営戦略を適切なタイミングで策定あるいは変更することは,企業組織を外部環境に適応させ,事後的な財務パフォーマンスの向上を図るうえで極めて重要な要素だからである。

　Van de Ven and Poole（1995）,Rajagopalan and Spreitzer（1997）によると,戦略変更とは,組織と外部環境との連帯における形態,特性,状態の経時的な変化として定義される。ここで,Hofer and Schendel（1978）によると,組織と外部環境との連帯とは,組織が自身の目的を達成する方法を示す,現在と将来の資源配分と環境との関係についての基本的なパターンである。そして,この戦略変更の発生に対しては,組織の内部環境と外部環境の状態が影響を及ぼすと考えられる。組織パフォーマンスは,組織と外部環境の適合に依存して決定されるため,外部環境における機会や脅威の出現といった状況の変化は,組織に対し改めて外部環境に適合することを要求し,戦略変更を促進することになる。また,組織の状態も戦略変更の発生に影響を与えると考えられる。例えば,組織がパフォーマンスの低下に直面した場合,状況打開のために新たな戦略を採用しようとするだろう。

　その一方で,Hannan and Freeman（1984）は,組織には過去と同じことを行い続ける傾向,すなわち"組織慣性"が備わっていることを指摘している。Kelly and Amburgey（1991）は,組織慣性が大きい組織は,外部環境の変化により戦略変更が必要になった場合でも,戦略変更を行わない傾向が強くなることを報告している。このような組織と外部環境の適合に着目した戦略変更の

議論に基づき，組織を取り巻く様々な環境要因が戦略変更を促進する可能性が検討されてきた。例えば Kelly and Amburgey（1991）は，1938年から1985年までのアメリカの航空貨物産業を対象に，組織慣性を強化する組織の規模と年齢が上昇すると，戦略変更の可能性が低くなることを発見している[4]。

2-2　経営者の認知

　先行研究をみると，内外の環境変化と経営戦略の変更との間には，必ずしも一貫した関係が見出だせるわけではない。その原因に関して，Rajagopalan and Spreitzer（1997）は，外部環境や組織の状態は必ずしも客観的に一意に決定されるものではなく，外部環境と組織の状況に対する管理者の認知上の差異が，戦略変更における差異となって現れていると論じている。仮に組織が同じ状態であり，かつ同じ外部環境の変化に直面したとしても，経営戦略を変更する組織と変更しない組織が存在する理由は，管理者が直面する環境や状況の深刻さをどのように認知するかが異なるからである[5]。この議論に従えば，経営戦略の策定を担当する意思決定主体，すなわち経営者の現状認知に対して影響を与える要因は，経営戦略の変更にも影響を与えることが示唆される。

　このように，外部環境の変化によって経営戦略の変更が必要になった場合でも，戦略変更が起きない理由としては，組織慣性や経営者の認知という要因が考えられる。これらの要因のほかにも，論理的にはそもそも外部環境と経営戦略が事前的に不適合であったという可能性も考えられる。企業が現在採用している戦略が外部環境に適合しているか否かは，事前的にはなかなか判断の難しい問題であるが，もともと既存の経営戦略が外部環境にマッチしていない状況から，外部環境が既存の戦略にとって望ましい方向に変化した場合は，経営戦略を変更する必要性は小さいと考えることができる[6]。そこで本書では，外部環境の変化を戦略変更のトリガーとして問題視するのではなく，客観的な基準に照らして経営戦略の変更が必要と思われる状況を想定して分析を進める。例えば，企業の財務パフォーマンスが低迷している場合，あるいは同業他社に比べて自社のパフォーマンスが劣っているような場合は，経営戦略の見直しが必要であると考えることは妥当であろう。

第3章　多角化戦略とコーポレート・ガバナンス

2-3　経営者の意思決定

　本章では，経営戦略の策定を行う意思決定主体として経営者を想定し，その戦略的意思決定の内容として多角化戦略に注目する。すなわち，経営戦略として企業の多角化を取り上げる。コーポレート・ガバナンスに関する先行研究の多くは，エージェンシー理論に依拠して議論を展開してきた。株主と経営者の関係を，プリンシパル（委託者）とエージェント（代理人）の関係として捉える場合，不確実性に起因する契約の不完備性，双方の利害相反，情報の非対称性などの条件から，経営者の努力水準の低下，すなわちモラルハザードの可能性が問題となる。そこで，プリンシパルである株主は，モニタリングやインセンティブの仕組みを適切に設計することによって，エージェントである経営者の意思決定や行動をコントロールし，高い努力水準を維持させることが必要になる。したがって，経営者の行う実質的な意思決定や判断は，コーポレート・ガバナンスが有効に機能しているか否かを判断する重要な材料であり，本書の分析上の重要な焦点となる。

　なお，コーポレート・ガバナンスを議論する際の理論的背景として，ステークホルダー・アプローチが採用される場合もある。すなわち，企業が円滑な事業活動を営むためには，株主ばかりでなく，従業員，債権者，サプライヤーなどの取引先企業，顧客，政府，地域社会など様々な利害関係者集団（ステークホルダー）の協力が必要であり，経営者の役割をこれらステークホルダー間の利害調整に求めるという見方である。ただし，ここでの文脈で重要なことは，ステークホルダー・アプローチを採用する場合も，誰を重視するかという点に違いはあっても，問題の焦点は企業の実質的な意思決定を担う経営者の判断や行動にあることである。したがって，コーポレート・ガバナンスに関する従来の議論からは，企業経営者の意思決定に分析の焦点を当てることが重要であることが示唆される。そして，この経営者の行う戦略的意思決定とは，経営学の教科書的にいえば，企業全体に影響を与える重要な問題を対象とするものであり，その結果が企業組織に与える影響が極めて大きいといった性質をもつ[7]。

　そこで本書では，進出と撤退による事業ポートフォリオの再編と経営資源の再配分の結果が反映される多角化戦略に注目する。企業が活動する事業領域の

"選択"という企業ドメインの決定と資源配分の"集中"は，全社的課題かつ，この戦略的意思決定の成否は財務パフォーマンスなど，企業全体に与える影響が最も大きな問題の1つだからである。

3 分析の戦略

3-1 経営戦略の変更－多角化と専業化－

分析の鍵概念である経営戦略の変更が発生するか否かは，先行研究のレビューでも示した通り，経営者の認知，あるいは主観的な状況判断に依存する。したがって，企業が同じような状況に直面しても，その状況は意思決定者の主観的な認知というフィルターを通して解釈されることになるため，実際に経営戦略の変化が起きるか否かは，事前的には判断できない。例えば，環境に変化が生じても，速やかに戦略を変更する場合と，従来の戦略が維持される場合との両方があり得る。これは，経営戦略の変更が，現在の戦略を正しいと認識しているか，あるいは改善や変更の余地があると認識しているかという意思決定者の認知に依存するからである。そこで本書では，経営戦略の変更が実施される前の段階に，意思決定者，すなわち経営者の認知という要素が介在するという前提を置き，企業のガバナンス構造などの要因が経営戦略の変更に対してどのような影響を与えるのかを検討する。

ここでは，経営戦略の変更の捉え方を整理しておこう。多角化戦略の変更という観点からみれば，組織パフォーマンスの低迷時には，不採算事業からの撤退，あるいは将来性の見込める新規事業への参入など，現状からの脱却を図る何らかの手当てを講じることが必要になるだろう。ここで問題となるのが，変化の方向である。多角化戦略の変更には，新規事業への進出など多角化方向へ変化する場合と，既存事業からの撤退など専業化方向へ変化する場合の両方が含まれる。たとえ，組織パフォーマンスの低迷という客観的な基準を用いて戦略変更が必要な状況を特定し，戦略変更が起こったケースを規範的に望ましいと判断できたとしても，多角化と専業化どちらの方向へ変化することが望ましいかまで判断することは難しい。

多角化に関しては，多角化のパターンと組織パフォーマンスとの関係を検討した Rumelt（1974）や吉原・佐久間・伊丹・加護野（1981）の先駆的業績以降，多くの研究が蓄積されてきた。近年の実証研究では，Berger and Montgomely（1988），Wernerfelt and Montgomery（1988），Lang and Stulz（1994），Berger and Ofek（1995）などが，過剰な多角化は経営の非効率を招き，企業価値の毀損をもたらすことを明らかにしている。日本企業を対象とした分析では，Lins and Servaes（1999）が1992年と1994年，平元（2002）が1995年のクロスセクション分析で，それぞれ多角化ディスカウントの存在を確認している。さらに，中野（2012）は，製品やサービスといった事業多角化だけでなく，生産や販売拠点のグローバル化といった地域多角化の影響も検証し，特に地域多角化に起因する企業価値のディスカウントが大きいことを発見している。また，Ushijima（2015）は，多角化ディスカウントに対する親子会社関係といった組織構造の影響を検証し，特に持株会社で大きな企業価値のディスカウントが確認できることを発見している。

ところで，多角化のタイプに関していえば，関連多角化に対しては肯定的な見方が多い一方で，非関連多角化に対しては否定的な見方が多い。例えば，Wernerfelt and Montgomery（1988）は拡散した多角化よりも集中した多角化が企業パフォーマンスにプラスであることを示し，Markides and Williamson（1994）は短期的な範囲の経済性に加え，長期的な戦略的資産の蓄積の点でも関連多角化の優位性を指摘している[8]。また，Berger and Ofek（1995）は，企業価値のロスが，関連多角化では緩和されることを示している。関連多角化では，市場情報，ノウハウ，技術，ブランド，生産設備，流通チャネルなどの経営資源の共通利用の可能性が高くシナジー効果が期待される一方，非関連多角化では，シナジー効果を得にくいばかりでなく，経営者と事業部門間の情報の非対称性が深刻であり，経営者の専門性の低下や部門間の調整コストの上昇などによって組織非効率が発生すると考えられるからである。

このように，多角化が組織非効率の一因になるという一連の実証研究から判断すれば，ある程度多角化が進展している企業では，組織パフォーマンスが悪化した場合に，さらなる多角化を模索するよりも，不採算部門の縮小や将来性に乏しい事業からの撤退など，事業の「選択と集中」を進める戦略変更がより

重要になるだろう。しかしながら，シナジーが薄く効率性が低いとされる非関連多角化にも，リスク分散の効果によって企業パフォーマンスの安定性を高めるというメリットがあることを指摘する研究もある。例えば，舟岡（2003）は，多角化と収益性は負の相関関係にあるが，特に大企業では製造業以外への多角化がリスクを低下させることを発見している[9]。また，宮島・稲垣（2003）も，多角化と企業パフォーマンスは負の相関関係にある一方，多角化がリスクを引き下げることを発見している[10]。つまり，多角化と効率性，あるいは多角化と企業価値の関係を重視すれば，過剰な多角化や非関連事業分野への多角化は修正されるべきであり，専業化方向への変化（多角化度の減少）が事業のリストラクチャリングとして重要な意味をもつ。一方で，多角化にはリスク分散や成長性の維持といった側面もあるため，企業の持続的で安定的な発展という経営戦略のあり方も含めて判断すれば，多角化を全面的に否定することも難しいだろう。単に効率性だけではなく安定性も考慮すれば，関連多角化も非関連多角化もそれぞれに利点をもつからである。

　一方，そもそも事業分野を1つしかもたない専業企業の場合は，これ以上の専業化方向への変化というオプションはないから，多角化方向への変化しか考えられない。この専業企業の組織パフォーマンスに関して，例えば菊谷・斎藤（2006）では，専業企業の組織効率が高く，「餅は餅屋」効果が認められることが示されている。ただし，専業化企業における多角化は，必ずしも悪い選択ではない。長期的な企業の存続という視点からみれば，製品ライフサイクルの終焉，あるいは既存技術の陳腐化などへの戦略的対応として，新たな収益源を模索するなど，多角化方向への戦略変更が必要不可欠な場合もある。

　以上でみたように，多角化方向か専業化方向か，どちらに変化するのが望ましいかは，企業の置かれた外部環境や内部環境によってそれぞれ異なるため，事前的に良し悪しを判断するのは非常に困難である。そこで，経営戦略の策定という経営者の戦略的意思決定に対するコーポレート・ガバナンスの影響を考察する本書では，多くの先行研究が検証してきた多角化タイプと組織パフォーマンスの関係に注目するのではなく，多角化戦略の変更に着目する。そして，多角化と専業化という両方向への変化を含む"変化の大きさ"に議論の焦点を当てることにする。つまり，多角化の水準自体や関連多角化・非関連多角化と

いった多角化のパターン，あるいは効率性の追求かリスク分散の追求かといった多角化の目的を問うのではなく，多角化水準の変化に注目することで，企業パフォーマンスが低下した時に適切な経営戦略の見直しが行われていたのか否かを問題にする。

3-2　企業パフォーマンスと戦略変更－仮説－

　本書では，企業パフォーマンスが悪化した場合に経営戦略の見直しが必要であると考え，この戦略変更に対する企業のガバナンス構造の影響を検討する。組織パフォーマンスが悪化した場合に，適切な経営戦略の変更を促すメカニズムが機能しているかどうかは，コーポレート・ガバナンスが正常に機能しているか否かを判断する1つの重要な要素だからである。例えば先行研究でも，メインバンクや親会社などから役員が派遣される確率や経営者の交代確率が，企業パフォーマンスに負に感応するか否かがテストされてきた。そして，企業パフォーマンスの低下に応じて外部からの役員派遣の確率や経営者の交代確率がシステマティックに上昇する場合，コーポレート・ガバナンスが有効に機能していると判断されてきた[11]。このように，企業のパフォーマンス要因は，コーポレート・ガバナンスに関する先行研究でも扱われてきた中心的な論点であり，当然，組織パフォーマンスが低下すれば，経営者は何らかの改革圧力を認知するようになると考えられる。

　ただし，経営戦略の変更に対する企業パフォーマンス要因の影響を，規範的な視点から判断することは極めて難しい。例えば，企業パフォーマンスの低下に対応する形で経営戦略の変更が発生する場合，業績の悪化が経営者に対する改革圧力を増加させるという意味で，経営の規律づけメカニズムが有効に機能していると読むことができる。しかし，実際の企業行動では，業績が悪くなってから経営戦略を変更するのでは遅い，あるいは受動的すぎる対応であるといった消極的な見方も可能であろう。他方，経営戦略の変更に対する企業パフォーマンス要因の影響が正である場合は，業績の良い企業ほど戦略変更の程度が大きいことになるが，これも規範的な観点からの判断が難しい。この場合，日本企業の経営者は，財務的な余裕がある時に次の一手を考えているという意味で，先見性やリスクテイクの姿勢があるといったポジティブな評価が可能で

ある反面，企業パフォーマンスが悪いほど戦略が固定化しているというネガティブな評価も可能だからである。本書では，経営戦略の変更に対する企業パフォーマンス要因の影響に関する解釈，特に規範的な視点からの判断には上記のような見方もあり得るということを念頭に置き分析を進める。

ところで，前節で議論した通り，経営戦略の変更は企業の直面する外部環境や内部環境の変化によって発生すると考えられる。この文脈に従えば，戦略変更の引き金となるのは，企業パフォーマンスの水準よりはむしろその変化かもしれない。しかし，環境が変化した場合に必ず戦略変更が必要であるという議論では，変化前の環境条件と経営戦略が事前的に適合しているということが初期条件として暗黙に仮定されている。すなわち，事前的に環境条件と経営戦略が不適合であり，環境の"変化"が発生しなくとも戦略変更が必要であるという重要な可能性が排除されてしまっている。もし，環境条件と経営戦略が事前的に不適合であれば，内外の環境変化は，既存戦略にとって望ましい方向への変化と，さらに望ましくない方向への変化という両方の可能性が考えられる。しかし，内外の環境が既存の経営戦略にとって好ましい方向へ変化するのであれば，環境変化が起こっても戦略変更の必要性は低い。そこで，環境条件の変化ではなく，組織パフォーマンスの低迷という絶対的な判断基準を用いて分析を進めることにする。つまり，組織パフォーマンスが低いということは内外の環境条件と経営戦略がマッチしていないことの結果であると考え，企業パフォーマンスが低いほど経営者に対する改革のプレッシャーが高まると想定する。したがって，企業パフォーマンスの低下に応じた経営戦略の変更が確認できることを，企業の戦略的意思決定が正常に機能していることを示す1つの証拠とみるわけである。そこで，次の仮説を設定する。

仮説1 企業パフォーマンスが低いほど，戦略変更の程度は大きくなる。

3-3 コーポレート・ガバナンスと戦略変更－仮説－

企業パフォーマンスが低迷している時に，必要な戦略変更を促す企業のガバナンス要因は，規範的に"良い"ガバナンスであると判断できる。コーポレート・ガバナンスの目的は，経営者を適切に規律づけることによって，最終的には"良い"経営を達成させることにあるため，非効率な状態をいかにして矯正

するかという機能にガバナンスの真価が現れると考えられるからである。これらのガバナンスの役割は，何らかの改革が必要な時に，経営者の状況認知に働きかけ，経営戦略の変更を通じて企業の環境適応を促すことにある。伝統的なコーポレート・ガバナンスの議論で問題とされてきた経営の規律づけメカニズムである。したがって，企業パフォーマンスが低迷した時に，戦略変更を促すガバナンス要因は経営者に対する規律づけの観点から評価できる一方，問題のある既存戦略を温存させる，あるいは経営戦略の変更を阻害するガバナンス要因は企業にとって望ましくないと判断できる。経営戦略の見直しが必要な場合に，経営者の認知に働きかけ，戦略的意思決定に影響を与えうる企業のガバナンス要因としては，以下の諸特性を検討する。

3-3-1 内部ガバナンス－トップ・マネジメント構造－

　トップ・マネジメントは企業の意思決定主体であり，当然，経営戦略の変更という判断に大きな影響を与える。このトップ・マネジメント構造としては，取締役会の規模，執行役員制度の導入，および取締役会に占める社外取締役の比率の影響を検討する。

　取締役の人数と企業パフォーマンスとの関係を検証した先行研究では，Yermack（1996），中山（1999），鈴木・胥（2000），斎藤（2002）などが，取締役人数が多いほど企業パフォーマンスが低いという負の相関関係を報告している。実際，実務面では1990年代初頭のバブル崩壊以降，大規模な取締役会のスリム化が進められるようになり，特に1997年にソニーによって執行役員制度が導入されてからは，ダウンサイジングの動きが加速した。日本企業の取締役会特性のうち，その規模に関する否定的な見方に依拠すれば，すなわち，大規模な取締役会では，部門代表の役員間で利害調整に時間がかかるため戦略変更の意思決定が遅れる，あるいは取締役会の規模が大きすぎて実質的な議論が行われず形骸化が進んでいるといった可能性に基づけば，取締役会の規模は戦略変更に対してマイナスの影響を与えると予想される[12]。

　1990年代の後半以降は，大規模な取締役会のダウンサイジングと平行して，執行役員制度や社外取締役の導入が進むなど，日本企業のトップ・マネジメント改革が大きな進展をみせた。これらのトップ・マネジメント改革は，大規模

で内部昇進者優位，経営と執行の一致といった特徴をもつ伝統的な日本型取締役会が抱える問題点の改善，すなわち戦略的意思決定機能とモニタリング機能の強化を狙ったものであった。これらの改革が狙い通りに取締役会の戦略的意思決定機能とモニタリング機能の向上に寄与するのであれば，企業パフォーマンスの低下に感応的な経営戦略の変更が期待される。

　まず，執行役員制度が導入された場合，業務執行に関する意思決定権限を大幅に執行役員に委譲することができるため，取締役は全社的な視点に基づく経営戦略の策定と事業部門のモニタリングに専念できるようになる。つまり，トップ・マネジメントの戦略的意思決定機能の向上が期待される[13]。したがって，執行役員制度の採用は，企業パフォーマンスが低迷した時に，経営戦略の変更を促す効果をもつと期待される。次に，社外取締役が経営戦略の変更に与える影響を考えてみよう。社内のしがらみから相対的に自由であり，客観的・独立的な視点からの意思決定や助言が期待される社外取締役には，経営トップに対しても忌憚なく意見をいうことが求められるから，戦略策定の前提となる環境分析がより厳格化する可能性がある。したがって，社外取締役が多いほど，あるいは取締役会に占める社外取締役の比率が高いほど，企業パフォーマンスが低迷した時の経営戦略の変更圧力は大きくなると考えられる[14]。

　以上のことから，1990年代以降の日本企業におけるトップ・マネジメント改革の妥当性，あるいはその戦略的意思決定に対する影響を判断するという意味からも，次の仮説を検討する。

　仮説2　取締役会の規模が小さいほど，執行役員制度を導入しているほど，社外取締役比率が高いほど，企業パフォーマンスが悪化した時の戦略変更の程度は大きくなる。

3-3-2　外部ガバナンス－株式所有構造－

　1990年代以降の日本企業の株式所有構造における変化の大きな特徴は，株式の相互持ち合い比率の低下，およびこれとは対照的な動きをみせた，外国人株主をはじめとする機関投資家のプレゼンスの上昇にある。株式の相互持ち合いに代表される安定株主が経営戦略に対してもつ含意は，敵対的な企業買収に対する対抗策として資本市場からの圧力を緩和し，長期的な視点に立った経営戦

略の策定を可能にしたことにある[15]。その一方で，安定株主は，企業パフォーマンスが低調な場合でも，株主総会等での発言（Voice）も持ち株の売却（Exit）も行わないサイレントパートナーであるため，経営者に対する規律づけの圧力が不十分であると考えられてきた。他方，外国人株主をはじめとする機関投資家が経営戦略に対してもつ含意は，企業価値や企業パフォーマンスの向上に対する圧力を増大させることであろう。彼らは投資収益率の最大化という目的のために積極的に"もの言う"株主であり，近年では議決権行使などの方法で企業経営に深くコミットしている。例えば，篠田（2010）は，商事法務研究会編（2000-2008）『株主総会白書』を用いて，外国人機関投資家等の議決権行使の実態を整理し，2004年以降は1,000社を超える企業が，企業側の提案に対して「否」を突きつけられていることを示している。また，篠田（2010）は，外国人機関投資家が反対する議案の上位3位が，「取締役選任議案」，「監査役選任議案」，「剰余金の処分」であることを報告している。外国人株主をはじめとする機関投資家のアクティブな行動が，経営者に対する規律づけとなっていることは想像に難くない。また実際に，外国人株主の存在が，経営の規律づけ効果を果たし，トービンのq, ROA, 全要素生産性（TFP）などで測定した企業パフォーマンスにプラスの効果をもたらすことを実証した研究も多い[16]。さらに，宮島・新田（2011）は，外国人株主の保有比率の高さと企業パフォーマンスの高さとの関係について，外国人株主が業績の良い企業を投資先として選好したという因果関係を考慮したうえでも，外国人株主が企業パフォーマンスを改善させる効果をもっていたことを実証している。

　したがって，ある企業の株式所有構造において，経営者に対する資本市場の圧力を緩和する持ち合い株主の持株比率が高い場合，企業パフォーマンスが悪化しても積極的に経営戦略が見直される可能性は低くなると予想される。一方，経営者に対する資本市場の圧力を増幅する外国人株主や機関投資家の持株比率が高い企業では，企業パフォーマンスが悪化した時に経営戦略の変更が促進されると考えられる。そこで，次の仮説を設定する。

　仮説3　持ち合い株主の持株比率が高いほど，企業パフォーマンスが悪化した時の戦略変更の程度は小さくなる。他方，外国人株主や機関投資家の持株比率が高いほど，企業パフォーマンスが悪化した時の戦略変更の程度は大きくな

る。

3-4　推計モデルと変数

　経営戦略の変更を多角化戦略の変更として捉え，これに対する企業のパフォーマンス要因およびガバナンス要因の影響を検討するために，下記の推計式を固定効果モデル（fixed effect model）でパネル推計する[17]。

$$SC_{it} = f[Pef_{it}, CV_{it}] \quad \cdots\cdots(1)$$

$$SC_{it} = f[Pef_{it}, Gov_{it}, CV_{it}] \quad \cdots\cdots(2)$$

$$SC_{it} = f[Pef_{it}, Gov_{it}, Pef_{it} \times Gov_{it}, CV_{it}] \quad \cdots\cdots(3)$$

　上記の推計式中の添え字 i は企業，添え字 t は年度を表す。ここで，被説明変数の SC は，経営戦略の変更の程度を示す変数である。具体的には，日本標準産業分類の小分類（3桁コード）基準と中分類（2桁コード）基準に基づいて作成したエントロピー指数の t 年度から翌 $t+1$ 年度にかけての差分の絶対値を用いた。多角化度を示すエントロピー指数の t 年度から $t+1$ 年度にかけての差分がプラスであれば多角化度が増加したことを示し，この差分がマイナスであれば専業化方向に変化したことを意味する。しかし，既に述べたように，多角化方向あるいは専業化方向，どちらの方向へ変化するのが良いかという規範的な判断は事前的には困難である。例えば企業パフォーマンスが悪化した場合，不採算部門の縮小や既存事業からの撤退によって専業化方向へ変化する可能性も，新たな収益源を求めて新規事業に進出するなど多角化方向へ変化する可能性も，ともに考えられるからである。そこで，本推計ではエントロピー指数の差分の絶対値を被説明変数として採用することで，戦略変更のマグニチュードを捕捉する。なお，第2章と同様，日本標準産業分類の小分類（3桁コード）基準に基づいて計算したエントロピー指数を関連多角化の程度，中分類（2桁コード）基準に基づいて計算したエントロピー指数を非関連多角化の程度と定義する。すなわち，関連多角化度の変化には，本業関連の事業領域内における部門間の経営資源配分の重み付けの変更や事業の組み替えといった戦

第 3 章　多角化戦略とコーポレート・ガバナンス

略的意思決定が主に反映される。他方，非関連多角化度の変化には，本業と非本業間での経営資源配分の重み付けの変更，あるいは本業とは異なる新規事業への進出や非本業事業からの撤退といった比較的インパクトの大きな事業ポートフォリオの再編が反映される。そこで，関連多角化における戦略変更と非関連多角化における戦略変更との違いにも着目しつつ分析を進める。

　ところで，事業ポートフォリオの再編を扱う先行研究では，新規事業への進出と既存事業からの撤退を被説明変数とするものが多い[18]。これは，セグメント情報を用いて，これまで存在していなかった事業が翌期に存在する場合を進出，逆に，これまで存続していた事業が翌期に存在しない場合を撤退と定義し，それぞれの発生確率を被説明変数とする分析である。進出と撤退という，非常に目立つ戦略的な企業行動を分析の対象とするものである。ただし，現実には，日本標準産業分類のコードでみて，ある区分の事業に新たに進出する，あるいは，ある区分の事業から完全に撤退するというよりも，ある事業区分内における製品レベルでの進出や撤退によって事業競争力の強化が図られる場合も多い。

　例えば，ある総合家電メーカーが，テレビ事業やビデオ事業から撤退する場合を考えてみよう。日本標準産業分類でみると，テレビ事業は「ラジオ受信機・テレビジョン受信機製造業」(2813)，ビデオ事業は「ビデオ機器製造業」(2742)の細分類（4桁コード）項目に該当する。したがって，この企業がこれらの事業から撤退したとしても，小分類（3桁コード）基準に該当する「通信機械器具・同関連機械器具製造業」(281) や「電子応用装置製造業」(274)，あるいは中分類（2桁コード）基準に該当する「情報通信機械器具製造業」(28) や「電気機械器具製造業」(27)から撤退しない限り，撤退が発生したとはカウントされない。このように，進出や撤退は事業分野を日本標準産業分類のどのレベルで把握するのかに依存するため，ある大きな括りの事業分野の中の特定の製品レベルでの進出と撤退を捕捉することが極めて難しい。実際，製品レベルのように細かい分類基準を用いると，特に大企業の場合は事業分野数が膨大になるため，進出や撤退の特定には多くの労力を要することになる。そのため，先行研究では製品レベルでの進出や撤退をうまく捕捉できなかった。もちろん，新規事業への進出や既存事業からの撤退は大きな変化であるが，製品レベルでの変化は，いわばマイナーチェンジであるために，この小さな変化を捕捉してそ

の決定要因を分析することは難しいのである[19]。このような大きな括りの中での小さな変化は，より大きな括りでみた特定の事業分野が出現（進出の発生）あるいは消滅（撤退の発生）するという形では十分に把握できないが，ある製品に対する経営資源の投入ウェイトの変化である程度は把握できる。つまり，ある事業分野の中にこれまで存在しなかった製品が出現し，その分だけこの事業分野に対する経営資源のインプットが増える，あるいは逆に，ある事業分野の中にこれまで存在していた製品が消滅し，その分だけこの事業分野に対する経営資源のインプットが減少するとすれば，これらの事業分野の売上高は当然増減するだろう。したがって，この変化後の部門別売上高構成比を基に計算されるエントロピー指数を前期のエントロピー指数と比較することで，戦略の変化を把握することができる。つまり，経営戦略の変化を，事業が存在するかしないかという質的データではなく，エントロピー指数の変化という連続変数として把握し，その要因を分析することが先行研究との大きな違いであり本章の貢献である。なお，経営戦略の変化として，新規事業への進出や既存事業からの撤退に焦点を当てた分析は次章で扱う。

　説明変数の Pef は，企業パフォーマンスを表す変数である。具体的には，資産効率や収益性を示す変数として総資産経常利益率を，また，成長性を示す変数として $t-1$ 年度から t 年度にかけての本業成長率を採用した。利益指標として経常収益を採用した理由は，金融収支などの影響を考慮した後の収益に基づく資産の効率性が経営戦略の変更に与える影響を確認するためである。なお，総資産経常利益率は，年度ごとに平均値プラス・マイナス3標準偏差を基準に異常値処理を行った。さらに，各社の業種を日本標準産業分類の中分類（2桁コード）基準でみた最大売上部門で特定し，この業種平均との差分をとって各年度のデータを標準化した。日本企業が多かれ少なかれ同業他社をライバルとして認識し，戦略策定を行ってきたとみられるため，同業他社と比較した場合の相対的なパフォーマンス水準が経営戦略の変更にどのような影響を与えるのかを確認する意図である。したがって，基本的には，同業他社と比較して資産効率や収益性が低いことが，多角化戦略変更の圧力となるのか否かを確認することになる。他方，本業成長率を採用する理由は，日本企業の経営目標として売上高やマーケット・シェアの拡大が伝統的に重視されてきたからであり，成

長は日本企業にとって重要な経営指標の1つと考えられるからである。この本業とは，日本標準産業分類の中分類（2桁コード）基準でみた場合に最大の売上高をもつ事業分野と定義した。この本業，すなわち最大の売上高をもつ事業分野が変更になった場合は，当該年度 t に新たに本業となった事業分野の前年度 $t-1$ における部門売上高を捕捉して成長率を計算した。

同じく説明変数の Gov は，企業のガバナンス構造を表す変数であり，具体的には以下の変数を採用した。内部ガバナンスの特性を示す変数としては，トップ・マネジメント構造として，取締役人数，執行役員制度を導入している場合に1をとる執行役員制度導入ダミー，および取締役会における社外取締役比率を採用した。また，外部ガバナンスの特性を示す変数としては，株式所有構造として，持ち合い株主持株比率，および，外国人株主持株比率と機関投資家持株比率[20]を採用した。また，$Pef \times Gov$ は，企業のパフォーマンス変数とガバナンス変数との交差項であり，企業のガバナンス構造が企業パフォーマンスと戦略変更の関係に与えるモデレート効果を検証するための変数である。

なお，CV はコントロール変数である。まず，事前の事業ポートフォリオ構造の複雑性やグループ組織の巨大化の程度は，多角化戦略の変更という意思決定に影響を与えると考えられる。そこで，t 年度における多角化度（エントロピー指数）と連結子会社数をコントロール変数として採用した。また，企業規模の影響をコントロールするために連結総資産の自然対数を，各年度におけるマクロショックの影響をコントロールするために年度ダミーを推計式に含めた。

したがって，上記の推計式(1)は，事前（t 期）の多角化水準，連結子会社数，企業規模，年度の影響をコントロールしたうえで，同業他社と比較した場合の資産効率，および本業の成長性が，次期（t 期から $t+1$ 期）への多角化戦略の変更の大きさに与える影響をテストするモデルと要約できる。また，推計式(2)・(3)は，同様の要因をコントロールしたうえで，企業のパフォーマンス要因とガバナンス要因，およびそれらの相互作用が多角化戦略の変更に与えた影響をテストするモデルと要約できる。これらの推計式を，バブル崩壊後の不況期を含む1990年度から1997年度，銀行危機後の不況期とITバブル崩壊後の不況期を含む1998年度から2004年度，および景気拡大期とリーマンショック後の不況期を含む2005年度から2010年度にサンプルを分割して推計する[21]。

4　戦略変更の時系列推移－基本統計量－

　多角化戦略変更の程度，および企業のパフォーマンス変数とガバナンス変数の基本統計量は，**図表3－1**に整理されている。多角化戦略の変更度をみると，関連多角化も非関連多角化も，1990年度から1997年度，1998年度から2004年度，2005年度から2011年度と，経時的に平均値がやや大きくなる傾向がみられる。次に，この多角化戦略の変更度の時系列推移を示したものが**図表3－2**である。基本的には，関連多角化戦略の変更度と非関連多角化戦略の変更度はほぼ同じ動きをしているが，平均も標準偏差も1990年度，1998年度，2005年度，および2009年度に山があることが確認できる。これらのうち，1990年度から1991年度にかけて多角化戦略の変更度が大きくなっていることは，日経平均株価が1989年のピークから翌1990年にかけて大幅に下落したことの影響と考えられる。次に，1998年度から1999年度にかけて多角化戦略の変更度が大きくなっていることは，1997年の銀行危機の影響，そして2009年度から2010年度にかけて多角化戦略の変更度が大きくなっていることは，2008年のリーマンショックの影響と考えられる。すなわち，マクロ景気の悪化に伴う企業パフォーマンスの低下が経営戦略の見直しを進める主要な要因である可能性が示唆される[22]。

　企業パフォーマンスに目を向けると，総資産経常利益率の平均は，1990年度から1997年度サンプルの3.5％から，1998年度から2004年度サンプルでは4.4％に，そして2005年度から2011年度サンプルでは5.2％まで改善している。また，本業成長率の平均も，1990年度から1997年度サンプルと1998年度から2004年度サンプルではそれぞれ10.1％と10.0％であったが，2005年度から2011年度サンプルでは19.1％まで大きく改善している。

　他方，企業のガバナンス変数をみると，取締役人数の平均は，1990年度から1997年度サンプルの17.2人から，1998年度から2004年度サンプルでは12.1人に，そして2005年度から2011年度サンプルでは9.3人まで大きく減少しており，1990年代の後半以降，執行役員制度の導入に伴って取締役会のスリム化が進展したことがわかる。実際，執行役員制度は，1998年度から2004年度サンプルでは18.2％の企業で導入されているだけであったが，2005年度から2011年度サンプ

第3章 多角化戦略とコーポレート・ガバナンス

図表3-1 基本統計量

1990-1997年度	観測値	平均	標準偏差	最小値	最大値
関連多角化戦略の変更度	6,194	0.047	0.115	0.000	2.052
非関連多角化戦略の変更度	6,192	0.041	0.095	0.000	1.495
総資産経常利益率	9,102	0.035	0.039	-0.122	0.208
標準化総資産経常利益率	9,102	0.000	0.036	-0.169	0.173
本業成長率	5,956	0.101	2.442	-0.808	184.950
取締役人数	7,758	17.210	7.597	2.000	53.000
執行役員制度導入ダミー	6,346	0.000	0.000	0.000	0.000
社外取締役比率	5,781	0.190	0.199	0.000	1.000
持ち合い株主持株比率	6,877	15.804	8.933	0.000	61.300
外国人株主持株比率	6,346	5.812	7.548	0.000	77.800
機関投資家持株比率	6,346	10.041	8.491	0.000	52.720
エントロピー指数(小分類基準)	6,346	0.659	0.388	0.000	2.096
エントロピー指数(中分類基準)	6,345	0.544	0.375	0.000	1.809
連結子会社数	9,159	19.530	55.812	1.000	1,142.000
連結総資産(対数)	9,159	11.785	1.383	7.125	16.532
連結総資産(百万円)	9,159	422,788	1,113,555	1,243	15,100,000
1998-2004年度	観測値	平均	標準偏差	最小値	最大値
関連多角化戦略の変更度	6,898	0.051	0.099	0.000	1.670
非関連多角化戦略の変更度	6,898	0.047	0.095	0.000	1.256
総資産経常利益率	10,580	0.044	0.045	-0.124	0.209
標準化総資産経常利益率	10,580	0.000	0.041	-0.187	0.183
本業成長率	6,761	0.100	3.247	-0.873	231.667
取締役人数	9,769	12.102	6.134	2.000	54.000
執行役員制度導入ダミー	7,088	0.182	0.386	0.000	1.000
社外取締役比率	7,443	0.198	0.225	0.000	1.000
持ち合い株主持株比率	8,890	11.353	8.920	0.000	61.300
外国人株主持株比率	7,088	7.935	10.039	0.000	87.930
機関投資家持株比率	7,088	14.395	13.704	0.000	83.020
エントロピー指数(小分類基準)	7,088	0.671	0.409	0.000	2.151
エントロピー指数(中分類基準)	7,088	0.564	0.391	0.000	1.864
連結子会社数	10,742	26.389	63.310	1.000	1,112.000
連結総資産(対数)	10,744	11.578	1.444	5.690	17.007
連結総資産(百万円)	10,744	387,157	1,190,721	296	24,300,000
2005-2011年度	観測値	平均	標準偏差	最小値	最大値
関連多角化戦略の変更度	5,668	0.072	0.133	0.000	1.413
非関連多角化戦略の変更度	5,669	0.069	0.128	0.000	1.413
総資産経常利益率	10,466	0.052	0.049	-0.206	0.291
標準化総資産経常利益率	10,466	0.000	0.044	-0.233	0.256
本業成長率	6,552	0.191	5.194	-0.793	371.964
取締役人数	11,108	9.268	3.772	3.000	37.000
執行役員制度導入ダミー	11,108	0.567	0.496	0.000	1.000
社外取締役比率	11,108	0.095	0.137	0.000	0.867
持ち合い株主持株比率	11,108	8.462	8.629	0.000	56.230
外国人株主持株比率	11,108	13.279	12.113	0.000	100.000
機関投資家持株比率	11,108	22.755	15.599	0.000	85.600
エントロピー指数(小分類基準)	7,072	0.635	0.408	0.000	2.055
エントロピー指数(中分類基準)	7,073	0.514	0.387	0.000	1.940
連結子会社数	10,659	29.188	62.770	0.000	1,266.000
連結総資産(対数)	10,665	11.627	1.440	7.075	17.299
連結総資産(百万円)	10,665	409,612	1,291,984	1,182	32,600,000

注)関連多角化戦略の変更度は日本標準産業分類・小分類(3桁コード)基準のエントロピー指数の対翌年差分の絶対値。非関連多角化戦略の変更度は日本標準産業分類・中分類(2桁コード)基準のエントロピー指数の対翌年差分の絶対値。エントロピー指数の小分類基準・中分類基準はそれぞれ日本標準産業分類の3桁コード基準・2桁コード基準。総資産経常利益率・標準化総資産経常利益率は異常値修正済みの値。標準化は各企業の現数値と業種平均との差分。本業成長率の本業は日本標準産業分類・中分類(2桁コード)基準で最大の売上高をもつ部門。

図表 3-2　戦略変更度の推移

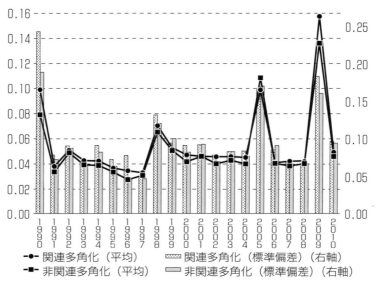

注）戦略変更度はエントロピー指数（関連多角化・非関連多角化）の対翌年差分の絶対値である。

ルでは56.7％と過半数の企業で導入されるまで普及が進んでいた。また，株式所有構造の変化をみると，安定株主と考えられる持ち合い株主の持株比率は，1990年度から1997年度サンプルの15.8％から，1998年度から2004年度サンプルでは11.4％に，そして2005年度から2011年度サンプルでは8.5％となっており，10％を切る水準にまで低下している。対照的に，"もの言う"株主の存在感が大きく増していた。外国人株主持株比率の平均は，1990年度から1997年度サンプルの5.8％から，1998年度から2004年度サンプルでは7.9％に，2005年度から2011年度サンプルでは13.3％まで上昇している。また，機関投資家持株比率の平均も，1990年度から1997年度サンプルの10.0％から，1998年度から2004年度サンプルでは14.4％に，さらに2005年度から2011年度サンプルでは22.8％まで大きく上昇しており，"もの言う"株主のウェイトが上昇していることがわかる。ただし，"もの言う"株主の存在感は一様に増加していたわけではなく，外国人株主や機関投資家の持株比率が高い企業群とそうではない企業群への分化が進ん

でいたことに注意が必要である。これは，外国人株主持株比率の標準偏差がこの間に7.6％，10.0％，12.1％へと上昇し，また，機関投資家持株比率の標準偏差も同様に8.5％，13.7％，15.6％へと上昇傾向が明確であったことから確認できる。これは，外国人株主や機関投資家が収益性の高い企業の株式を選好するという，一般にいわれる事実と整合的である。

　これらの基本統計量や多角化戦略の変更度のグラフからは，1990年代前半の企業パフォーマンスの低迷が契機となって内部ガバナンスの改革が進展し，同時に資本市場からの圧力に直面するようになった企業が，多角化戦略の見直しを積極的に実施するようになった結果，企業パフォーマンスが向上したというストーリーが考えられるが，その因果関係は定かではない。つまり，1990年代の前半に比べて1990年代の後半以降は，多角化戦略の変更度も大きくなり，企業パフォーマンスも改善しているが，多角化戦略の変更が企業パフォーマンスの改善に寄与したのか，逆に，企業パフォーマンスが良好で財務的余裕のある優良企業が事業ポートフォリオのリストラクチャリングを積極的に実施していたのかは不明である。多角化戦略の変更度が大きいほど事後的な組織パフォーマンスの改善がみられるか否かは本書における分析の対象外であり，今後の課題としたい。以下では，企業のパフォーマンス要因やガバナンス要因が，多角化戦略の変更に与えた影響を検証していく。

5　戦略変更の決定要因

5-1　企業パフォーマンスの影響

　図表3-3は，推計式(1)の結果，すなわち，多角化戦略の変更に対する企業パフォーマンス要因の影響に関する推計結果を示している。

　はじめに，1990年度から1997年度においては，総資産経常利益率の係数が関連多角化の戦略変更に対して10％水準ながら統計的に有意に正であった（モデル1）。この結果は，企業パフォーマンスの悪化が戦略変更のトリガーになるという仮説とは逆の結果であり，基本的にパフォーマンスが良好な企業ほど多角化戦略の変更を行っていたことになる[23]。次に，1998年度から2004年度において

図表3-3 多角化戦略の変更に対する企業パフォーマンス要因の影響

期間	1990-1997年度				1998-2004年度				2005-2010年度			
多角化戦略基準	関連	非関連	関連	非関連	関連	非関連	関連	非関連	関連	非関連	関連	非関連
モデル	1	2	3	4	5	6	7	8	9	10	11	12
総資産経常利益率	0.125*	0.000	0.093	0.000	−0.185***	−0.000	−0.226***	−0.000	0.031	−0.001	0.047	−0.000
	(1.703)	(0.271)	(1.475)	(0.342)	(−3.404)	(−0.336)	(−4.382)	(−0.424)	(0.437)	(−1.485)	(0.686)	(−0.420)
本業成長率												
関連多角化度	0.376***	0.381***			−0.243***	−0.231***			−0.015	−0.021		
	(35.514)	(34.577)			(−23.616)	(−21.972)			(−1.188)	(−1.563)		
非関連多角化度			0.248***	0.254***			−0.234***	−0.220***			0.005	0.016
			(23.395)	(22.989)			(−22.411)	(−20.547)			(0.395)	(1.170)
連結子会社数	−0.000**	−0.000	−0.000	−0.000	−0.000*	−0.000***	−0.000***	−0.000***	−0.000	−0.000	−0.000	−0.000
	(−2.402)	(−2.285)	(−0.431)	(−0.380)	(−1.751)	(−2.196)	(−3.204)	(−3.629)	(−0.733)	(−0.111)	(−1.200)	(−0.972)
連結総資産数	−0.033***	−0.025**	−0.020**	−0.012	−0.025***	−0.013**	−0.027***	−0.016**	0.009	−0.001	−0.002	−0.013
	(−2.912)	(−2.112)	(−2.020)	(−1.130)	(−3.331)	(−1.685)	(−3.851)	(−2.129)	(0.543)	(−0.081)	(−0.100)	(−0.874)
切片	0.181	0.081	0.129	0.026	0.513***	0.371***	0.507***	0.369***	−0.035	0.084	0.072	0.208
	(1.326)	(0.566)	(1.093)	(0.211)	(5.775)	(3.953)	(6.037)	(4.146)	(−0.190)	(0.454)	(0.408)	(1.172)
年度ダミー	Yes	Yes	Yes	Yes	Yes	Yes	Yes	Yes	Yes	Yes	Yes	Yes
観測数	6,164	5,810	6,162	5,809	6,818	6,582	6,818	6,582	5,614	5,228	5,615	5,229
企業数	954	918	954	918	1,181	1,153	1,181	1,153	1,166	1,031	1,166	1,031
R^2	0.225	0.231	0.125	0.132	0.104	0.094	0.099	0.087	0.132	0.132	0.117	0.116

注：推計は固定効果モデル（fixed effect model）。（ ）内はt値。***は1％水準、**は5％水準、*は10％水準で有意。被説明変数は、モデル1・2、5・6、9・10が日本標準産業分類・小分類（3桁コード）基準のエントロピー指数の対数年差分の絶対値。総資産経常利益率は標準化した値。関連多角化度、非関連多角化度はそれぞれ日本標準産業分類の小分類、中分類基準に基づくエントロピー指数の対数年差分の絶対値。総資産経常利益率は標準化した値。関連多角化度、非関連多角化度はそれぞれ日本標準産業分類の小分類、中分類基準に基づくエントロピー指数。

は，総資産経常利益率の係数が，関連多角化および非関連多角化の戦略変更に対して，ともに1％水準で統計的に有意に負であった（モデル5・7）[24]。これらは仮説の想定通りであり，基本的には企業パフォーマンスの低下が多角化戦略変更のトリガーになったことを示している。最後に，2005年度から2010年度においては，総資産経常利益率も本業成長率も，いずれも統計的に有意な関係は確認できなかった。この推計結果は，多角化戦略の変更が企業パフォーマンスとは無関係に行われていたことを意味するが，以下の2つの可能性が考えられる。第一は，1990年代の後半から2000年代の前半にかけての時期に，「選択と集中」による事業ポートフォリオのリストラクチャリングが概ね済んでいたという可能性である。実際，2000年代における多角化の推移が非常に安定的であったことは，この可能性を支持する1つの証左といえる。したがって，事業ポートフォリオのさらなる再編の余地はそれほど大きくなかったのかもしれない。また，リーマンショックの影響はあまりにも大きく，ほとんどの企業がパフォーマンスの低迷に苦しんだとすれば，業種平均との差分をとって標準化した相対パフォーマンスが戦略変更に与える影響は限定的であったかもしれない。第二は，日本企業に自立的な経営戦略の策定メカニズムが確立したという，よりポジティブな可能性である。すなわち，企業パフォーマンスの低下に応じて多角化戦略の変更が行われるという受動的な経営戦略の策定から，企業パフォーマンスに縛られることなく能動的に経営戦略の策定が行われるようになったという可能性である。また，長期経営計画や10カ年計画などの経営プランが策定されており，この計画が概ね予定通りに実施されていれば，企業パフォーマンスの短期的な変動に依存した戦略変更が起きない可能性もある。

　ここでの分析結果を，第2章で確認した多角化の推移と合わせて考えると，1990年代初頭のバブル崩壊後は業績が好調で拡大余力のある企業を中心に多角化が進展し，1997年の銀行危機後は業績悪化が「選択と集中」による事業ポートフォリオの再編の引き金となり，2000年代半ばの景気拡大期には経営者に対する業績悪化の改革圧力が後退したと推察される。したがって，ここでの重要なポイントは，経営戦略の変更に対する企業パフォーマンス要因の影響は一様ではなく，時代背景によって異なるといえることである。つまり，低パフォーマンスが経営者に対して規律づけ圧力になるという可能性は普遍的な関係では

ないということである。ある時には企業パフォーマンスの悪化が経営者に強いプレッシャーを与え、ある時には企業パフォーマンスが悪化しても経営者がそのプレッシャーをそれほど強いものとは感じないともいえる。それはなぜなのだろうか。1つの可能性として、企業のガバナンス構造の違いによる影響が考えられる。そこで次項では、多角化戦略の変更に対する企業のガバナンス要因の影響を検討する。

5-2　コーポレート・ガバナンスの影響
－1990年代後半から2000年代前半の分析－

　ところで、なぜ1990年代の前半には企業パフォーマンスの低下が戦略変更の圧力とならなかったのに、1990年代の後半以降になると、これが改革圧力となったのだろうか。そして、なぜ2000年代の半ば以降になると、再び企業パフォーマンスの低下が戦略変更の圧力とならなくなったのだろうか。1つの可能性は、1990年代の前半は、安定株主の存在が企業パフォーマンス低下時の資本市場からのプレッシャーを緩和していたというものである。ところが、1997年の銀行危機以降は、株式の相互持ち合いの解消が進み、安定株主のプレゼンスは低下した。一方で、外国人株主や機関投資家の持株比率が上昇し、"もの言う"株主のプレゼンスが高まった。この株式所有構造における対照的で急速な変化が、企業パフォーマンスの悪化に対する経営者の現状認識に影響を与え、業績の悪化をより深刻な問題として捉えるようになったという可能性である。そして、日本企業が株式所有構造の大きな変化を経験し、2000年代以降"もの言う"株主の存在が常態化した後は、企業パフォーマンスの低下とは無関係に、あるいはより積極的に表現すれば、自立的に戦略策定が行われるようになったという可能性である。また、リーマンショック後は、機関投資家の影響力が一時的に後退したという可能性もある[25]。このように、1990年代の後半を契機に、日本企業のガバナンス構造が、株式の相互持ち合いに基づく安定的な外部環境という伝統的な所有構造から、"もの言う"株主の動向を意識しなければならないという意味で資本市場からの圧力に直面するという構造に、大きく"変化"したことが、企業パフォーマンスと多角化戦略の変更との関係に何らかの影響を与えている可能性がある。

第 3 章　多角化戦略とコーポレート・ガバナンス

　そこで以下では，多角化戦略の変更度合いが企業パフォーマンスの低下に応じてシステマティックに大きくなるという関係が明確に確認できるようになった1997年の銀行危機後の局面に分析の焦点を絞り，企業のガバナンス構造が多角化戦略の変更，および企業パフォーマンスと多角化戦略変更との関係に与えた影響を検証する。具体的には，1998年度から2004年度のサンプルを用い，推計式(1)の説明変数に，企業のガバナンス変数を単独項，および企業パフォーマンス変数との交差項として導入した推計式(2)と(3)を推計する。

　企業のガバナンス構造は，まず戦略的意思決定を行う経営者の現状認識に影響を与え，そして，その結果が経営戦略の変更に反映されるものと考えられる。もし，ある特定のガバナンス要因が経営の規律づけ効果を発揮していたとすれば，多角化戦略変更の負のパフォーマンス感応度は増幅されると考えられる。逆に，ある特定のガバナンス要因が多角化戦略変更の負のパフォーマンス感応度を緩和していたとすれば，そのガバナンス要因は低パフォーマンス時の改革圧力を緩和してしまうという意味で，適切な戦略変更を阻害していたと判断できる。内部ガバナンス構造の影響に関する分析の焦点は，企業のパフォーマンスが低迷した場合に，大規模な取締役会が戦略的意思決定の機能不全を起こし柔軟な多角化戦略の変更が阻害されていたか否か，あるいは，執行役員制度の導入によって取締役会が全社戦略の策定に注力できることで適切な多角化戦略の変更が実現したか否か，また，社外取締役が社内のしがらみにとらわれない独自の視点に基づいた厳しいチェック機能や経営のアドバイス機能を果たすことで適切な多角化戦略の変更が実現したか否かである。一方，外部ガバナンス構造の影響に関する分析の焦点は，企業のパフォーマンスが低迷した場合に，株式の相互持ち合いによる安定株主の存在が資本市場からの改革圧力を緩和し既存戦略の温存に寄与したのか否か，あるいは，外国人株主や機関投資家などの"もの言う"株主の存在が経営者に対する改革圧力を増幅し多角化戦略の変更を促したのか否かである。

　図表 3-4 は推計式(2)・(3)の推計結果を示している[26]。はじめに，関連多角化の戦略変更に対する企業のガバナンス構造の影響をパネルＡで確認しよう。まず，総資産経常利益率の単独項はすべての推計モデルで１％水準で統計的に有意に負であり，同業他社と比べて資産効率が低いことが多角化戦略の変更圧力

図表3-4 多角化戦略の変更に対する企業ガバナンス要因の影響：1998年度-2004年度

パネルA 関連多角化戦略の変更

ガバナンス変数 モデル	取締役人数		執行役員制度		社外取締役比率		持合い株主		外国人株主		機関投資家	
	1	2	3	4	5	6	7	8	9	10	11	12
総資産経常利益率	−0.193***	−0.426***	−0.185***	−0.173***	−0.180***	−0.185***	−0.163***	−0.250***	−0.189***	−0.170**	−0.178***	−0.154**
	(−3.356)	(−3.750)	(−3.404)	(−3.020)	(−3.102)	(−2.680)	(−2.681)	(−3.046)	(−3.447)	(−2.523)	(−3.217)	(−2.128)
ガバナンス変数	0.000	0.000	0.003	0.003	0.013	0.013	−0.001	−0.001	0.000	0.000	0.000	−0.000
	(0.228)	(0.797)	(0.769)	(0.708)	(1.305)	(1.310)	(−1.695)	(−1.407)	(0.566)	(0.563)	(−0.788)	(−0.738)
パフォーマンス×ガバナンス		0.021**		−0.059		0.021		0.010		−0.002		−0.001
		(2.379)		(−0.647)		(0.126)		(1.579)		(−0.483)		(−0.506)
関連多角化度	−0.251***	−0.253***	−0.243***	−0.243***	−0.258***	−0.258***	−0.253***	−0.254***	−0.243***	−0.243***	−0.243***	−0.243***
	(−23.741)	(−23.841)	(−23.625)	(−23.633)	(−24.196)	(−24.173)	(−23.125)	(−23.160)	(−23.617)	(−23.620)	(−23.602)	(−23.605)
連結子会社数	−0.000***	−0.000***	−0.000*	−0.000*	−0.000***	−0.000***	−0.000***	−0.000***	−0.000***	−0.000***	−0.000***	−0.000***
	(−1.786)	(−1.659)	(−1.742)	(−1.737)	(−1.865)	(−1.865)	(−1.787)	(−1.729)	(−1.753)	(−1.730)	(−1.748)	(−1.729)
連結総資産対数	−0.019**	−0.017**	−0.025***	−0.024***	−0.015*	−0.015*	−0.019**	−0.017**	−0.026***	−0.025***	−0.024***	−0.023***
	(−2.238)	(−1.968)	(−3.290)	(−3.132)	(−1.678)	(−1.670)	(−2.087)	(−1.839)	(−3.375)	(−3.293)	(−3.155)	(−3.039)
切片	0.452***	0.423**	0.508***	0.498***	0.407***	0.407***	0.462***	0.437***	0.517***	0.512***	0.504***	0.497***
	(4.461)	(4.151)	(5.706)	(5.518)	(3.841)	(3.830)	(4.237)	(3.965)	(5.802)	(5.707)	(5.644)	(5.499)
年度ダミー	あり	あり	あり	あり	あり	あり	あり	あり	あり	あり	あり	あり
観測数	6,496	6,496	6,818	6,818	6,410	6,410	5,987	5,987	6,818	6,818	6,818	6,818
企業数	1,095	1,095	1,181	1,181	1,099	1,099	1,012	1,012	1,181	1,181	1,181	1,181
R^2	0.108	0.109	0.099	0.104	0.112	0.112	0.110	0.110	0.099	0.104	0.099	0.104

パネルB 非関連多角化戦略の変更

ガバナンス変数 モデル	取締役人数		執行役員制度		社外取締役比率		持合い株主		外国人株主		機関投資家	
	1	2	3	4	5	6	7	8	9	10	11	12
総資産経常利益率	−0.250***	−0.420***	−0.226***	−0.229***	−0.240***	−0.172**	−0.206***	−0.291***	−0.231***	−0.193***	−0.228***	−0.214***
	(−4.584)	(−3.894)	(−4.382)	(−4.204)	(−4.349)	(−2.616)	(−3.666)	(−3.842)	(−4.449)	(−3.028)	(−4.350)	(−3.125)
ガバナンス変数	0.000	0.000	0.001	0.001	0.016**	0.016*	−0.001	−0.001	0.000	0.000	0.000	0.000
	(0.258)	(0.689)	(0.184)	(0.197)	(1.890)	(1.755)	(−1.785)	(−1.479)	(0.819)	(0.812)	(0.195)	(0.222)
パフォーマンス×ガバナンス		0.015*		0.014		−0.305*		0.010**		−0.004		−0.001
		(1.825)		(0.158)		(−1.906)		(1.660)		(−1.015)		(−0.301)
非関連多角化度	−0.240***	−0.241***	−0.234***	−0.234***	−0.247***	−0.248***	−0.257***	−0.234***	−0.234***	−0.234***	−0.234***
	(−22.334)	(−22.410)	(−22.409)	(−22.390)	(−22.829)	(−22.896)	(−23.339)	(−23.397)	(−22.395)	(−22.406)	(−22.408)	(−22.407)
連結子会社数	−0.000***	−0.000***	−0.000***	−0.000***	−0.000***	−0.000***	−0.000***	−0.000***	−0.000***	−0.000***	−0.000***	−0.000***
	(−3.213)	(−3.115)	(−3.201)	(−3.202)	(−3.328)	(−3.315)	(−3.256)	(−3.197)	(−3.207)	(−3.159)	(−3.204)	(−3.192)
連結総資産対数	−0.022**	−0.021**	−0.027***	−0.027***	−0.017**	−0.018**	−0.019**	−0.019**	−0.027***	−0.027***	−0.028***	−0.028***
	(−2.731)	(−2.516)	(−3.838)	(−3.808)	(−2.045)	(−2.128)	(−2.215)	(−1.951)	(−3.924)	(−3.774)	(−3.830)	(−3.738)
切片	0.451***	0.430**	0.506***	0.508***	0.397***	0.406***	0.429***	0.404***	0.513***	0.503***	0.509***	0.505***
	(4.701)	(4.452)	(6.008)	(5.949)	(3.853)	(4.041)	(4.258)	(3.970)	(6.085)	(5.925)	(6.019)	(5.899)
年度ダミー	あり	あり	あり	あり	あり	あり	あり	あり	あり	あり	あり	あり
観測数	6,496	6,496	6,818	6,818	6,410	6,410	5,987	5,987	6,818	6,818	6,818	6,818
企業数	1,095	1,095	1,181	1,181	1,099	1,099	1,012	1,012	1,181	1,181	1,181	1,181
R^2	0.102	0.102	0.099	0.099	0.105	0.106	0.114	0.115	0.099	0.099	0.099	0.099

注：推計は固定効果モデル (fixed effect model)。（ ）内は t 値。***は1％水準、**は5％水準、*は10％水準で有意。被説明変数は、パネルAが日本標準産業分類・小分類（3桁コード）基準のエントロピー指数の対翌年差の絶対値、パネルBが同一（2桁コード）基準のエントロピー指数の対翌年差の絶対値。総資産経常利益率は標準化した値。関連多角化度は日本標準産業分類（3桁コード）基準のエントロピー指数、非関連多角化度は日本標準産業分類・中分類（2桁コード）基準のエントロピー指数。

になるという強い関係が確認できる（モデル1・3・5・7・9・11）。企業のガバナンス要因の影響に関しては，単独項として多角化戦略の変更に有意な影響を与えているのは持ち合い株主持株比率だけであり，その係数は10％水準ながら統計的に有意に負であった（モデル7）。この結果は，単純に持ち合い株主の持ち株比率が高いほど，関連多角化の戦略変更の程度が小さくなることを意味する。分析の焦点であるパフォーマンス変数とガバナンス変数との交差項をみると，唯一，総資産経常利益率と取締役人数との交差項の係数が5％水準で統計的に有意に正であった（モデル2）。この結果は，同業他社と比べて資産効率が低いほど関連多角化の戦略変更度合いが大きくなるという関係が，取締役会が大規模であるほど緩和されてしまうことを意味する。したがって，大規模な取締役会は，企業パフォーマンスが低下した時の適切な戦略変更を阻害する可能性があるといえる。

　次に，非関連多角化の戦略変更に対する企業のガバナンス構造の影響をパネルBで確認しよう。まず，総資産経常利益率の単独項はすべての推計モデルで1％水準で統計的に有意に負であり，資産効率の低さが多角化戦略の変更圧力になるという強い関係が確認できる（モデル1・3・5・7・9・11）。企業のガバナンス要因の影響に関しては，社外取締役比率の単独項の係数が10％水準ながら統計的に有意に正（モデル5），持ち合い株主持株比率の単独項の係数が10％水準ながら統計的に有意に負であった（モデル7）。これらの推計結果は，社外取締役比率が高いほど，非関連多角化の戦略変更の程度が大きくなる一方，持ち合い株主の持株比率が高いほど，非関連多角化の戦略変更の程度が小さくなることを意味する。したがって，社外取締役が多角化戦略の変更を促すのとは対照的に，持ち合い株主は既存の多角化戦略を温存する効果をもつといえる。

　分析の焦点であるパフォーマンス変数とガバナンス変数との交差項をみると，総資産経常利益率と取締役人数の交差項が10％水準ながら統計的に有意に正であった（モデル2）。この結果は，関連多角化の戦略変更に対する影響でも確認された通り，同業他社と比べて資産効率が低いほど非関連多角化の戦略変更度合いが大きくなるという関係が，取締役会が大規模であるほど緩和されてしまうことを意味する。対照的に，総資産経常利益率と社外取締役比率の交差項は10％水準ながら統計的に有意に負であった（モデル6）。この結果は，同業他社

と比べて資産効率が低いほど非関連多角化の戦略変更度合いが大きくなるという関係が，社外取締役比率が高いほど増幅されることを意味する。したがって，社外取締役は経営に対するモニタリング機能やアドバイス機能を発揮し，多角化戦略の適正化に寄与している可能性が示唆される。さらに，総資産経常利益率と持ち合い株主持株比率の交差項が10％水準ながら統計的に有意に正であった（モデル8）。この結果は，資産効率が低いほど非関連多角化の戦略変更度合いが大きくなるという関係が，持ち合い株主の持株比率が高くなるにつれて緩和されてしまうことを意味する。したがって，株式の相互持ち合いによる安定株主の存在は，資本市場からの利益圧力に対する経営者の認識を鈍化させ，資産効率が低下した場合の多角化戦略の変更を阻害するという意味で，ガバナンス上問題があると判断される。なお，総資産経常利益率と持ち合い株主持株比率の交差項は，関連多角化の戦略変更を被説明変数とした場合には統計的に十分有意ではなかったから，持ち合い株主の現状維持機能は，非関連多角化の戦略変更においてより強く表出していたといえる。したがって，安定株主の持株比率が高い企業では，資産効率が低下した場合でも，本業との関連性が薄いビジネスの縮小，あるいは，不採算事業からの撤退といった戦略的意思決定が遅れる可能性が高い。

6　経営戦略の見直し－低パフォーマンス時の分析－

6-1　企業パフォーマンスの水準と戦略変更の必要度－分析の意図－

　これまで，企業パフォーマンスの低迷を，何らかの変革が求められる状況と想定して議論を進めてきた。つまり，企業パフォーマンスが低いほど，不採算事業への経営資源の配分を減らし，コア事業あるいは成長事業への経営資源の配分を増やすなど，事業部門間の資源配分のウェイトを変化させる必要性が高くなると想定した。そして，これらの戦略的意思決定の結果が，各事業部門の売上高に反映され，この部門売上高の構成比率をもとに算出される多角化指標であるエントロピー指数の変化に反映されると考えた。そして，このエントロピー指数の変化の絶対値で測った多角化戦略の変更度が，企業パフォーマンス

に有意に負に感応するか否かをテストしてきた。

　ただし，ここで問題となるのが，企業パフォーマンスの水準と戦略変更の必要度との関係である。基本的には，企業パフォーマンスが低いほど経営戦略を見直す必要性が高まると考えられるが，両者の関係は単純な線形の負の相関関係ではない可能性がある。ここで，企業パフォーマンスの水準が低い場合には，戦略変更の必要度が高いことは容易に理解できるだろう。しかし問題は，企業パフォーマンスが一定の水準以上の場合である。企業パフォーマンスが好調な場合，あるいは，満足できる一定水準以上の成果を維持している場合，戦略変更の必要度はどのように考えられるだろうか。もちろん，高業績という結果を残しているのであるから現状維持が望ましい，あるいは戦略変更に伴うリスクのほうが大きいという考え方は説得的である。しかし，はたして高業績の場合には戦略変更の必要性が低いと断言できるだろうか。規範的に，企業パフォーマンスが悪い場合には経営戦略の見直しが必要だとはいえるとしても，その逆，すなわち企業パフォーマンスが良い場合には，経営戦略は"変更されるべきではない"といえるだろうか。企業パフォーマンスが好調な場合，現状維持はもちろん"正しい"選択肢の1つであるが，戦略変更を必ずしも"正しくない"と断言できないのではないか。企業パフォーマンスが好調な時に，将来のさらなる成功に備えて，新たな戦略を打ち出すことも十分にあり得るだろう。

　したがって，ここで考えるのは，**図表3－5**に概念的に示したように，企業パフォーマンスの水準が一定の閾値に満たない場合は，業績悪化の程度に応じて経営戦略を見直す必要性が高くなるが，企業パフォーマンスの水準がある閾値以上の場合には，企業パフォーマンスと戦略変更の必要度とは無関係になるという可能性である。つまり，コーポレート・ガバナンスにおける経営の規律づけ効果を検証するという文脈で問題になるのは，経営戦略の見直しが客観的に必要とされる状況であり，それは企業パフォーマンスが一定の水準に満たない場合といえよう。

　そこで本節では，経営戦略の見直しが確実に必要とされる"問題のある状況"に分析の焦点を当てて，企業のパフォーマンス要因とガバナンス要因が多角化戦略の変更に与えた影響を再度検証する。具体的には，経営戦略の見直しが行われるべき状況として，同業他社よりも資産効率（総資産経常利益率）が低い

図表3-5　企業のパフォーマンス水準と戦略変更の必要度の関係

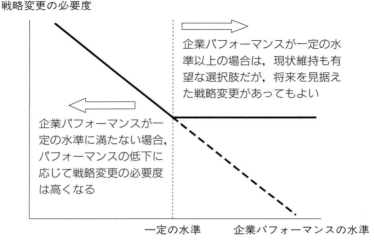

場合に焦点を当て，分析サンプルを限定したうえで前節と同じ推計を試みる。なお，サンプルの分割に当たっては，東証一部上場非金融事業法人全体の平均値や中央値ではなく，各業種の平均値でサンプルを区分した。その理由は，日本企業は同業他社をライバルとして認識し，経営戦略の策定を行ってきたと考えることの妥当性が高いからである。このように，企業パフォーマンスが一定の水準に満たない場合は，経営者の責任がより厳しく問われる状況といえる。そして，この何らかの経営戦略の見直しが求められる状況において，多角化戦略の変更を促すガバナンス要因は，経営の規律づけ効果をもつと評価できよう。

　なお，総資産経常利益率が業種平均未満のサンプルの基本統計量は**図表3-6**に示されている。全体サンプルに比べると，取締役人数が多く，持ち合い株主の持株比率が高い一方，外国人株主や機関投資家の持株比率が低いなどの傾向が確認でき，しかもこれらの差異は2000年代の後半以降で顕著である。例えば，2005年度から2011年度の平均でみると，全体サンプルでは9.3人だった取締役人数が，低パフォーマンス・サンプルでは12.4人と多くなっている。また，全体サンプルで8.5％であった持ち合い株主持株比率は，低パフォーマンス・サンプルでは12.6％と高くなっている。他方，全体サンプルで13.3％であった外

第3章　多角化戦略とコーポレート・ガバナンス

図表3-6　基本統計量：低パフォーマンス・サンプル

1990-1997年度	観測値	平均	標準偏差	最小値	最大値
関連多角化戦略の変更度	3,636	0.051	0.125	0.000	2.052
非関連多角化戦略の変更度	3,636	0.044	0.102	0.000	1.495
総資産経常利益率	5,039	0.012	0.024	-0.122	0.078
標準化総資産経常利益率	5,039	-0.024	0.021	-0.169	0.000
本業成長率	3,529	0.064	0.555	-0.808	12.978
取締役人数	4,461	17.948	8.167	2.000	53.000
執行役員制度導入ダミー	3,723	0.000	0.000	0.000	0.000
社外取締役比率	3,420	0.206	0.201	0.000	1.000
持ち合い株主持株比率	3,794	16.322	9.084	0.000	50.370
外国人株主持株比率	3,723	4.980	6.648	0.000	77.800
機関投資家持株比率	3,723	9.252	7.613	0.000	46.910
エントロピー指数（小分類基準）	3,723	0.688	0.399	0.000	2.096
エントロピー指数（中分類基準）	3,723	0.571	0.379	0.000	1.809
連結子会社数	5,039	22.672	60.719	1.000	988.000
連結総資産（対数）	5,039	11.974	1.400	7.968	16.532
連結総資産（百万円）	5,039	522,454	1,304,346	2,888	15,100,000
1998-2004年度	**観測値**	**平均**	**標準偏差**	**最小値**	**最大値**
関連多角化戦略の変更度	4,178	0.051	0.099	0.000	1.670
非関連多角化戦略の変更度	4,178	0.048	0.097	0.000	1.256
総資産経常利益率	5,984	0.018	0.027	-0.124	0.080
標準化総資産経常利益率	5,984	-0.027	0.024	-0.187	0.000
本業成長率	4,138	0.077	3.618	-0.692	231.667
取締役人数	5,607	12.391	6.261	2.000	50.000
執行役員制度導入ダミー	4,303	0.182	0.386	0.000	1.000
社外取締役比率	4,477	0.202	0.221	0.000	1.000
持ち合い株主持株比率	5,037	12.629	8.917	0.000	53.000
外国人株主持株比率	4,303	6.525	9.063	0.000	87.930
機関投資家持株比率	4,303	12.079	11.881	0.000	83.020
エントロピー指数（小分類基準）	4,303	0.701	0.423	0.000	2.151
エントロピー指数（中分類基準）	4,303	0.587	0.401	0.000	1.818
連結子会社数	5,984	30.292	73.729	1.000	1,112.000
連結総資産（対数）	5,984	11.760	1.393	6.215	16.870
連結総資産（百万円）	5,984	440,954	1,256,553	500	21,200,000
2005-2011年度	**観測値**	**平均**	**標準偏差**	**最小値**	**最大値**
関連多角化戦略の変更度	4,178	0.051	0.099	0.000	1.670
非関連多角化戦略の変更度	4,178	0.048	0.097	0.000	1.256
総資産経常利益率	5,984	0.018	0.027	-0.124	0.080
標準化総資産経常利益率	5,984	-0.027	0.024	-0.187	0.000
本業成長率	4,138	0.077	3.618	-0.692	231.667
取締役人数	5,607	12.391	6.261	2.000	50.000
執行役員制度導入ダミー	4,303	0.182	0.386	0.000	1.000
社外取締役比率	4,477	0.202	0.221	0.000	1.000
持ち合い株主持株比率	5,037	12.629	8.917	0.000	53.000
外国人株主持株比率	4,303	6.525	9.063	0.000	87.930
機関投資家持株比率	4,303	12.079	11.881	0.000	83.020
エントロピー指数（小分類基準）	4,303	0.701	0.423	0.000	2.151
エントロピー指数（中分類基準）	4,303	0.587	0.401	0.000	1.818
連結子会社数	5,984	30.292	73.729	1.000	1,112.000
連結総資産（対数）	5,984	11.760	1.393	6.215	16.870
連結総資産（百万円）	5,984	440,954	1,256,553	500	21,200,000

注）関連多角化戦略の変更度は日本標準産業分類・小分類（3桁コード）基準のエントロピー指数の対翌年差分の絶対値、非関連多角化戦略の変更度は日本標準産業分類・中分類（2桁コード）基準のエントロピー指数の対翌年差分の絶対値。エントロピー指数の小分類・中分類基準はそれぞれ日本標準産業分類の3桁・2桁コード基準。総資産経常利益率・標準化総資産経常利益率は異常値修正済みの値。標準化は各企業の現数値と業種平均との差分。本業成長率の本業は日本標準産業分類・中分類（2桁コード）基準で最大の売上高をもつ部門。

国人株主の持株比率は低パフォーマンス・サンプルでは6.5％，全体サンプルで22.8％であった機関投資家持株比率は低パフォーマンス・サンプルでは12.1％と低くなっている。

6-2　戦略変更に対する企業パフォーマンスの影響

　多角化戦略の変更に対する企業パフォーマンス要因の影響を検討する推計式(1)を，分析サンプルを総資産経常利益率が業種平均未満の場合に限定して再推計した結果は，図表3-7に示されている。

　第一に，1990年度から1997年度では，本業成長率の係数が関連多角化および非関連多角化の戦略変更に対してそれぞれ1％水準で統計的に有意に負であった（モデル2・4）。これらの結果は，本業成長率が低いほど多角化戦略の変更度合いが大きくなることを意味する。したがって，企業パフォーマンスが同業他社に劣る場合，1990年代の前半から中頃にかけては，本業成長率の低下が多角化戦略変更の引き金になるという関係が明確である。やはり，資産効率が業種平均よりも低いうえに，本業成長率が鈍化して本業に陰りがみえた場合には，新たな収益源を模索するなど多角化戦略を見直すプレッシャーが大きくなるといえる。なお，全体サンプルを用いた場合には，基本的に資産効率が高いほど関連多角化戦略の変更度合いが大きくなるという結果であったから，企業パフォーマンスが一定の水準に満たない場合，本業成長率の鈍化が多角化戦略変更のトリガーになるという事実は新しい発見である。

　第二に，1998年度から2004年度では，資産効率が低いほど多角化戦略の変更度合いが大きくなることがわかる。この関係は，総資産経常利益率の係数が関連多角化および非関連多角化の戦略変更に対してともに1％水準で統計的に有意に負であることから確認できる（モデル5・7）。したがって，企業パフォーマンスが同業他社に劣る場合，1990年代の後半から2000年代の前半にかけては，資産効率の低下が多角化戦略変更の引き金になるという関係が明確である。ここで注目すべきは，資産効率が低いほど多角化戦略の変更度合いが大きくなるという関係は，関連多角化でも非関連多角化でも確認できるが，後者のほうが係数も大きく統計的有意水準も高いという結果である。この結果は，資産効率が低下すると，関連多角化だけではなく，非関連多角化に関する戦略変更も実

第3章　多角化戦略とコーポレート・ガバナンス

図表3−7　低パフォーマンス時の多角化戦略変更に対する企業パフォーマンス要因の影響

期間	1990−1997年度				1998−2004年度				2005−2010年度			
多角化戦略基準	関連	非関連	非関連	非関連	関連	関連	非関連	非関連	関連	関連	非関連	非関連
モデル	1	2	3	4	5	6	7	8	9	10	11	12
総資産経常利益率	−0.124 (−0.877)		−0.035 (−0.293)		−0.250*** (−2.589)		−0.462*** (−4.914)		−0.014 (−0.107)		0.060 (0.480)	
本業成長率		−0.011*** (−2.883)		−0.010*** (−3.160)		0.001 (1.288)		0.001 (1.177)		−0.002 (−1.218)		−0.001 (−0.475)
関連多角化度	0.387*** (26.443)	0.394*** (25.778)			−0.280*** (−20.263)	−0.277*** (−19.532)			0.010 (0.545)	0.002 (0.109)		
非関連多角化度			0.258*** (17.577)	0.266*** (17.477)			−0.260*** (−18.408)	−0.258*** (−17.751)			0.031* (1.701)	0.042** (2.218)
連結子会社数	−0.000 (−0.903)	−0.000 (−0.937)	0.000 (0.756)	0.000 (0.651)	−0.000** (−2.207)	−0.000** (−2.253)	−0.000*** (−4.155)	−0.000*** (−4.223)	−0.000 (−0.681)	−0.000 (−0.577)	−0.000 (−1.151)	−0.000 (−1.021)
連結総資産対数	−0.042** (−2.463)	−0.043** (−2.391)	−0.016 (−1.109)	−0.015 (−1.000)	−0.018 (−1.573)	−0.025** (−2.115)	−0.023** (−2.115)	−0.029** (−2.552)	−0.028 (−1.276)	−0.028 (−1.234)	−0.032 (−1.558)	−0.030 (−1.415)
切片	0.275 (1.311)	0.273 (1.263)	0.074 (0.413)	0.055 (0.298)	0.458*** (3.465)	0.552*** (3.961)	0.473*** (3.687)	0.561*** (4.140)	0.381 (1.491)	0.392 (1.470)	0.426** (1.762)	0.400 (1.596)
年度ダミー	あり	あり	あり	あり	あり	あり	あり	あり	あり	あり	あり	あり
観測数	3,636	3,443	3,636	3,443	4,178	4,020	4,178	4,020	3,177	2,950	3,178	2,951
企業数	745	719	745	719	972	940	972	940	899	804	899	804
R²	0.226	0.233	0.129	0.140	0.132	0.128	0.121	0.114	0.138	0.139	0.115	0.116

注：推計は固定効果モデル（fixed effect model）。（ ）内はt値。***は1％水準，**は5％水準，*は10％水準で有意。総説明変数は，モデル1・2，5・6，9・10が日本標準産業分類・小分類基準のエントロピー指数の絶対値，モデル3・4，7・8，11・12が日本標準産業分類・中分類基準のエントロピー指数の絶対値。総資産経常利益率は標準化した値。関連多角化度，非関連多角化度はそれぞれ日本標準産業分類の小分類，中分類基準の対前年差分の絶対値，中分類基準に基づくエントロピー指数。

施される傾向が強まることを示唆する。したがって，特に「選択と集中」が標榜されるようになった1997年の銀行危機以降，本業との関連性が薄い事業の縮小や不採算事業からの撤退などを中心とする非関連多角化の修正が図られるようになったことの一因は，資産効率などの収益性低下にあったといえる。なお，低パフォーマンス・サンプルを用いたここでの推計結果は，基本的に全体サンプルを用いた場合の推計結果と変わらなかった。したがって，1990年代の後半から2000年代の前半にかけては，資産効率の低下が多角化戦略変更のトリガーになるという関係は，全般的にみられる特徴であったといえる。

　第三に，2005年度から2010年度に関しては，総資産経常利益率も本業成長率も，多角化戦略の変更に対して統計的に有意な影響を与えていないことがわかる。したがって，2000年代の半ば以降は，資産効率が同業他社に劣る場合にサンプルを限定しても，企業パフォーマンスの低下に応じて多角化戦略の変更度合いが大きくなるという関係は確認できなかった。

　以上，企業パフォーマンスの水準と戦略変更の必要度との関係を考慮し，企業パフォーマンスが一定の水準に満たない場合，すなわち企業パフォーマンスの低下に応じて戦略変更の必要度が高くなると想定されるケースを分析の中心に据えて，多角化戦略の変更に対する企業パフォーマンス要因の影響を再検討した。その結果，1990年度から1997年度サンプルでは，本業成長率の鈍化に応じて多角化戦略の変更度合いが大きくなるという，全体サンプルを用いた分析では確認できなかった関係が明らかにされた。また，1998年度から2004年度に関しても，全体サンプルで確認された関係，すなわち総資産経常利益率の低下に応じて多角化戦略の変更度合いが大きくなるという関係が基本的に維持されていることが確認された。また，2005年度から2010年度サンプルでは，資産効率や本業成長率の低下が多角化戦略の変更を促すという関係は確認できなかった。

6-3　戦略変更に対する企業ガバナンスの影響

　これまでの分析から，企業のパフォーマンス水準が業種平均に満たない場合，1990年代の前半から中頃にかけては本業成長率の低下に応じて，1990年代の後半から2000年代の前半にかけては資産効率の低下に応じて，多角化戦略の変更

度合いがシステマティックに大きくなるという関係が確認された。それでは，企業のパフォーマンス水準が業種平均に満たない場合，企業のガバナンス要因は多角化戦略の変更に対してどのような影響を与えていたのだろうか。組織パフォーマンスが悪い時にどういった機能を果たすのかという点は，経営の規律づけメカニズムとしてのコーポレート・ガバナンスの意義が最も問われる状況である。そこで，引き続き企業パフォーマンスが一定の水準に満たない場合に分析の焦点を絞り，企業のガバナンス要因が多角化戦略の変更，および，企業パフォーマンスと多角化戦略変更の関係に与えた影響を検証する。分析の方法は，サンプルを総資産経常利益率が業種平均未満の場合に限定したうえで，多角化戦略の変更に対する企業のパフォーマンス要因とガバナンス要因，および両者の相互作用の影響を検証した推計式(2)・(3)を再度推計する。基本的には，多角化戦略の変更に対する企業パフォーマンス変数の主効果が統計的に有意な場合を取り上げ，ガバナンス変数の単独項とパフォーマンス変数との交差項の影響をチェックする。したがって，1990年度から1997年度に関しては，関連・非関連多角化の戦略変更に対して本業成長率が統計的に有意に負，1998年度から2004年度に関しては，関連・非関連多角化の戦略変更に対して総資産経常利益率が統計的に有意に負であるから，これらが分析の対象となる。

　はじめに，1990年度から1997年度の推計結果を図表3-8で確認しよう。関連多角化の戦略変更を被説明変数とした場合の推計結果がパネルAに，非関連多角化の戦略変更を被説明変数とした場合の推計結果がパネルBに示されている。まず，本業成長率の係数は，関連多角化・非関連多角化の戦略変更に対してすべて1％水準で統計的に有意に負であり，本業成長率の低下が多角化戦略の変更圧力になるという強い関係が確認できる（パネルA・Bモデル1・3・5・7・9）。しかし，この変革圧力を増幅ないし緩和するガバナンス要因を特定することはできなかった。社外取締役，機関投資家，外国人株主の存在が，本業成長率の低下に応じて多角化戦略の変更度合いが大きくなるという関係を増幅する傾向は確認できるものの，本業成長率と各ガバナンス変数との交差項はいずれも統計的に有意ではなかったからである（パネルA・Bモデル2・4・6・8・10）。ただし，ガバナンス変数の単独項では，非関連多角化の戦略変更に対して，持ち合い株主持株比率の係数が5％水準で統計的に有意に正（パネ

図表3-8 低パフォーマンス時の多角化戦略変更に対する企業ガバナンス要因の影響：1990年度－1997年度

パネルA 関連多角化戦略の変更：1990年度－1997年度

モデル	1	2	3	4	5	6	7	8	9	10
	取締役人数		社外取締役比率		持ち合い株主		外国人株主		機関投資家	
本業成長率	−0.011***	−0.002	−0.011***	−0.004	−0.011***	−0.012	−0.011***	−0.006	−0.011***	−0.003
	(−2.792)	(−0.163)	(−2.783)	(−0.659)	(−2.867)	(−1.244)	(−2.883)	(−1.094)	(−2.848)	(−0.497)
ガバナンス変数	0.000	0.000	−0.028	−0.026	0.001	0.001	0.000	0.000	0.001	0.001
	(0.319)	(0.305)	(−0.927)	(−0.833)	(0.999)	(0.993)	(−0.054)	(0.056)	(1.101)	(1.188)
本業成長率×ガバナンス		−0.000		−0.044		0.000		−0.001		−0.001
		(−0.728)		(−1.390)		(0.127)		(−1.143)		(−1.335)
関連多角化度	0.370***	0.370***	0.369***	0.369***	0.297***	0.297***	0.394***	0.393***	0.393***	0.394***
	(23.089)	(23.098)	(22.921)	(22.939)	(16.829)	(16.824)	(25.773)	(25.768)	(25.770)	(25.794)
連結子会社数	0.000	−0.000	−0.000	−0.000	−0.000	−0.000	−0.000	−0.000	−0.000	−0.000
	(−0.937)	(−1.009)	(−0.970)	(−0.955)	(−0.883)	(−0.885)	(−0.916)	(−1.053)	(−1.102)	(−1.245)
連結総資産対数	−0.043**	−0.043**	−0.041**	−0.039**	−0.056**	−0.056**	−0.042**	−0.042**	−0.045**	−0.044**
	(−2.279)	(−2.283)	(−2.200)	(−2.077)	(−2.920)	(−2.915)	(−2.364)	(−2.333)	(−2.491)	(−2.485)
切片	0.286	0.287	0.272	0.245	0.490**	0.489**	0.272	0.266	0.290	0.289
	(1.267)	(1.273)	(1.210)	(1.086)	(2.121)	(2.117)	(1.249)	(1.221)	(1.339)	(1.332)
年度ダミー	あり	あり	あり	あり	あり	あり	あり	あり	あり	あり
観測数	3,208	3,208	3,196	3,196	2,728	2,728	3,443	3,443	3,443	3,443
企業数	660	660	660	660	564	564	719	719	719	719
R^2	0.205	0.205	0.204	0.204	0.147	0.147	0.233	0.234	0.234	0.234

パネルB 非関連多角化戦略の変更：1990年度－1997年度

モデル	1	2	3	4	5	6	7	8	9	10
	取締役人数		社外取締役比率		持ち合い株主		外国人株主		機関投資家	
本業成長率	−0.010***	−0.006	−0.010***	−0.004	−0.010***	−0.010	−0.010***	−0.007	−0.010***	−0.006
	(−3.006)	(−0.526)	(−3.032)	(−0.862)	(−3.117)	(−1.182)	(−3.144)	(−1.409)	(−3.102)	(−0.973)
ガバナンス変数	0.001	0.001	−0.011	−0.008	0.001**	0.001**	0.000	0.000	0.001*	0.001*
	(1.080)	(1.072)	(−0.410)	(−0.327)	(2.085)	(2.085)	(0.436)	(0.526)	(1.856)	(1.914)
本業成長率×ガバナンス		−0.000		−0.036		−0.000		−0.001		−0.001
		(−0.415)		(−1.330)		(−0.048)		(−0.955)		(−0.932)
非関連多角化度	0.242***	0.242***	0.239***	0.239***	0.145***	0.145***	0.266***	0.266***	0.266***	0.266***
	(15.263)	(15.266)	(15.025)	(15.024)	(8.512)	(8.500)	(17.479)	(17.457)	(17.478)	(17.490)
連結子会社数	0.000	0.000	0.000	0.000	0.000	0.000	0.000	0.000	0.000	0.000
	(0.685)	(0.637)	(0.650)	(0.666)	(0.684)	(0.684)	(0.573)	(0.449)	(0.345)	(0.238)
連結総資産対数	−0.015	−0.015	−0.011	−0.009	−0.028*	−0.028*	−0.016	−0.016	−0.018	−0.018
	(−0.959)	(−0.961)	(−0.708)	(−0.595)	(−1.780)	(−1.780)	(−1.047)	(−1.022)	(−1.186)	(−1.181)
切片	0.049	0.049	0.022	0.000	0.261	0.261	0.064	0.059	0.080	0.079
	(0.256)	(0.259)	(0.114)	(0.000)	(1.373)	(1.373)	(0.343)	(0.320)	(0.431)	(0.427)
年度ダミー	あり	あり	あり	あり	あり	あり	あり	あり	あり	あり
観測数	3,208	3,208	3,196	3,196	2,728	2,728	3,443	3,443	3,443	3,443
企業数	660	660	660	660	564	564	719	719	719	719
R^2	0.116	0.116	0.114	0.115	0.064	0.064	0.140	0.141	0.141	0.142

注：推計は固定効果モデル(fixed effect model)。（ ）内は t 値。***は 1 %水準，**は 5 %水準，*は10%水準で有意。被説明変数は，パネル A が日本標準産業分類・小分類（3 桁コード）基準のエントロピー指数の対前年差分の絶対値，パネル B が日本標準産業分類（2 桁コード）基準のエントロピー指数の対前年差分の絶対値。関連多角化度は日本標準産業分類・小分類（3 桁コード）基準のエントロピー指数，非関連多角化度は同・中分類（2 桁コード）基準のエントロピー指数。

ルBモデル5），機関投資家持株比率の係数も10％水準ながら統計的に有意に正であった（パネルBモデル9）。これらの結果は，持ち合い株主や機関投資家の持株比率が高いほど，非関連多角化の戦略変更の程度が大きくなることを意味する。基本的には，企業パフォーマンスが一定の水準に満たない場合であり，何らかの変革が求められる状況であるから，戦略変更を促す持ち合い株主と機関投資家はポジティブに評価することができる。持ち合い株主が，低パフォーマンス時の戦略変更を促すことは，想定とは異なる結果である。1990年代は全体として多角化が進展していた時期であるから，戦略変更の内容に関しては多角化方向への変化が想定されるが，特に企業パフォーマンスが一定の水準に満たない状況で非関連多角化を進める場合には，持ち合い株主という安定的に支援してくれる株主の存在が必要だったのかもしれない。他方，機関投資家については，単純に"もの言う"株主の規律づけ圧力が効いていたとみることができるだろう。

次に，1998年度から2004年度の推計結果を**図表3-9**で確認しよう。まず，関連多角化の戦略変更の決定要因をパネルAで確認すると，総資産経常利益率の単独項がすべての推計モデルで統計的に有意に負であり，総資産経常利益率の低下が戦略変更の圧力になるという関係が確認できる（モデル1・3・5・7・9・11）。分析の焦点であるパフォーマンス変数とガバナンス変数の交差項をみると，総資産経常利益率と取締役人数の交差項が1％水準で統計的に有意に正であった（モデル2）。この結果は，総資産経常利益率が低いほど関連多角化の戦略変更度合いが大きくなるという関係が，取締役会が大規模であるほど緩和されてしまうことを意味する。

次に，非関連多角化の戦略変更の決定要因をパネルBで確認すると，総資産経常利益率の単独項がすべての推計モデルで1％水準で統計的に有意に負であり，基本的には総資産経常利益率の低下が戦略変更の圧力になるという強い関係が確認できる（モデル1・3・5・7・9・11）。そこで，パフォーマンス変数とガバナンス変数の交差項をみると，総資産経常利益率と取締役人数の交差項が10％水準ながら統計的に有意に正（モデル2），総資産経常利益率と持ち合い株主持株比率の交差項も5％水準で統計的に有意に正であった（モデル8）。これらの推計結果は，総資産経常利益率の低下に応じて非関連多角化の戦略変

図表 3-9 低パフォーマンス時の多角化戦略変更に対する企業ガバナンス要因の影響：1998年度－2004年度

パネル A　関連多角化変数の変更：1998年度－2004年度

ガバナンス変数	取締役人数		執行役員制度		社外取締役比率		持ち合い株主		外国人株主		機関投資家	
モデル	1	2	3	4	5	6	7	8	9	10	11	12
総資産経常利益率	-0.288***	-0.776***	-0.251***	-0.274***	-0.257***	-0.303***	-0.200**	-0.288***	-0.253***	-0.192**	-0.248**	-0.122
	(-2.891)	(-3.841)	(-2.598)	(-2.629)	(-2.575)	(-2.332)	(-1.907)	(-1.834)	(-2.614)	(-1.671)	(-2.558)	(-0.978)
ガバナンス変数	-0.000	0.001	0.003	0.006	0.015	0.020	-0.001	-0.000	0.000	0.000	0.000	-0.000
	(-0.452)	(1.391)	(0.462)	(0.737)	(1.102)	(1.208)	(-1.272)	(-0.612)	(0.558)	(-0.081)	(-0.224)	(-1.033)
総資産経常利益率×ガバナンス		0.044**		0.113		0.174		0.009		-0.008		-0.011
		(2.776)		(0.590)		(0.554)		(0.751)		(-0.981)		(-1.597)
関連多角化度	-0.287***	-0.288***	-0.280***	-0.280***	-0.298***	-0.298***	-0.307***	-0.307***	-0.280***	-0.280***	-0.280***	-0.280***
	(-20.507)	(-20.548)	(-20.285)	(-20.274)	(-21.201)	(-21.168)	(-21.133)	(-21.140)	(-20.281)	(-20.284)	(-20.270)	(-20.276)
連結子会社数	-0.000***	-0.000***	-0.000***	-0.000***	-0.000***	-0.000***	-0.000**	-0.000**	-0.000***	-0.000***	-0.000***	-0.000***
	(-2.049)	(-2.015)	(-2.203)	(-2.215)	(-2.101)	(-2.101)	(-2.082)	(-2.065)	(-2.188)	(-2.099)	(-2.214)	(-2.088)
連結総資産対数	-0.022*	-0.020*	-0.017	-0.018	-0.018	-0.019	-0.018	-0.017	-0.018	-0.017	-0.017	-0.016
	(-1.857)	(-1.675)	(-1.544)	(-1.577)	(-1.520)	(-1.542)	(-1.437)	(-1.321)	(-1.602)	(-1.532)	(-1.542)	(-1.412)
切片	0.518***	0.480***	0.453***	0.458***	0.480***	0.482***	0.496***	0.478***	0.460***	0.453***	0.456***	0.443***
	(3.693)	(3.410)	(3.419)	(3.446)	(3.359)	(3.370)	(3.317)	(3.154)	(3.478)	(3.420)	(3.446)	(3.340)
年度ダミー	あり	あり	あり	あり	あり	あり	あり	あり	あり	あり	あり	あり
観測数	4,039	4,039	4,178	4,178	3,997	3,997	3,677	3,677	4,178	4,178	4,178	4,178
企業数	913	913	972	972	911	911	827	827	972	972	972	972
R^2	0.138	0.140	0.133	0.133	0.146	0.146	0.152	0.153	0.133	0.133	0.132	0.133

注：推計は固定効果モデル（fixed effect model）。（　）内は t 値。*** は 1 % 水準，** は 5 % 水準，* は 10%水準で有意。
関連多角化度は日本標準産業分類・小分類基準のエントロピー指数。

パネル B　非関連多角化変数の変更：1998年度－2004年度

ガバナンス変数	取締役人数		執行役員制度		社外取締役比率		持ち合い株主		外国人株主		機関投資家	
モデル	1	2	3	4	5	6	7	8	9	10	11	12
総資産経常利益率	-0.501***	-0.813***	-0.461***	-0.504***	-0.482***	-0.307**	-0.369***	-0.596***	-0.465***	-0.300***	-0.464***	-0.239*
	(-5.177)	(-4.134)	(-4.910)	(-4.980)	(-4.947)	(-2.425)	(-3.713)	(-4.011)	(-4.941)	(-2.684)	(-4.921)	(-1.965)
ガバナンス変数	-0.000	0.001	-0.001	0.004	0.013	-0.009	-0.000	-0.000	0.000	0.000	0.000	0.000
	(-0.069)	(1.088)	(-0.216)	(0.587)	(1.023)	(-0.526)	(-0.747)	(0.565)	(0.659)	(-0.973)	(0.296)	(-1.303)
総資産経常利益率×ガバナンス		0.028*		0.211		-0.660**		0.022**		-0.022**		-0.019**
		(1.823)		(1.133)		(-2.151)		(2.053)		(-2.740)		(-2.945)
非関連多角化度	-0.268***	-0.269***	-0.280***	-0.260***	-0.277***	-0.278***	-0.296***	-0.297***	-0.285***	-0.260***	-0.260***	-0.260***
	(-18.654)	(-18.731)	(-18.403)	(-18.375)	(-19.269)	(-19.362)	(-20.263)	(-20.325)	(-18.388)	(-18.417)	(-18.405)	(-18.448)
連結子会社数	-0.000***	-0.000***	-0.000***	-0.000***	-0.000***	-0.000***	-0.000**	-0.000***	-0.000***	-0.000***	-0.000***	-0.000***
	(-4.007)	(-3.984)	(-4.156)	(-4.144)	(-4.156)	(-4.156)	(-4.186)	(-4.144)	(-4.131)	(-3.896)	(-4.140)	(-3.911)
連結総資産対数	-0.030**	-0.029**	-0.023*	-0.024**	-0.024**	-0.023*	-0.023*	-0.019	-0.023**	-0.023*	-0.021**	-0.021*
	(-2.640)	(-2.514)	(-2.123)	(-2.190)	(-2.041)	(-1.949)	(-1.875)	(-1.576)	(-2.149)	(-1.961)	(-2.134)	(-1.889)
切片	0.566***	0.542***	0.475***	0.483***	0.494***	0.487***	0.498***	0.451***	0.475***	0.456***	0.475***	0.452***
	(4.160)	(3.967)	(3.692)	(3.748)	(3.556)	(3.507)	(3.519)	(3.146)	(3.702)	(3.553)	(3.687)	(3.511)
年度ダミー	あり	あり	あり	あり	あり	あり	あり	あり	あり	あり	あり	あり
観測数	4,039	4,039	4,178	4,178	3,997	3,997	3,677	3,677	4,178	4,178	4,178	4,178
企業数	913	913	972	972	911	911	827	827	972	972	972	972
R^2	0.129	0.129	0.121	0.121	0.133	0.134	0.149	0.150	0.121	0.123	0.121	0.123

注：推計は固定効果モデル（fixed effect model）。（　）内は t 値。*** は 1 % 水準，** は 5 % 水準，* は 10%水準で有意。パネル A がパネル B が同一のエントロピー指数の対照値。パネル B がパネル A が同一のエントロピー指数の対照値。関連多角化度は日本標準産業分類・小分類，非関連多角化度は日本標準産業分類（3 桁コード）基準のエントロピー指数。

更度合いが大きくなるという関係が，取締役会規模が大きくなるほど，および持ち合い株主の持株比率が高くなるほど弱まることを意味する。他方，総資産経常利益率と社外取締役比率の交差項は5％水準で統計的に有意に負（モデル6），総資産経常利益率と外国人株主持株比率の交差項は1％水準で統計的に有意に負（モデル10），総資産経常利益率と機関投資家持株比率の交差項も1％水準で統計的に有意に負であった（モデル12）。これらの推計結果は，総資産経常利益率の低下に応じて非関連多角化の戦略変更度合いが大きくなるという関係が，社外取締役比率が高いほど，および外国人株主や機関投資家の持株比率が高いほど，より強くなることを意味する。

　以上，企業パフォーマンスが一定の水準に満たない場合に，企業のガバナンス構造が多角化戦略の変更に対してどのような影響を与えるのかを検証してきた。まず注目すべきは，戦略変更のパフォーマンス感応度に対するガバナンス要因のモデレート効果を確認できたのは，主に1990年代の後半から2000年代の前半にかけての時期であった。そして，この時期に関する重要な発見事実は以下の2点である。第一に，取締役会が大規模であるほど，企業パフォーマンスの悪化に応じた関連多角化・非関連多角化の戦略変更が阻害され，持ち合い株主の持株比率が高いほど，企業パフォーマンスの悪化に応じた非関連多角化の戦略変更が阻害されていることがわかった。したがって，大規模な取締役会では，意思決定に時間がかかったり責任が分散されるなど，企業パフォーマンス低下時の適切な戦略的意思決定に問題がある可能性が示された。また，持ち合い株主の持株比率が高く，安定株主化が進展している場合，企業パフォーマンスが低下した時に経営者が知覚する改革のプレッシャーが緩和されていると判断できる。第二に，企業パフォーマンスの低下に応じた多角化戦略の変更を促進するのは，社外取締役と外国人株主をはじめとする機関投資家の存在であった。したがって，社外取締役は経営に対するモニタリング機能やアドバイス機能を発揮している可能性が示唆され，外国人株主や機関投資家は企業パフォーマンスの低下に応じて変革の圧力を増大させるという意味で，経営の規律づけ機能を果たしていたと判断できる。

7 まとめ

7-1 戦略変更のメカニズム

　本章では，企業のガバナンス構造と組織成果との中間に位置する企業内部の意思決定プロセスに接近することを目的として，企業のガバナンス要因が経営戦略の変更メカニズムに与える影響を検討した。経営戦略の変更としては，全社戦略の代表的な論点である企業ドメインの決定と経営資源の重点的配分に深く関係する多角化戦略の変更に着目し，新たな収益源を求めて新規事業へ進出するなどの多角化方向への変化，および不採算事業からの撤退などを含む専業化方向への変化という，両方向への変化を考慮に入れて分析を進めた。その際，企業パフォーマンスの低迷は経営戦略を見直す契機となるのか，そして企業のガバナンス要因は経営戦略の変更にいかなる影響を与えるのかという点に分析の焦点を当てた。組織非効率を矯正する圧力を経営者に与えるか否かは，経営の規律づけメカニズムの機能を判断する重要な基準であるからである。具体的には，戦略変更として多角化の程度を表す代表的な指標であるエントロピー指数の変化に着目し，その変化の大きさに対する企業のパフォーマンス要因およびガバナンス要因の影響を分析した。さらに，企業パフォーマンスの水準と戦略変更の必要度が非線形の関係にある可能性を考慮し，客観的に経営戦略の変更が必要と考えられる問題のある状態に分析の焦点を絞って結果を再検討した。本章で確認された分析結果は以下の通りである。

　関連多角化と非関連多角化の戦略変更に対する企業パフォーマンス要因の影響を検証した結果，1990年代初頭のバブル崩壊後の局面では，資産効率や収益性の高い企業が戦略変更を進めていたことがわかった。主に多角化を進めていたとみられる。これに対して，1990年代の後半を境に，多角化戦略の変更に対する企業パフォーマンス要因の影響は大きく変化した。同業他社と比較した場合の資産効率の低さが戦略変更のトリガーになるという関係が明確になったのである。1997年の銀行危機後に活発化した「選択と集中」の背後では，低パフォーマンスに苦しむ企業が事業分野の選択と経営資源の集中を行っていたと

いえる。そして、2000年代の半ば以降は、多角化戦略の変更に対する企業パフォーマンス要因の影響は消失する。1つの見方は、「選択と集中」による事業ポートフォリオの再編が、1990年代の後半から2000年代の前半の時期で一段落していたという可能性である。もしそうであれば、企業パフォーマンスが多少悪化しても、多角化戦略を変更する余地はさほど大きくなかったのかもしれない。2000年代における非常に安定的な多角化の推移は、この可能性と整合的である。また、2008年のリーマンショックのインパクトはあまりにも大きく、ほとんどの企業が例外なく組織パフォーマンスの低迷に苦しんだとすれば、業種平均との差分をとって標準化した相対パフォーマンスが戦略変更に与える影響が限定的であっても不思議ではない。もう1つの見方は、企業パフォーマンス低下への対応といった受動的な戦略策定ではなく、企業がより自立的に戦略策定を行うメカニズムが形成されるようになったという、よりポジティブな可能性である。いずれにしても重要な点は、経営戦略の変更に対する企業パフォーマンス要因の影響は常に一定というわけではなく、時代によって異なるということである。低パフォーマンスが経営者に対する規律づけ圧力になる場合もあるし、戦略策定がより自立的に行われる場合もあるということである。

7-2　伝統的な日本型ガバナンスの逆機能

7-2-1　内部ガバナンスの影響

そこで、企業パフォーマンスの低下をどの程度深刻な問題として経営者が認知するのかは、企業のガバナンス構造に依存するのではないかと考えた。そして、低パフォーマンスが多角化戦略の見直しを促進するという関係が明確に確認できるようになった1997年の銀行危機後の局面に分析の焦点を当て、企業のガバナンス構造が戦略変更のメカニズムに対してどのような影響を与えていたのかを検証した。

分析の結果、内部ガバナンス特性の影響に関しては、大規模な取締役会が戦略変更の負のパフォーマンス感応度を緩和してしまうことが明らかになった。したがって、大規模な取締役会は、企業パフォーマンスが低下した場合の戦略変更を阻害してしまうという意味で、企業のガバナンス上問題含みである可能性が示された。取締役会の肥大化によって迅速な意思決定が阻害される可能性、

多数の取締役に意思決定責任が分散することで個々の取締役の努力水準やコミットメントが低下してしまう可能性，あるいは各取締役が自身の担当部門の利害を優先することで取締役会内部における調整コストが増大し，全社的な視点に基づく戦略策定が困難になるという弊害が顕在化する可能性などが示唆される。この大規模な取締役会に伴うコストの存在は，日本企業が戦略的意思決定機能の向上のために，取締役会のスリム化を進めてきた事実と整合的である。ただし，トップ・マネジメントの戦略的意思決定能力を高めることが期待された執行役員制度の採用は，戦略変更のパフォーマンス感応度を高める効果をもたなかった。これに対して，社外取締役の存在は，低パフォーマンス時の非関連多角化の戦略変更を促進するという効果を示した。この結果は，社外取締役が経営に対するモニタリング機能やアドバイス機能に関して一定の役割を果たしていた可能性を示している。なお，大規模な取締役会が戦略変更のパフォーマンス感応度を低下させてしまうという負の効果に関しては，平均取締役人数が1990年度から1997年度サンプルの17.2人から，1998年度から2004年度サンプルでは12.1人に，さらに2005年度から2011年度サンプルでは9.3人まで減少していることに注意が必要である。つまり，1990年代の後半以降は，執行役員制度の導入が進むにつれて取締役会のダウンサイジングが進展しており，取締役会の肥大化が戦略の固定化に寄与してしまうという問題は，傾向的には縮小していると判断される。

7-2-2 外部ガバナンスの影響

戦略変更メカニズムに対する株式所有構造の影響に関しては，持ち合い株主の持株比率が高いほど，多角化戦略の変更度合いが小さくなる傾向が確認できた。さらに，持ち合い株主の存在が，戦略変更の負のパフォーマンス感応度を緩和してしまうという関係も確認された。したがって，株式の相互持ち合いのもと株主総会等での発言も保有株の売却も行わないとされる"もの言わぬ"安定株主の存在は，資本市場からの圧力を緩和することで経営者の現状認識の感覚を鈍化させ，既存戦略の温存に寄与するという意味で，コーポレート・ガバナンス上問題含みである可能性が示された。そして注目すべき点は，持ち合い株主が戦略変更のパフォーマンス感応度を低下させるという影響は，非関連多

第3章　多角化戦略とコーポレート・ガバナンス

角化の戦略変更のみで統計的に有意であったという事実である。この結果は，企業パフォーマンスが低迷し，シナジー効果が低い非関連多角化の見直しというより大きな戦略変更が求められる状況において，安定株主の存在が既存事業の温存に寄与し，「選択と集中」による事業ポートフォリオの再編を遅らせてしまう可能性を示唆する。

　ところで，安定株主が既存戦略を保存させるという影響に関しては，1997年の銀行危機後に「選択と集中」が活発になる局面になって初めて企業パフォーマンスの低下に応じた多角化戦略の見直しが行われるようになったという事実，そしてこの局面で株式の相互持ち合いの解消が進み，安定株主の保有比率が低下していくという事実が重要である。実は，株式の相互持ち合いの解消は，特に1997年の銀行危機以降，持ち合い株の報復売却による株価下落に耐えうる高株価企業，すなわち優良企業が低パフォーマンスの銀行株を売却するという形で進んだ。その際，興味深い点は，低株価企業，あるいは資金調達を依然としてメインバンクに依存せざるを得ない企業は，株式の持ち合いを維持したことである[27]。ここで，持ち合い株の売却が企業の自由裁量行動であるとすれば，持ち合い比率の高低は，企業の合理的な選択行動の結果とみることができる[28]。持ち合い株の売却によって持ち合い比率を低下させた企業群は，相対的にパフォーマンスが高く，主体的に経営戦略を策定することができた企業だったのかもしれない。他方，高い持ち合い比率を維持した企業群は，主体的に戦略変更を行うだけの財務的な余裕がなく，企業パフォーマンスの低迷に直面し，何かを変えなければいけないとは感じつつも，なかなか経営戦略の見直しに踏み切れない企業だったのかもしれない。つまり，経営戦略の固定化が常態化している企業ほど，株式の持ち合いを維持したという解釈も可能であろう。したがって，企業の意思で持ち合い比率の選択が行われていたとすれば，高い持ち合い比率を維持した相対的低収益企業よりも，持ち合い比率を低下させた相対的高収益企業のほうが，戦略変更のパフォーマンス感応度が高いとしても不思議ではない。いずれにしても，持ち合い株主の存在が多角化戦略変更の負のパフォーマンス感応度を緩和するという発見事実から，安定株主が資本市場からの利益圧力に対するバッファーになるという従来から指摘されてきた効果をもつことが裏付けられたことは重要である。ただし，持ち合い株主持株比率の平均が，

1990年度から1997年度サンプルの15.8％から，1998年度から2004年度サンプルでは11.4％に，さらに2005年度から2011年度サンプルでは8.5％まで減少していることに注意が必要である。つまり，安定株主の存在が戦略の固定化に寄与してしまうという問題も，傾向的には縮小しているといえる。他方，外国人株主や機関投資家などの"もの言う"株主の持株比率が高い企業では，経営者が資本市場からの強い圧力に晒されており，企業パフォーマンス低下時の戦略変更が促進されると予想したが，この関係は確認できなかった。

　以上，企業のガバナンス特性の影響に関しては，戦略変更の負のパフォーマンス感応度を増幅するという意味での規律づけ効果が確認できたのは，非関連多角化の戦略変更に対する社外取締役の存在のみであった。これに対して，戦略変更のパフォーマンス感応度を鈍化させてしまうという意味での負の効果が確認されたのは，大規模な取締役会や株式の相互持ち合いといった伝統的な日本型ガバナンスの諸特徴であった。このように，企業パフォーマンスが低迷した時の戦略変更を阻害するという意味での，既存戦略の固定化効果とでも呼ぶべきマイナスの効果が，伝統的な日本型ガバナンスの象徴的な要因で確認されたことは興味深い事実である。これらの分析結果は，IT革命やグローバル化の急速な進展などに代表されるように経営環境がめまぐるしく変化し，戦略的意思決定のスピードが求められるようになったという環境の要請に対して，伝統的な日本型ガバナンスが逆機能を起こしていたことを鮮やかに映し出している。

7-3　低パフォーマンス時の戦略変更

　次に，企業パフォーマンスの水準と戦略変更の必要度が，単純な線形の負の相関関係にはないという可能性に着目した。すなわち，企業パフォーマンスがある一定の水準に満たない場合は，業績悪化の程度に応じて戦略変更の必要度は高まるが，この関係は，企業パフォーマンスが一定の水準以上の場合は明確ではないという可能性である。そこで，企業パフォーマンスの低下に応じて戦略変更の必要性が高くなるという関係が明確に想定される場合，すなわち企業のパフォーマンスがある一定の水準に満たない場合に分析の焦点を絞り，多角化戦略の変更に対する企業のパフォーマンス要因およびガバナンス要因の影響を再度検証した。

総資産経常利益率が業種平均に満たない場合，1990年度から1997年度サンプルでは，本業成長率の鈍化に応じて多角化戦略の変更度合いがシステマティックに大きくなるという関係が新たに確認された。また，1998年度から2004年度サンプルでも，資産効率の低下が多角化戦略の変更を促すという全体サンプルと同様の関係が引き続き確認された。ただし，2005年度から2010年度サンプルでは，企業パフォーマンスが低いほど多角化戦略の変更度合いが大きくなるという関係は確認されなかった。

　そこで，企業パフォーマンスの低下に応じて多角化戦略の変更度合いが大きくなるという関係が明確に確認できた1990年度から1997年度サンプルと1998年度から2004年度サンプルを対象に，企業のガバナンス要因の影響を検証した。その結果，多角化戦略変更のパフォーマンス感応度を鈍化させてしまうというガバナンスの負の効果が低パフォーマンス・サンプルでも依然として確認できる一方，全体サンプルでは確認できなかった経営の規律づけ効果をもつガバナンス要因を発見することができた。まず，内部ガバナンス特性に関しては，取締役会が大規模であるほど，資産効率の低下に応じた多角化戦略の変更が緩和されてしまうことが確認された。したがって，取締役会の肥大化は戦略的意思決定機能の低下をもたらし，適切な戦略変更を妨げる可能性が示された。そしてこの結果は，取締役会の規模が大きいほど企業価値が低いことを明らかにしたYermack（1996）や鈴木・胥（2000）などの先行研究の結果と整合的であり，1990年代の後半以降，日本企業が執行役員制度の導入などによって取締役会のダウンサイジングを進めてきたことを説明する1つの根拠となろう。対照的に，社外取締役は資産効率の低下に応じて非関連多角化の戦略変更度合いが大きくなるという関係を増幅する効果をもった。したがって，社外取締役は，企業パフォーマンスが低下した時に非関連多角化の見直しを促進するという意味で規律づけ効果をもち，経営に対するモニタリング機能やアドバイス機能を通じてトップ・マネジメントの戦略的意思決定機能の強化に寄与する可能性が示された。

　他方，外部ガバナンス特性に関しては，特に非関連多角化の戦略変更に対する対照的な効果が確認された。すなわち，企業パフォーマンスの低下に応じて戦略変更の程度が大きくなるという関係が，持ち合い株主の持株比率が高いほ

ど緩和される一方，外国人株主や機関投資家の持株比率が高いほど増幅されていたのである。したがって，持ち合い株主のプレゼンスが高く，経営者が資本市場の圧力から相対的に自由であれば，企業パフォーマンスの低下に応じた多角化戦略の変更が起きにくくなるといえる。一方，外国人株主や機関投資家などの"もの言う"株主のプレゼンスが高く，経営者が資本市場からの強い圧力に晒されている場合，企業パフォーマンスの低下に応じた多角化戦略の変更が促進されていた。この意味で，"もの言わぬ"安定株主が既存戦略の固定化効果をもつのに対して，"もの言う"株主は経営の規律づけ効果をもつといえる。

　ここで重要なポイントは，株式の相互持ち合いが解消されていくのとは対照的に，外国人株主や機関投資家の持株比率が上昇していく1990年代の後半以降の局面で，戦略変更のパフォーマンス感応度を高める"もの言う"株主の規律づけ効果が，低パフォーマンス・サンプルでのみ明確に確認できたという事実である。つまり，外国人株主や機関投資家といった"もの言う"株主の圧力は，何らかの改革が必要と考えられる問題のある状況で，より強く機能していたといえる。しかも，この規律づけ効果は，非関連多角化の戦略変更に対してのみ確認できたから，資本市場からの圧力は事業の「選択と集中」を必要とする低パフォーマンス時に，非関連事業の見直しを促す規律づけメカニズムとして重要な役割を果たしていたことになる。

　本章では，企業パフォーマンスの低下に応じて多角化戦略の変更が行われるというメカニズムが明らかにされた。ただし，このメカニズムは，1990年代の後半から2000年代の前半という「選択と集中」が活発化しその結果が事業ポートフォリオに反映されていく局面でのみ確認され，また企業パフォーマンスが一定の水準に満たない場合のほうがより明確であるという特徴をもっていた。そして，企業のガバナンス構造は，多角化戦略の見直しの背後にある経営者の現状認識の感度に影響を与える可能性が明らかにされた。特に，伝統的な日本型ガバナンスの象徴でもある大規模な取締役会や株式の相互持ち合いは，経営者の現状認識に関するアンテナの感度を鈍化させ，既存の戦略を温存させる作用をもったのである。ただし，企業のパフォーマンス水準が低い時に，コーポレート・ガバナンスの規律づけメカニズムの発現を確認できたことの意義は大きい。なぜなら，企業パフォーマンスが悪化した時こそ，企業の意思決定を適

正化するガバナンスの真価が問われるからである。そして、その鍵は、取締役会の改革と資本市場からの圧力にあった。特に、1997年の銀行危機以降の局面では、「選択と集中」にとって重要な非関連多角化の見直し、すなわちドラスティックな事業ポートフォリオの再編を進めるためには、取締役会のスリム化と社外取締役の活用、そして外国人株主や機関投資家といった"もの言う"株主からの強い圧力に晒されるといった条件が重要な意味をもっていたことが示されたのである。

1　本章は、青木（2014）を大幅に改訂・増補したものである。
2　菊谷・伊藤・林田（2005）は、1990年代の日本企業における事業ポートフォリオの再編に対して、新規事業への進出と既存事業からの撤退という観点から分析を行っている。経済産業省「企業活動基本調査」の製造業企業約5,350社の1991-1994年、1994-1997年、1997-2000年の進出と撤退を分析し、進出と撤退を組み合わせて実施する企業が多いこと、進出と撤退を同時に行うことがパフォーマンスに正の効果をもたらすことなどを報告している。しかし、進出と撤退に対するガバナンス要因の影響に関しては、負債の影響以外は特に検討されていない。
3　米国企業を対象とした研究では、Berger and Ofek（1999）が1980年代から1990年代を対象に、未利用資源が多いことが多角化を促進すること、日本とは逆に企業規模の拡大が専業化を高めることを確認している。
4　また、Miller and Chen（1994）も、1979年から1986年のアメリカの国内線航空産業を対象に、組織の規模と年齢が上昇すると同じ戦略を採り続ける傾向が強くなることを確認している。
5　例えば、Grimm and Smith（1991）は、鉄道会社27社の855人の上級管理者を対象とした調査から、若く、経験の浅い上級管理者ほど、戦略変更を行う傾向があることを発見している。
6　もちろん、外部環境が既存の経営戦略にとって望ましくない方向に変化した場合は、何らかの対応が必要になるから、戦略変更の必要性は当然高くなる。
7　企業の意思決定は概念的に、トップ・マネジメントが行う戦略的意思決定、ミドル・マネジメントが行う管理的意思決定、ロワー・マネジメントが行う業務的意思決定に区分される。経営者が行う戦略的意思決定は、企業全体に関係する重大で影響力の最も大きい問題を対象とする。

8 他にも Morck, Shleifer and Vishny（1990）などを参照のこと。関連多角化に関しては Rumelt（1982）や Varadarajan and Ramanujam（1987）などが肯定的な見方を示す一方，平元（2002）は企業価値のディスカウントが非関連多角化だけでなく関連多角化でもみられることを示している。

9 舟岡（2003）は，分析に1991年度，1994年度，1995年度，1996年度の通商産業省『企業活動基本調査』の製造業企業のミクロデータを使用している。収益性は売上高営業利益率，リスクは営業利益の変動係数である。

10 宮島・稲垣（2003）は，分析に東証一部上場企業（電力・ガス，金融を除く）を対象としたアンケート調査(財務省，2002年)の回答企業400社のデータを用いている。企業パフォーマンスは ROA やトービンの q，リスクは ROA の標準偏差である。

11 例えば，Kaplan and Minton（1994）は，企業パフォーマンスの低下が外部からの役員派遣の確率を上昇させること，さらに，その後経営者の交代確率が上昇することを示している。

12 ただし，取締役会の規模に関しては，ここでの仮説とは逆の可能性も考えられる。つまり，取締役の人数が多いほど多面的な視野からの現状分析が可能になり，経営戦略の変更が促進されるという可能性である。

13 ただし，延岡・田中（2002）は，執行役員制度の採用がトップ・マネジメントの戦略的意思決定機能の向上に貢献していないことを報告している。また，Aoki(2004)も，執行役員制度の導入がその後の企業パフォーマンスにプラスの影響を与えないことを示し，取締役と執行役員の兼任度合いや業種特性の影響を議論している。さらに，宮島・新田（2007）も，執行役員制度導入のポジティブなパフォーマンス効果を確認できていない。

14 社外取締役の役割では，経営者に対するチェック機能，すなわちモニタリング機能の充実がより重要であるが，客観的視点からの戦略評価やアドバイス機能にも期待が寄せられている。なお，トップ・マネジメントの特性では，指名委員会等設置会社や監査等委員会設置会社といった機関選択や，ストック・オプションの付与などの経営者インセンティブの制度設計が，経営戦略の変更に与える影響も重要であるが，今後の検討課題としたい。

15 例えば，株式の相互持ち合いの発生と継続のロジックを分析した伊藤（1993）は，株式持ち合いの効果として，長期的視点に立った経営の意思決定のほかに，取引相手の機会主義行動の抑制による協調的な行動の担保，取引費用の削減，リスクシェアリング，財務上の安定性向上などを指摘している。

16 Lichtenberg and Pushner（1994），米澤・宮崎（1996），佐々木・米澤（2000），西崎・倉澤（2003），宮島・新田（2003），宮島・新田・齊藤・尾身（2004），浅羽（2005），深尾・権・滝澤（2007），Miyajima and Kuroki（2007）などを参照のこと。

17 以下では，ハウズマン検定を行い，その結果に従って固定効果モデルの結果を報告してい

第 3 章　多角化戦略とコーポレート・ガバナンス

18　森川 (1998),菊谷・伊藤・林田 (2005),菊谷・齋藤 (2006) などを参照のこと。
19　もちろん,日本標準産業分類の細分類 (4 桁コード) 基準など,より細かい分類基準を用いて事業分野を特定し,期間比較によってある事業分野の出現・消失を確認すれば分析は可能である。
20　機関投資家持株比率は,外国人株式保有比率 (除く外国法人判明分) ＋信託勘定株式保有比率＋生保特別勘定株式保有比率である。
21　当年度 t から翌年度 $t+1$ への変化を分析するため,推計サンプルの最終年度は2010年度 (2010年度から2011年度にかけての多角化戦略の変更) となる。
22　なお,2005年度から2006年度にかけて多角化戦略の変更度が大きくなっていることは,本書における事業分野の特定方法が2006年度から異なることに起因する可能性が高い。第 2 章で説明した通り,1990年度から2005年度までは,セグメント情報における各社の事業分野の名称から判断して,それぞれの事業分野に日本標準産業分類の 3 桁コードと 2 桁コードを付与し,同一のコード番号をもつ事業分野を名寄せするという方法で事業分野を特定していたが,2006年度からは,日経 NEEDS の Financial QUEST からダウンロードしたセグメント情報にあらかじめ付与されていた 3 桁コード・2 桁コードに基づいて,同一の分類コードをもつ事業分野を名寄せするという方法で事業分野の特定を行っている。
23　現数値の総資産経常利益率を用いた推計でも同様の結果,すなわち,パフォーマンスが好調な企業ほど多角化戦略の変更度が大きいという結果を得ている。
24　現数値の総資産経常利益率を用いた推計でも同様の結果,すなわち,パフォーマンスが低い企業ほど多角化戦略の変更度が大きいという結果を得ている。
25　松田 (2015) は,リーマンショック後に,投資家のマインドが冷え込んだこと,ガバナンスの悪い日本企業へ限りのある資金を投資することが敬遠されたことを指摘している。
26　多角化戦略の変更に対する企業パフォーマンス要因の影響を検証した推計結果 (図表 3-3) では,本業成長率に関しては統計的に有意な結果を得られなかったため,ここでは総資産経常利益率をパフォーマンス変数として用いた場合の推計結果のみを報告する。また,1990年度から1997年度,および2005年度から2010年度のサンプルを用いた推計も行ったが,企業パフォーマンス変数との交差項で統計的に有意な結果が得られた企業のガバナンス要因はなかった。
27　さらに,事業会社と銀行間の株式持ち合いが解消に向かう一方で,事業会社同士の株式持ち合いは維持された。詳しくは宮島・稲垣 (2003),第 5 章を参照のこと。
28　この点に関しては,田中 (2002) が示すように,株主が企業を投資対象として選ぶというよりも,企業側が自社の株主を選択するという意味で興味深い。

第4章

進出・撤退と
コーポレート・ガバナンス

1　はじめに

　本書の目的は，経営戦略に対するコーポレート・ガバナンスの影響を解明することである。そのために，企業ドメインの決定や経営資源配分の重点化といった経営者の戦略的意思決定の結果が反映される経営戦略の変更に対して，企業のパフォーマンス要因やガバナンス要因がどのような影響を与えるのかを分析する。前章では，エントロピー指数で測った多角化水準の変化に着目し，この多角化レベルの変更に影響を与える諸要因を検討することで，経営戦略の決定メカニズムにアプローチした。これに対して本章では，新規事業への進出と既存事業からの撤退という視点から事業ポートフォリオの再編にアプローチし，経営戦略の変更に対する前章の分析結果を補完する。

　経営戦略の変更に着目する場合，エントロピー指数で測った多角化水準の変化で表現される事象は，「選択と集中」といった場合の「集中」と密接に関連する。例えば，低収益・低成長の事業分野に対する経営資源の配分を減らす一方，高収益・高成長の事業分野に対して経営資源の配分を集中させた場合，この経営資源のインプットのウェイト変更の結果が，各事業分野の売上高に影響し，これをもとに計算されるエントロピー指数に反映されるのである。これに対して，進出と撤退で表現される事象は，「選択と集中」といった場合の「選択」と密接に関連する。例えば，競争力がなく採算の見通しが悪い事業分野や，市場の成長率が鈍化し衰退が予想されるような事業分野から撤退する一方，高い競

争力が得られる事業分野や，今後の成長が期待される将来有望な事業分野へ新たに進出を図るといった具合に，経営資源インプットの対象となるべき事業分野を選択するという要素が強いからである。つまり，進出と撤退は，事業ポートフォリオを直接的に規定する戦略的な意思決定といえる。

　もちろん，多角化水準の変更と進出と撤退は，ともに典型的な経営者の戦略的意思決定である企業ドメインの決定や経営資源の配分に関連するという点で補完性が高いが，所与の事業部門間で経営資源の配分ウェイトにいかに濃淡をつけるかという意思決定に比べると，どの事業を行いどの事業を行わないかという事業領域の選択に関わる意思決定，あるいは，どの事業を自社グループで手掛けどの事業を外注するかという企業の境界の決定に関する意思決定は，より本質的でハードな戦略的意思決定といえる。そこで本章では，進出と撤退のメカニズムを分析することで，事業ポートフォリオの再編という戦略的課題に対して企業のガバナンス構造がどのような影響を与えていたのかをさらに深く検証する。

　本章の構成は以下の通りである。第2節では，先行研究を概観し，本章の研究上の位置づけを与える。第3節では，新規事業分野への進出と既存事業分野からの撤退に対する企業のパフォーマンス要因とガバナンス要因の影響に関して，検証する仮説を提示し，推計モデルと変数を説明する。第4節では，進出と撤退の定義を示し，進出と撤退の時系列推移を概観する。第5節では，進出と撤退に対する企業パフォーマンス要因の影響を検証し，第6節では，進出と撤退に対する企業ガバナンス要因の影響を検証する。そして第7節と第8節では，特に経営戦略の見直しの必要性が高いと考えられる状況，すなわち，低パフォーマンス時に分析の焦点を絞り，進出と撤退のメカニズムを再度検討する。第7節では企業パフォーマンス要因の影響を再検討し，第8節では企業ガバナンス要因の影響を再検討する。最終節はまとめである。

2　先行研究と本章の特長

　進出と撤退に関する先行研究をみると，産業や市場レベルでの分析が多く，参入障壁の存在や，参入企業のその後のパフォーマンスを分析したものが多

い[1]。これに対して，企業レベルでの進出や撤退といった経営行動を分析の対象とした研究はそれほど多くはない。日本企業に関する研究としては，1990年代の前半を分析対象とした森川（1998）や，1990年代の後半以降を分析対象とした菊谷・齋藤（2006）がある。森川（1998）は，通商産業省「企業活動基本調査」の4,491社のマイクロデータを用いて，3桁産業分類（119業種）に基づいた事業分野の売上高を1992年と1995年の2時点で比較し，1992年に存在しなかった事業分野の売上高が1995年に確認できた場合に進出があったと定義し，1992年に存在していた事業分野の売上高が1995年に確認できない場合に撤退が行われたと定義している。そして，進出や撤退に対して，本業の成長，企業規模，研究開発，平均賃金，企業内での従業員再配置の柔軟性，親会社の有無，初期の事業展開の広さなどの企業特性が，統計的に有意な影響を与えていたことを報告している。また，菊谷・齋藤（2006）は，経済産業省の「企業活動基本調査」の約7,000社のデータを用いて，1995年と1999年の事業内容の比較，および1999年と2003年の事業内容の比較から，新規事業への進出と既存事業からの撤退があったか否かを確認している。その結果，撤退は本業との関連性の低い事業で行われ，進出は本業との関連性の高い事業で行われていたことを発見している。すなわち，非関連事業からの撤退と関連事業への進出という組み合わせによって，本業回帰ともいえる事業再構築が進んでいたことを明らかにした。

以上のように，先行研究では新規事業への進出と既存事業からの撤退の有無を，期初と期末の2時点の事業内容を比較することで特定するという方法を採用している。すなわち，数年のスパンでみて進出や撤退が行われたか否かを特定してきた。これに対して本章では，各企業の各年の事業構成をセグメント情報から把握し，毎年の変化を捕捉している点に特長がある。つまり，パネルデータを用いて進出と撤退の決定要因を分析することが第一の貢献である。もちろん，新規事業への進出や既存事業からの撤退という戦略的な意思決定は，1年単位という短い時間のスパンで判断されるものではないという可能性もある[2]。ただし，進出や撤退という戦略的意思決定が比較的長い時間をかけて検討されるとしても，その間に，あるいは進出や撤退の前の段階として通常想定される意思決定が存在する。それは，不採算事業への経営資源のインプットを徐々に

減らしていく，あるいはコア事業への経営資源のインプットを徐々に増加させていくといった経営資源の配分ウェイトの変更に関する戦略的な意思決定である。これらの意思決定に関しては，既に前章で分析を行っている。

このように，パネルデータを用いた分析が本章の第一の特長であるが，これにより新規事業への進出や既存事業からの撤退に対する諸要因の影響を，より厳密に検討することが可能になる。例えば，撤退の発生確率に対する本業成長率の影響を検討する場合を考えてみよう。ある2時点間の事業構成を比較することで撤退の発生を特定し，これを被説明変数とする。そして，同じ2時点間における本業の売上高の変化を説明変数とする推計式を質的変量モデルで推計した結果，この本業成長率の係数が撤退の発生確率に対して有意に正だったとしよう。この場合，本業の成長率が高いから本業以外の事業分野からの撤退が行われたという解釈が可能であると同時に，逆の因果関係，すなわち，本業以外の事業分野からの撤退を行い，その経営資源を本業で有効活用した結果，本業成長率が高くなったという解釈も可能である。このように撤退の発生とそれを説明する本業成長率が同じ期間で特定される場合，因果関係を推定する場合に同時性の問題を避けることが難しい。次に，この同時性の問題を回避するために，ある2時点のうちの期初のパフォーマンス要因で撤退を説明するモデルを考えよう。撤退の発生は上記と同様，期初と期末の事業内容を比較することで特定する。この場合，2時点間のスパンが長くなればなるほど，撤退に対する期初のパフォーマンス以外の要因の影響が大きくなるだろう。特に，期末に近い時点で発生した撤退に対しては，このノイズの影響が大きくなり，本当に期初のパフォーマンスの影響があったのかを判断することは難しくなってしまう。企業の毎年の事業内容を把握している本書では，進出や撤退の決定要因を分析する際に，1期ラグ（1年度前）の説明変数を用いたパネル推計を行うことでこのような問題に対処する。

第二の貢献は，進出や撤退に対する企業のガバナンス構造の影響を検討することである。例えば森川（1998）では，進出と撤退に対する資本構成の影響として外資比率と親会社の存在が扱われているが，戦略的意思決定の主体である取締役会特性といった内部ガバナンス要因の影響は扱われていない。また，菊谷・斎藤（2006）でも，進出と撤退に対する企業のガバナンス要因の影響は明

示的に扱われていない。日本企業は，特に1990年代の後半以降，内部ガバナンスの面では取締役会の改革が進展し，外部ガバナンスの面では株式の持ち合い比率が低下するのとは対照的に外国人株主をはじめとする機関投資家の影響力が増大するという大きな変化を経験した。これらのコーポレート・ガバナンス構造の変容は，株主重視といった経営目標や「選択と集中」といった経営行動に大きな影響を与えた可能性がある。したがって本書では，企業のガバナンス構造が新規事業への進出と既存事業からの撤退に与えた影響を明示的に取り上げ，先行研究に対して新たな実証証拠を提供したい。

3　分析の戦略

3-1　企業パフォーマンスと進出・撤退－仮説－

　本章では，企業パフォーマンスが悪化した場合に進出と撤退による事業ポートフォリオの再編が必要であると考え，この進出と撤退それぞれの発生確率に対する企業のガバナンス構造の影響を検討する。組織パフォーマンスが悪化した時に，現状を変革するメカニズムが発現するかどうかは，コーポレート・ガバナンスが正常に機能しているか否かを判断する1つの重要な要素だからである。

　基本的に，企業パフォーマンスの低下は何らかの改革圧力を増加させると考えられる。しかしながら，進出と撤退に対する企業パフォーマンス要因の影響を，規範的な観点から判断することは極めて難しい。例えば，企業パフォーマンスの低下に伴って進出と撤退が発生する場合，業績悪化が経営者に対する改革圧力を増加させるという意味で，経営の規律づけメカニズムが有効に機能していると評価することができる。しかし，実際の企業行動では，業績の悪化が明確になってはじめて進出や撤退による事業ポートフォリオの再編が行われるのでは遅すぎる，あるいは受動的すぎるといった消極的な見方も可能であろう。このケースとは逆に，組織パフォーマンスが良い企業ほど進出と撤退による事業ポートフォリオの再編を行っている場合も，規範的な観点からの判断は難しい。なぜなら，日本企業の経営者は財務的余裕をもって次の手を考慮している

という意味で，先見性やリスクテイクの姿勢をポジティブに評価することができる一方，組織パフォーマンスが低い企業ほど進出と撤退による事業ポートフォリオの再編が行われていないという意味で，戦略の固定化をネガティブに評価することもできるからである。本章では，新規事業分野への進出と既存事業分野からの撤退に対する企業パフォーマンス要因の影響に関する解釈，特に規範的な観点からの判断には上記のような見方もあり得るということを念頭に置きつつ分析を進める。

ところで，前章でも議論した通り，進出と撤退による事業ポートフォリオの再編は，企業の直面する外部環境や内部環境の変化によって発生するとも考えられる。この文脈に従えば，進出と撤退の引き金になるのは，企業パフォーマンスの水準よりはむしろ内外の環境変化かもしれない。しかし，環境が変化した場合に必ず進出と撤退による事業ポートフォリオの再編が必要であるという議論では，変化前の環境条件と再編前の事業ポートフォリオが事前的にマッチしているということが初期条件として暗黙に仮定されている。すなわち，事前的に環境条件と事業ポートフォリオが不適合であり，環境の変化が発生しなくとも進出と撤退による事業ポートフォリオの再編が必要であるという重要な可能性が排除されてしまっている。もし，環境条件と事業ポートフォリオが事前的に不適合であれば，環境の変化は，既存の事業ポートフォリオにとって望ましい方向への変化と，望ましくない方向への変化という両方の可能性が考えられる。しかし，環境条件が既存の事業ポートフォリオにとって好ましい方向へ変化するのであれば，環境変化が発生しても進出や撤退によって事業ポートフォリオを再編する必要性は低い。そこで，環境条件の変化よりもむしろ，組織パフォーマンスの低迷という絶対的な基準を重視して分析を進める。つまり，組織パフォーマンスが低いということは内外の環境条件と既存の事業ポートフォリオがマッチしていないことの結果であると考え，組織パフォーマンスが低いほど経営者に対する改革圧力が高まると考える。したがって，企業パフォーマンスの低下に応じて新規事業への進出や既存事業からの撤退が確認できることを，企業の戦略的意思決定が正常であることを示す1つの証拠とみるわけである。そこで，次の仮説を設定する。

仮説1 企業パフォーマンスが低いほど，新規事業分野への進出や既存事業

第 4 章　進出・撤退とコーポレート・ガバナンス

分野からの撤退が行われる確率は高くなる。

3-2　コーポレート・ガバナンスと進出・撤退－仮説－

　企業パフォーマンスが低迷している時に，必要な事業ポートフォリオの再編を促す企業のガバナンス要因は，規範的に"良い"ガバナンスであると判断できる。コーポレート・ガバナンスでは，経営者を適切に規律づけることによって効率的な経営を達成させることが重要であるから，非効率な状態をいかにして矯正するかという機能にこそガバナンスの真価が現れると考えられるからである。これらのガバナンスの役割は，何らかの改革が必要な時に，経営者の現状に対する認識に働きかけ，進出と撤退による事業ポートフォリオの再編を通じて企業の環境適応を促すことにある。伝統的なコーポレート・ガバナンスの議論で問題とされてきた経営の規律づけ機能である。したがって，企業パフォーマンスが低迷した時に，進出と撤退による事業ポートフォリオの再編を促す企業のガバナンス要因は，経営者に対する規律づけの観点から評価できる。逆に，企業パフォーマンスが低迷した時でも，既存の事業ポートフォリオを温存させる，あるいは進出と撤退による事業ポートフォリオの再編を阻害するガバナンス要因は，企業にとって望ましくないと判断できる。事業ポートフォリオの再編が必要な場合に，経営者の認知に働きかけ，戦略的意思決定に影響を与えうる企業のガバナンス要因としては，以下の諸特性を検討する。

3-2-1　内部ガバナンス－トップ・マネジメント構造－

　トップ・マネジメントは企業の戦略的意思決定の主体であり，当然，新規事業への進出や既存事業からの撤退という判断に大きな影響を与える。このトップ・マネジメント要因としては，取締役会の規模，執行役員制度の導入，および取締役会に占める社外取締役比率の影響を検討する。

　日本企業は，1990年代初頭のバブル崩壊以降，大規模な取締役会のダウンサイジングを進めてきた。さらに1990年代の後半以降は，執行役員制度や社外取締役の導入など，トップ・マネジメントの構造改革を推進してきた。これらのトップ・マネジメント改革によって，伝統的な日本型取締役会が抱える戦略的意思決定機能とモニタリング機能に関する問題の解消を狙ったのである。例え

ば，大規模な取締役会では意思決定に時間がかかり，内部昇進者優位のメンバー構成では社内のしがらみにとらわれて大胆な意思決定ができないばかりか，実質的な上司である社長に対して反対意見をいいにくく，牽制力が効きにくいなどの問題点がある。したがって，もし，トップ・マネジメントの構造改革が狙い通りに，取締役会の戦略的意思決定機能とモニタリング機能を向上させているとすれば，企業パフォーマンスの低下に応じて事業ポートフォリオの再編が加速すると期待される[3]。

　まず，執行役員制度の採用は，企業パフォーマンス低迷時の事業ポートフォリオの再編を促すと期待される。なぜならば，執行役員制度の導入によって業務執行から解放された取締役は，全社戦略の策定と事業部門のモニタリングに専念できるようになるため，取締役会の戦略的意思決定機能とモニタリング機能の向上が期待されるからである。また，取締役会に当該企業の内部昇進者以外の役員が多いほど，企業パフォーマンス低迷時の事業ポートフォリオ再編の圧力は増大するものと考えられる。なぜならば，社内のしがらみにとらわれず，客観的な立場から経営に対してコミットすることが期待される社外取締役の存在は，取締役会の戦略的意思決定機能やモニタリング機能の向上に寄与する可能性があるからである。特に，自らがこれまで手塩にかけて育ててきた愛着のあるビジネスから撤退するといった決断は，内部者だけではなかなかできないかもしれない。そこで，日本企業におけるトップ・マネジメントの構造改革の妥当性や経営戦略に対する影響を判断するという意味からも，次の仮説を検討する。

　仮説2　取締役会の規模が小さいほど，執行役員制度を導入しているほど，社外取締役比率が高いほど，企業パフォーマンスが悪化した時に新規事業への進出や既存事業からの撤退が行われる確率は高くなる。

3-2-2　外部ガバナンス－株式所有構造－

　日本企業の株式所有構造における1990年代以降の大きな特徴は，株式持ち合い比率の低下と，外国人株主をはじめとする機関投資家のプレゼンスの上昇という対照的な動きにある。経営戦略に対する影響という観点からは，株式の相互持ち合いに代表される安定株主は，敵対的な企業買収を防御するという意味

で資本市場からのプレッシャーを緩和し、長期的な視点に立った経営戦略の策定を可能にしたとされる。しかしながら、企業パフォーマンスが低迷した場合でも、株主総会等での発言も保有株式の売却も行わない安定株主の存在は、経営に対する規律づけ機能が不十分なサイレント・パートナーであると考えられてきた。他方、投資収益や企業価値の最大化を目指す外国人株主や機関投資家は、経営者に対して利益増大や株価上昇のプレッシャーを与える存在だろう。実際に、近年では議決権行使などによって積極的に企業経営にコミットしている。例えば、外国人機関投資家等の議決権行使の実態を整理した篠田（2010）は、2004年以降は1,000社を超える企業が、企業側議案に対して反対票を投じられたことを報告している。もちろん、資本市場からの過剰な利益圧力が、企業経営を近視眼化させたり、粉飾決算などの企業不祥事の一因になっているのではないかといった見方も存在するが[4]、外国人株主をはじめとする機関投資家のアクティブな行動が、経営者に対する規律づけ機能を果たしているという見方もできる。

　したがって、ある企業の株式所有構造において、持ち合い株主の持株比率が高い場合、企業パフォーマンスが悪化した際に経営者が知覚する変革のプレッシャーは緩和され、その結果、進出や撤退による事業ポートフォリオの見直しが行われる可能性は低くなると予想される。反対に、外国人株主や機関投資家の持株比率が高い場合、企業パフォーマンスが悪化した際に経営者が知覚する変革のプレッシャーはより大きくなり、その結果、進出や撤退による事業ポートフォリオの見直しが行われる可能性は高くなると予想される[5]。したがって、次の仮説を設定する。

仮説3　持ち合い株主の持株比率が高いほど、企業パフォーマンスが悪化した時に新規事業への進出や既存事業からの撤退が行われる確率は低くなる。他方、外国人株主や機関投資家の持株比率が高いほど、企業パフォーマンスが悪化した時に新規事業への進出や既存事業からの撤退が行われる確率は高くなる。

3-3　推計モデルと変数

3-3-1　企業パフォーマンス要因の影響

　新規事業への進出確率および既存事業からの撤退確率に対する企業パフォー

マンス要因の影響を検証するために，進出と撤退の発生という質的データを被説明変数とする下記の推計式をロジット・モデルで推計する。ただし，本書で使用するデータがアンバランスド・パネルの構造をもつという特性を利用し，各企業に固有な特性の影響を考慮したパネル・ロジット分析を行う[6]。

新規事業への進出確率に対する企業パフォーマンス要因の影響（固定効果ロジット・モデル）

$$P(ENTRY_{it}) = f[Pef_{it}, CV_{it}] \cdots\cdots\cdots\cdots\cdots\cdots\cdots\cdots\cdots\cdots\cdots\cdots (1)$$

既存事業からの撤退確率に対する企業パフォーマンス要因の影響（固定効果ロジット・モデル）

$$P(EXIT_{it}) = f[Pef_{it}, CV_{it}] \cdots\cdots\cdots\cdots\cdots\cdots\cdots\cdots\cdots\cdots\cdots\cdots (2)$$

ここで，(1)・(2)式の $f[\cdot]$ はロジスティック累積分布関数であり，添え字 i は企業，添え字 t は年度を表す。(1)式の被説明変数 $P(ENTRY)$ は新規事業への進出確率であり，基準年度を t とした場合に，翌年度 $t+1$ にかけて新規事業への参入が確認された場合に 1，参入が確認されない場合に 0 をとる離散量である。(2)式の被説明変数 $P(EXIT)$ は既存事業からの撤退確率であり，基準年度を t とした場合に，翌年度 $t+1$ にかけて既存事業からの撤退が確認された場合に 1，撤退が確認されない場合に 0 をとる離散量である。

説明変数の Pef は企業パフォーマンスを表す変数であり，次の2つを用いた。第一に，資産効率や収益性を示す変数として総資産経常利益率を採用した。そして第二に，成長性を示す変数として本業成長率を採用した。資産効率や収益性を示すパフォーマンス指標として経常利益を採用した理由は，金融収支などの影響を考慮した後の収益に基づく資産効率が，進出や撤退という戦略的意思決定に与える影響を確認するためである。なお，総資産経常利益率は，年度ごとに平均値プラス・マイナス3標準偏差を基準にして異常値処理を行っている。さらに，各社の業種を日本標準産業分類の中分類（2桁コード）基準でみた最大売上部門で特定し，この業種平均との差分をとって各年度のデータを標準化した。日本企業が多かれ少なかれ同業他社をライバルとして認識し，経営

第 4 章　進出・撤退とコーポレート・ガバナンス

戦略の策定を行ってきたと指摘されるため，同業他社と比較した場合の相対的なパフォーマンス水準が，進出や撤退にどのような影響を与えるのかを確認する意図である。したがって，基本的には，同業他社と比較した場合の資産効率の低下が，進出と撤退による事業ポートフォリオの再編にどのような影響を与えていたのかを確認することになる。他方，成長性を示すパフォーマンス指標として本業成長率を採用した理由は，日本企業の経営目標として売上高やマーケット・シェアの拡大が伝統的に重視されてきたからであり，成長は日本企業にとって重要な経営指標の１つと考えられるからである。したがって，いわゆる本業が順調であるか否かが進出や撤退に与えた影響を確認することになる。なお，本業成長率の本業とは，日本標準産業分類の中分類（２桁コード）基準でみて最大の売上高をもつ部門のことであり，$t-1$ 年度から t 年度にかけての変化率を計算した。なお，本業が変更された場合，すなわち t 年度における最大売上高部門が $t-1$ 年度と異なる場合は，t 年度に新たに最大の売上高をもつようになった部門の $t-1$ 年度の売上高を確認して変化率を計算してある。

　なお，CV はコントロール変数である。はじめに，事前の事業ポートフォリオ構造の複雑性やグループ組織の巨大化の程度は，新規事業への進出や既存事業からの撤退という戦略的意思決定に影響を与えると考えられる。例えば，多角化度が低く，グループ化が進展していない企業ほど新規事業へ進出する余地が大きいという可能性がある一方で，既に多角化やグループ化が大きく進展している企業ほど既存事業から撤退するという可能性が大きくなるかもしれない。そこで，多角化の程度を表す変数としてエントロピー指数を，グループ化の程度を表す変数として連結子会社数を，それぞれコントロール変数として採用した。なお，エントロピー指数は，関連事業分野における進出と撤退の決定要因を分析する推計では日本標準産業分類の小分類（３桁コード）基準に基づくエントロピー指数を，非関連事業分野における進出と撤退の決定要因を分析する推計では日本標準産業分類の中分類（２桁コード）基準に基づくエントロピー指数を採用した。そのほかには，企業規模の影響をコントロールする変数として連結総資産の自然対数を，各年度におけるマクロショックの影響をコントロールする変数として年度ダミーを推計式に含めた。

　したがって，上記の推計式(1)・(2)は，事前（t 期）の多角化水準，連結子会社

数,企業規模,年度の影響をコントロールしたうえで,同業他社と比較した場合の資産効率,および本業の成長率が,次期（t期から$t+1$期）にかけての新規事業への進出や既存事業からの撤退という戦略的意思決定に与えた影響をテストするモデルと要約でき,因果関係を推定する際の時間的整合性は保持されている。なお,これらの推計式を3つの時期,すなわち,1990年度から1997年度,1998年度から2004年度,2005年度から2010年度を対象に推計し,新規事業への進出メカニズムと既存事業からの撤退メカニズムが時系列的に変化しているのか否かも確認する[7]。1990年度から1997年度は,バブル崩壊後の景気低迷期であるが,1991年度以降は多角化が進展していた。また,海外,特に東アジアへの進出が盛んに行われた時期である。1998年度から2004年度は,1997年の銀行危機後の景気悪化と2000年にかけてのITバブルの形成とその崩壊,その後2002年からの景気拡大局面を含む時期である。銀行危機の後は「選択と集中」が強く意識されるようになり,その影響は2000年代の前半に多角化が一段落するという形で顕著に確認できるようになった。2005年度から2010年度は,"いざなぎ超え"とも"実感なき"とも呼ばれた安定的な景気拡大局面と,2008年のリーマンショック後の大きな不況局面を含む時期である。2009年度までは事業分野数は極めて安定的に推移していたが,2010年度にかけて事業分野数の大幅な絞り込みが行われるなど,リーマンショック後に事業ポートフォリオの再編が進んだとみられる時期である。

3-3-2 企業ガバナンス要因の影響

次に,企業のガバナンス要因が,進出と撤退に与えた直接的な影響,および間接的な影響,すなわち,企業のガバナンス要因が企業パフォーマンスと進出・撤退の関係に与えたモデレート効果の影響を検討する。そのために,新規事業への進出確率と既存事業からの撤退確率を被説明変数とし,企業パフォーマンスを説明変数とした上記の推計式(1)・(2)に,企業のガバナンス変数を単独項として説明変数に加えたモデル,および,企業のガバナンス変数の単独項と,パフォーマンス変数とガバナンス変数の交差項を説明変数に加えたモデルを推計する。推計式は下記の通りであり,それぞれ固定効果ロジット・モデルで推計する。

第4章 進出・撤退とコーポレート・ガバナンス

新規事業への進出確率に対する企業ガバナンス要因の影響（固定効果ロジット・モデル）

$$P(ENTRY_{it})=f[Pef_{it}, Gov_{it}, CV_{it}] \quad \cdots\cdots\cdots\cdots(3)$$

$$P(ENTRY_{it})=f[Pef_{it}, Gov_{it}, Pef_{it} \times Gov_{it}, CV_{it}] \quad \cdots\cdots\cdots(4)$$

既存事業からの撤退確率に対する企業ガバナンス要因の影響（固定効果ロジット・モデル）

$$P(EXIT_{it})=f[Pef_{it}, Gov_{it}, CV_{it}] \quad \cdots\cdots\cdots\cdots(5)$$

$$P(EXIT_{it})=f[Pef_{it}, Gov_{it}, Pef_{it} \times Gov_{it}, CV_{it}] \quad \cdots\cdots\cdots(6)$$

これまでと同様に，推計式(3)・(4)の被説明変数 $P(ENTRY)$ は新規事業への進出確率であり，基準年度を t とした場合に，翌年度 $t+1$ にかけて新規事業に参入したことが確認された場合に1をとるダミー変数である。また，推計式(5)・(6)の被説明変数 $P(EXIT)$ は既存事業からの撤退確率であり，基準年度を t とした場合に，翌年度 $t+1$ にかけて既存事業からの撤退が確認された場合に1をとるダミー変数である。

説明変数の Pef は，企業のパフォーマンスを表す変数であり，資産効率と収益性を示す総資産経常利益率と成長性を示す本業成長率である。これまでと同様に，総資産経常利益率は異常値処理を行い，日本標準産業分類の中分類（2桁）基準に基づく毎年の業種平均との差分をとって標準化した。本業成長率も本業の変更が確認された場合には，新しい本業の前年度売上高を特定して修正した数値を用いている。説明変数の Gov は，企業のガバナンス特性を示す変数であり，具体的には以下の変数を採用した。まず，内部ガバナンスの特性を示す変数としては，トップ・マネジメント構造として，取締役人数，執行役員制度を採用している場合に1をとる執行役員制度導入ダミー，および取締役会における社外取締役比率を採用した。また，外部ガバナンスの特性を示す変数としては，株式所有構造として，持ち合い株主持株比率，および外国人株主持株比率と機関投資家持株比率を採用した。また，$Pef \times Gov$ は，企業のパフォーマ

ンス変数とガバナンス変数との交差項であり，企業パフォーマンスと進出・撤退の発生確率との関係に対する企業ガバナンス要因のモデレート効果を検証するための変数である。

なお，CV はコントロール変数である。具体的には，事前の事業ポートフォリオ特性の影響をコントロールするための関連多角化・非関連多角化エントロピー指数，グループ化の程度をコントロールするための連結子会社数，企業規模の影響をコントロールするための連結総資産の自然対数，および各年度におけるマクロショックの影響をコントロールするための年度ダミーである。したがって，上記の推計式は，多角化水準，連結子会社数，企業規模，年度の影響をコントロールしたうえで，企業のパフォーマンス要因とガバナンス要因，およびその相互作用が，新規事業への進出や既存事業からの撤退に与えた影響をテストするモデルと要約できる。

4　進出と撤退の時系列推移－基本統計量－

4-1　進出と撤退の定義

ここまで，進出と撤退に関しては，基準年度 t から翌年度 $t+1$ にかけて新規事業への参入および既存事業からの撤退が確認された場合に 1 を付与するダミー変数を作成したと簡単に説明してきた。ここでは，本章における進出と撤退の定義を詳しく説明しておこう。

まず，連結決算ベースの事業セグメント情報を用いて，各企業の各年度における事業分野を特定する。その際，セグメント情報に掲載されている事業内容は企業の任意の区分に基づくため，客観的な基準として日本標準産業分類（2002年版）の小分類（3 桁コード）と中分類（2 桁コード）を利用して同一区分の事業を名寄せする作業を行い，各社の事業分野を再定義した[8]。このような準備をしたうえで，ある年度 t に観察されなかった事業分野が翌 $t+1$ 年度に観察されるようになった場合，新規事業への進出が行われたと判断し，これを t 年度の進出として記録した。他方，ある年度 t に観察された事業分野が翌 $t+1$ 年度に観察されなくなった場合，既存事業からの撤退が行われたと判断し，こ

れを t 年度の撤退として記録した。すなわち，t 年度における進出と撤退は，当該年度 t から翌 $t+1$ 年度にかけて進出や撤退が行われたことを意味する。したがって，重要なのは，新規事業への進出と既存事業からの撤退は，単純に t 年度と $t+1$ 年度を比較して，事業分野数の増加や減少があった場合を記録したわけではなく，企業ごとに事業内容の変更の有無を確認しているという点である。つまり，t 年度と $t+1$ 年度で事業分野の数が同じであっても，その事業ポートフォリオ構成の内容に変化が生じた場合には進出か撤退の発生という形で記録されているため，単純に事業分野数の変化をみるだけでは把握できない質的な変化を捕捉した変数を作成している。なお，日本標準産業分類の小分類（3桁コード）基準に基づいて事業分野を特定し，事業内容の変化を捉えた場合を，関連事業分野における進出と撤退と定義した。同様に，日本標準産業分類の中分類（2桁コード）基準に基づいて事業分野を特定し，事業内容の変化を捉えた場合を，非関連事業分野における進出と撤退と定義した。

4-2　進出と撤退の推移

はじめに，このように定義した新規事業への進出と既存事業からの撤退の時系列推移を確認しておこう。進出と撤退の発生件数を年度別に整理したものが図表4-1である。第一に，進出と撤退がほぼ同じ動きをしていることが確認できる。この結果は，平均的にみれば，企業が進出のみを行い多角化する，あるいは撤退のみを行い専業化するといった多角化戦略をとっているというよりはむしろ，進出と撤退を同時に組み合わせながら事業ポートフォリオの再編を行っていた可能性を示唆する。なお，基本的には，進出も撤退も，関連事業分野と非関連事業分野でほぼ同じ動きをしているが，ほとんどすべての年度で，関連事業分野における進出・撤退の件数が，非関連事業分野における進出・撤退の件数を上回っている。したがって，予想通り，非関連事業分野にわたっての事業ポートフォリオの再編よりも，関連する事業分野内における事業ポートフォリオの再編のほうが実施し易いものと思われる。ただし，その差は平均的には20件程度であり，それほど大きなものではない。

第二に，時系列変化に着目すると，1990年度に最初の事業ポートフォリオ再編の山があることがわかる。1990年度には，関連事業への進出が73件（サンプ

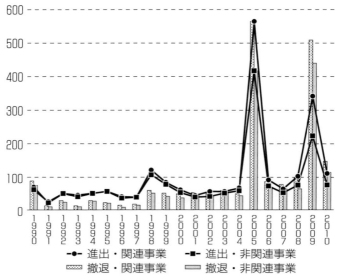

図表4-1　進出と撤退の推移

出所）筆者作成。

ルに占める割合10.3%），非関連事業への進出が64件（同9.0%）であるのに対して，関連事業からの撤退が89件（同12.5%），非関連事業からの撤退が76件（同10.7%）であり，既存事業からの撤退件数が新規事業への進出件数を上回っていた。したがって，1980年代後半のバブル期には拡大路線が主流であったが，日経平均株価が1989年のピークから一気に下落し，景気が減速するなかで事業ポートフォリオの見直しが行われた可能性が示唆される。ただし，その後は2000年度まで新規事業への進出件数が既存事業からの撤退件数を上回り，2000年代の初頭まで多角化が進展することになる。

次の事業ポートフォリオ再編の山は，銀行危機直後の1998年度にある。1997年度から1998年度への変化をみると，関連事業への進出は41件から124件に，非関連事業への進出は39件から107件まで，およそ3倍程度の急激な増加をみせた。他方，撤退の増加も急激であった。この間，関連事業からの撤退は17件から60件に，非関連事業からの撤退も15件から54件まで3倍以上に増加したのである。この1997年の銀行危機後の事業ポートフォリオの再編は，「選択と集中」

第4章　進出・撤退とコーポレート・ガバナンス

を旗印として実施され，2000年代の前半まで継続していた。なお，既存事業からの撤退に着目すると，1991年度から1997年度までは基本的に10件から30件のレンジ（全サンプルの2.3％程度）と低い水準で推移していたが，1998年度から2004年度までは40件から60件のレンジ（同5.0％程度）にまで上昇した。したがって，1997年の銀行危機を契機として，はじめて撤退という選択肢が進出と同じ程度にまで一般化したとみることができる。ただし，注目すべきは，銀行危機後に「選択と集中」が一般化した局面においても，2000年代の初頭までは新規事業への進出が既存事業からの撤退を上回っていたという事実である。したがって，1997年の銀行危機後の事業ポートフォリオ再編は，決して事業分野の縮小，あるいは専業化方向への変化だけというわけではなく，有望な事業分野への進出も同時に模索されていたといえる。その後は，新規事業への進出が既存事業からの撤退と同じ水準にまで下落し，進出と撤退はほぼ均衡することになる。2000年代の前半は，関連事業分野における進出と撤退がおよそ50件から70件のレンジ，非関連事業分野における進出と撤退がおよそ40件から60件のレンジで安定的に推移していた。

その後の大きな事業ポートフォリオ再編の山はリーマンショック後の2009年度にある[9]。2008年度から2009年度への変化をみると，関連事業への進出は105件から345件（サンプルに占める割合37.5％）に，非関連事業への進出も79件から226件（同24.6％）まで，およそ3倍程度の急激な増加をみせている。しかし，この2009年度における事業ポートフォリオ再編の大きな特徴は，既存事業からの撤退数が圧倒的に多かった点にある。2008年度から2009年度にかけて，関連事業からの撤退は99件から510件（同55.4％）に，非関連事業からの撤退も67件から442件（同48.1％）まで5倍以上もの伸びを示しており，東証一部上場非金融事業法人全体のおよそ半数の企業で，既存事業からの撤退が行われたことになる。撤退件数が進出件数を上回る状態は翌2010年度も継続しており，リーマンショックが企業の事業ポートフォリオの再編に，いかに大きなインパクトを与えたのかが理解できる。

以上のことから，日本企業における事業ポートフォリオ構造の推移に関しては，1990年代初頭のバブル崩壊後の第一次事業再編ブーム，1990年代半ばの多角化路線，1997年の銀行危機後の第二次事業再編ブーム，2000年代における進

出と撤退の均衡による多角化度の安定化，そしてリーマンショック後の第三次事業再編ブームという事実が様式化された。

4-3　基本統計量の変化

　新規事業への進出ダミーと既存事業からの撤退ダミーを含む各変数の基本統計量は図表4-2に示されている。進出件数と撤退件数の時系列推移は図表4-1に示した通りだが，進出ダミーと撤退ダミーの平均値は，関連事業分野・非関連事業分野ともに，1990年度から1997年度サンプルよりも1998年度から2004年度サンプルのほうが大きくなっており，1990年代の後半以降に「選択と集中」による事業ポートフォリオの再編が活発化したという事実が裏付けられる。そして，進出ダミーと撤退ダミーの平均値は，2000年代の後半以降さらに上昇している。リーマンショック後の不況期を含む2005年度から2011年度サンプルでは，関連事業への進出が23.3%，非関連事業への進出が16.8%の企業で発生し，関連事業からの撤退が26.9%，非関連事業からの撤退が21.3%の企業で発生していたのである[10]。

　企業パフォーマンスをみると，総資産経常利益率の平均値は，1990年度から1997年度サンプルの3.5%から，1998年度から2004年度サンプルでは4.4%に，そして2005年度から2011年度サンプルでは5.2%まで改善している。また，本業成長率の平均値も，1990年度から1997年度と1998年度から2004年度サンプルではおよそ10%程度であったが，2005年度から2011年度サンプルではおよそ20%程度にまで大きく改善している。企業のガバナンス変数に関しては，取締役人数の平均値が1990年度から1997年度サンプルの17.2人から，1998年度から2004年度サンプルでは12.1人に，そして2005年度から2011年度サンプルでは9.3人にまで大きく減少しており，取締役会のダウンサイジングが進展したことがわかる。また，株式所有構造の変化では，持ち合い株主の持株比率が1990年度から1997年度サンプルの15.8%から，1998年度から2004年度サンプルでは11.4%に，そして2005年度から2011年度サンプルでは8.5%まで大きく低下している。対照的に，外国人株主持株比率は1990年度から1997年度サンプルの5.8%から，1998年度から2004年度サンプルでは7.9%に，2005年度から2011年度サンプルでは13.3%まで上昇している。機関投資家持株比率も，この間に10.0%から

第4章 進出・撤退とコーポレート・ガバナンス

図表 4-2 基本統計量

1990-1997年度	観測値	平均	標準偏差	最小値	最大値
進出ダミー（関連事業）	6,381	0.062	0.242	0.000	1.000
進出ダミー（非関連事業）	6,381	0.057	0.233	0.000	1.000
撤退ダミー（関連事業）	6,381	0.035	0.185	0.000	1.000
撤退ダミー（非関連事業）	6,381	0.031	0.173	0.000	1.000
総資産経常利益率	9,102	0.035	0.039	-0.122	0.208
標準化総資産経常利益率	9,102	0.000	0.036	-0.169	0.173
本業成長率	5,956	0.101	2.442	-0.808	184.950
取締役人数	7,758	17.210	7.597	2.000	53.000
執行役員制度導入ダミー	6,346	0.000	0.000	0.000	0.000
社外取締役比率	5,781	0.190	0.199	0.000	1.000
持ち合い株主持株比率	6,877	15.804	8.933	0.000	61.300
外国人株主持株比率	6,346	5.812	7.548	0.000	77.800
機関投資家持株比率	6,346	10.041	8.491	0.000	52.720
エントロピー指数（小分類基準）	6,346	0.659	0.388	0.000	2.096
エントロピー指数（中分類基準）	6,345	0.544	0.375	0.000	1.809
連結子会社数	9,159	19.530	55.812	1.000	1,142.000
連結総資産（対数）	9,159	11.785	1.383	7.125	16.532
連結総資産（百万円）	9,159	422,788	1,113,555	1,243	15,100,000

1998-2004年度	観測値	平均	標準偏差	最小値	最大値
進出ダミー（関連事業）	7,108	0.072	0.258	0.000	1.000
進出ダミー（非関連事業）	7,108	0.062	0.241	0.000	1.000
撤退ダミー（関連事業）	7,108	0.053	0.225	0.000	1.000
撤退ダミー（非関連事業）	7,108	0.046	0.210	0.000	1.000
総資産経常利益率	10,580	0.044	0.045	-0.124	0.209
標準化総資産経常利益率	10,580	0.000	0.041	-0.187	0.183
本業成長率	6,761	0.100	3.247	-0.873	231.667
取締役人数	9,769	12.102	6.134	2.000	54.000
執行役員制度導入ダミー	7,088	0.182	0.386	0.000	1.000
社外取締役比率	7,443	0.198	0.225	0.000	1.000
持ち合い株主持株比率	8,890	11.353	8.920	0.000	61.300
外国人株主持株比率	7,088	7.935	10.039	0.000	87.930
機関投資家持株比率	7,088	14.395	13.704	0.000	83.020
エントロピー指数（小分類基準）	7,088	0.671	0.409	0.000	2.151
エントロピー指数（中分類基準）	7,088	0.564	0.391	0.000	1.864
連結子会社数	10,742	26.389	63.310	1.000	1,112.000
連結総資産（対数）	10,744	11.578	1.444	5.690	17.007
連結総資産（百万円）	10,744	387,157	1,190,721	296	24,300,000

2005-2011年度	観測値	平均	標準偏差	最小値	最大値
進出ダミー（関連事業）	5,534	0.233	0.423	0.000	1.000
進出ダミー（非関連事業）	5,544	0.168	0.374	0.000	1.000
撤退ダミー（関連事業）	5,534	0.269	0.443	0.000	1.000
撤退ダミー（非関連事業）	5,544	0.213	0.409	0.000	1.000
総資産経常利益率	10,466	0.052	0.049	-0.206	0.291
標準化総資産経常利益率	10,466	0.000	0.044	-0.233	0.256
本業成長率	6,552	0.191	5.194	-0.793	371.964
取締役人数	11,108	9.268	3.772	3.000	37.000
執行役員制度導入ダミー	11,108	0.567	0.496	0.000	1.000
社外取締役比率	11,108	0.095	0.137	0.000	0.867
持ち合い株主持株比率	11,108	8.462	8.629	0.000	56.230
外国人株主持株比率	11,108	13.279	12.113	0.000	100.000
機関投資家持株比率	11,108	22.755	15.599	0.000	85.600
エントロピー指数（小分類基準）	7,072	0.635	0.408	0.000	2.055
エントロピー指数（中分類基準）	7,073	0.514	0.387	0.000	1.940
連結子会社数	10,659	29.188	62.770	0.000	1,266.000
連結総資産（対数）	10,665	11.627	1.440	7.075	17.299
連結総資産（百万円）	10,665	409,612	1,291,984	1,182	32,600,000

注）総資産経常利益率・標準化総資産経常利益率は異常値修正済みの値。標準化は各企業の現数値と業種平均との差分。本業成長率の本業は日本標準産業分類・中分類（2桁コード）基準で最大の売上高をもつ部門。エントロピー指数の小分類・中分類基準はそれぞれ日本標準産業分類の3桁・2桁コード基準。

14.4％に，そして最後には22.8％まで大きく上昇しており，"もの言う"株主のウェイト上昇が確認できる。

　以上のように，基本統計量の期間別推移を確認すると，1990年代前半の企業パフォーマンスの低迷を契機に取締役会の改革が進展し，さらに資本市場からの圧力に直面するようになった企業が進出と撤退による事業ポートフォリオの再編を進めた結果，企業パフォーマンスが向上したというストーリーが示唆されるが，その因果関係は必ずしも定かではない。つまり，1990年代の前半に比べて1990年代の後半以降は，進出と撤退による事業ポートフォリオの再編も活発になり，企業パフォーマンスも改善しているが，事業構造のリストラクチャリングが企業パフォーマンスを改善させたのか，逆に，高パフォーマンスで財務的に余裕のある企業が攻めのリストラクチャリングを実施したのかは不明である。事業ポートフォリオの再編が事後的な企業パフォーマンスの改善にどの程度寄与したのかを検証することは本書の対象外であり今後の課題である。以下では，企業のパフォーマンス要因やガバナンス要因が，新規事業への進出と既存事業からの撤退に与えた影響を検証することで，企業の戦略的意思決定のメカニズムにアプローチする。

5　進出と撤退の決定要因
　　　－企業パフォーマンスの影響－

5-1　進出の決定要因

　はじめに，新規事業への進出に対する企業パフォーマンス要因の影響から検討しよう。**図表 4 - 3**は推計式(1)の推計結果を示している。まず，1990年度から1997年度に関しては，関連事業分野への進出確率に対して，本業成長率の係数が 5 ％水準で統計的に有意に負であった（モデル 2 ）。この結果は，本業成長率が低いほど進出確率が高くなることを意味し，本業成長率の鈍化が関連事業への進出を促すといえる。他方，非関連事業分野への進出確率に対しては，総資産経常利益率の係数が 5 ％水準で統計的に有意に負（モデル 3 ），本業成長率の係数も 5 ％水準で統計的に有意に負であった（モデル 4 ）。これらの結果は，同

図表 4-3　進出に対する企業パフォーマンス要因の影響

期間	1990-1997年度				1998-2004年度				2005-2010年度			
事業分野	関連	関連	非関連	非関連	関連	関連	非関連	非関連	関連	関連	非関連	非関連
モデル	1	2	3	4	5	6	7	8	9	10	11	12
総資産経常利益率	-3.966 (-1.324)		-6.409** (-2.075)		-3.104 (-1.226)				0.472 (0.270)	0.007 (1.154)	0.352 (0.187)	
本業成長率		-0.846** (-2.234)		-0.975** (-2.372)		-1.096*** (-3.346)	-4.096 (-1.519)	-1.011*** (-2.897)				-0.002 (-0.075)
多角化度	0.052 (0.188)	-0.205 (-0.697)	-1.014*** (-2.719)	-1.401*** (-3.465)	-5.183*** (-10.807)	-5.355*** (-10.650)	-5.900*** (-10.720)	-6.015*** (-10.619)	-1.411*** (-4.399)	-1.365*** (-4.196)	-1.802*** (-5.186)	-1.752*** (-4.924)
連結子会社数	0.009** (2.460)	0.008** (2.251)		0.010** (2.473)	-0.001 (-0.354)	-0.001 (-0.472)	-0.001 (-0.259)	-0.001 (-0.265)	0.001 (0.147)	0.002 (0.400)	0.001 (0.140)	0.002 (0.425)
連結総資産対数	-0.549 (-1.216)	-0.534 (-1.102)	-0.417 (-0.885)	-0.408 (-0.808)	-0.026 (-0.094)	0.202 (0.635)	0.040 (0.134)	0.152 (0.441)	0.203 (0.515)	-0.162 (-0.427)	0.679* (1.694)	0.286 (0.744)
年度ダミー	あり	あり	あり	あり	あり	あり	あり	あり	あり	あり	あり	あり
観測数	2,119	1,996	1,983	1,866	2,425	2,339	2,177	2,104	4,286	4,055	3,508	3,283
企業数	293	279	276	261	377	363	340	328	766	753	622	611

注：推計は固定効果ロジット・モデル (fixed effect logit model)。（ ）内は z 値。***は 1 ％水準，**は 5 ％水準，*は10％水準で有意。事業分野の関連は日本標準産業分類の小分類（3 桁コード）基準で捕捉した場合，非関連は同中分類（2 桁コード）基準で捕捉した場合。総資産経常利益率は標準化した値。多角化度はモデル 1・2，5・6，9・10が日本標準産業分類の小分類（3 桁コード）基準のエントロピー指数，モデル 3・4，7・8，11・12が同中分類（2 桁コード）基準のエントロピー指数。

業他社と比較して資産効率が低いほど，そして本業成長率が低いほど，非関連事業に進出する確率が高くなることを意味する。したがって，基本的には，資産効率も本業の成長率も低いという，いわゆるじり貧企業が，新規事業への進出によって現状を打破しようとする姿勢がうかがえる。ただし，資産効率の低さが進出を促すという関係は，非関連事業への進出に関する推計結果でのみ統計的に有意であったから，本業成長率の鈍化に加えて資産効率も低下した場合には，本業と異なる事業分野への進出，すなわち非関連多角化という思い切った戦略が模索されるのかもしれない。

続いて，1998年度から2004年度の推計結果を確認しよう。総資産経常利益率の係数は，関連・非関連事業分野への進出確率に対して，符号こそ負であるものの統計的に十分有意ではなかった（モデル5・7）。これに対して，本業成長率の係数は，関連事業分野および非関連事業分野への進出確率に対してともに1％水準で統計的に有意に負であった（モデル6・8）。これらの結果は，進出先が本業と関連性の高い事業分野であれ，関連性の低い事業分野であれ，本業成長率が低いほど新規事業への進出が行われるという強い関係があることを示している。なお，2005年度から2010年度の推計結果をみると，関連・非関連を問わず新規事業分野への進出確率に対して，総資産経常利益率も本業成長率もいずれも統計的に有意な関係を示していない（モデル9～12）。

以上，新規事業への進出に対する企業パフォーマンス要因の影響を分析した結果，1990年代から2000年代の半ばまでは，本業成長率の低下に応じて進出確率がシステマティックに上昇するという安定した関係が確認できた。もちろん，1990年度から1997年度では，総資産経常利益率の低下が非関連事業分野への進出を促すという関係も確認されたが，基本的には本業成長率の鈍化が新規事業への進出のトリガーであったといえる。そして，本業成長率の低下が新規事業への進出を促すという関係は，1990年度から1997年度サンプルに比べて，1998年度から2004年度サンプルでは係数も統計的な有意水準も上昇しており，その関係性がより明確になっている。したがって，進出の決定要因に関しては，本業成長率の鈍化が企業の将来に対する不安を大きくし，新たな中核事業を育てるインセンティブになったという図式が明確に確認できる。ただし，2000年代の半ば以降は，進出に対する企業パフォーマンスの影響，特に本業成長率の低

下の影響は確認できなくなる。したがって、事業分野数の推移が安定的であった2000年代の中頃と、一斉に事業分野数の大きな絞り込みが行われたリーマンショック後の局面では、進出に対する企業パフォーマンス要因の影響は消失していたといえる。

5-2 撤退の決定要因

次に、既存事業からの撤退に対する企業パフォーマンス要因の影響を検討しよう。図表4-4は推計式(2)の推計結果を示している。まず、1990年度から1997年度に関しては、総資産経常利益率も本業成長率も、関連・非関連事業分野からの撤退確率に対して統計的に有意な影響を与えていない（モデル1～4）。

これに対して1998年度から2004年度では、関連事業分野からの撤退確率に対してのみ、総資産経常利益率の係数が5％水準で統計的に有意に負であった（モデル5）。この結果は、同業他社と比較して資産効率が低いほど関連事業からの撤退確率が上昇することを意味する。したがって、企業パフォーマンスの低下が改革圧力となって、採算が悪い事業などからの撤退が促進されたという可能性が示唆される。ただし、総資産経常利益率の低下が撤退を促すという関係は、非関連事業分野からの撤退に関しては統計的な有意性を十分確認できなかった（モデル7）。したがって、資産効率が悪化した場合、日本企業は非関連多角化の修正よりも関連事業の組み替えや整理によって対処していた可能性が示唆される。なお、1990年代から2000年代の半ばまで、新規事業への進出確率に対して安定的な影響を与えていた本業成長率の鈍化は、既存事業からの撤退確率に対しては統計的に有意な影響を与えていなかった（モデル2・4・6・8）。したがって、資産効率の低下が撤退の確率を上昇させるという可能性はあるものの、本業成長率の鈍化に直面した企業の経営者が、既存事業から撤退するという決断はしにくいものと思われる。つまり、経営者の心理として、撤退に伴う事業領域の縮小は勇気のいる戦略的意思決定であり、少しでも他の事業領域があるほうが、本業の成長鈍化を補う別の足場があるという意味で安心感を高めるのかもしれない。

次に、2005年度から2010年度の推計結果を確認しよう。総資産経常利益率の係数は、関連事業分野および非関連事業分野からの撤退確率に対して、ともに

図表4-4 撤退に対する企業パフォーマンス要因の影響

期間	1990–1997年度				1998–2004年度				2005–2010年度			
事業分野	関連	関連	非関連	非関連	関連	関連	非関連	非関連	関連	関連	非関連	非関連
モデル	1	2	3	4	5	6	7	8	9	10	11	12
総資産経常利益率	−2.544		−2.239		−7.092**		−3.652		4.757***		5.528***	
	(−0.587)		(−0.469)		(−2.527)		(−1.341)		(2.821)		(2.973)	
本業成長率		−0.394		−0.386		−0.321		−0.095		0.004		0.003
		(−1.082)		(−0.999)		(−1.354)		(−0.426)		(0.565)		(0.468)
多角化度	2.721***	2.743***	3.120***	2.947***	0.813**	0.906**	1.512***	1.590***	1.774***	1.903***	2.978***	3.454***
	(6.031)	(5.488)	(5.759)	(5.056)	(2.147)	(2.320)	(3.390)	(3.493)	(6.409)	(6.601)	(9.194)	(9.700)
連結子会社数	0.004	0.003	0.018*	0.020*	0.001	0.001	0.001	0.001	−0.000	−0.001	−0.002	−0.004
	(0.827)	(0.563)	(1.782)	(1.846)	(0.472)	(0.452)	(0.140)	(0.260)	(−0.055)	(−0.237)	(−0.491)	(−0.874)
連結総資産対数	−1.244**	−0.801	−1.504**	−1.402**	−0.585**	−0.556*	−0.440	−0.485	0.482	0.422	0.559	0.580
	(−1.962)	(−1.255)	(−2.206)	(−2.013)	(−2.032)	(−1.727)	(−1.481)	(−1.427)	(1.261)	(1.060)	(1.452)	(1.470)
年度ダミー	あり	あり	あり	あり	あり	あり	あり	あり	あり	あり	あり	あり
観測数	1,299	1,238	1,148	1,087	1,782	1,746	1,626	1,590	4,494	4,242	3,942	3,716
企業数	175	169	156	150	281	275	256	250	807	791	703	690

注:推計は固定効果ロジット・モデル (fixed effect logit model)。( ) 内は z 値。***は1%水準, **は5%水準, *は10%水準で有意。事業分野の関連は日本標準産業分類の小分類 (3桁コード) 基準で捕捉した場合, 非関連は同中分類 (2桁コード) 基準で捕捉した場合。総資産経常利益率は標準化した値。多角化度はモデル1・2, 5・6, 9・10が日本標準産業分類の小分類 (3桁コード) 基準のエントロピー指数, モデル3・4, 7・8, 11・12が同中分類 (2桁コード) 基準のエントロピー指数。

1％水準で統計的に有意に正であった（モデル9・11）。これらの結果は，同業他社に比べて資産効率が高いほど既存事業からの撤退確率が高くなることを意味するから，業績の良い企業ほど事業の集約化を進めていたという事実が確認できる。

5-3　企業パフォーマンスと進出・撤退

　新規事業への進出と既存事業からの撤退に対する企業パフォーマンス要因の影響を分析した結果，次のことが明らかになった。まず，1990年代初頭のバブル崩壊以降の局面では，既存事業からの撤退確率に対する企業パフォーマンス要因の影響は確認できなかったものの，本業成長率が低いほど関連・非関連事業分野への進出が行われていたことが確認できた。特に，本業成長率の鈍化に加えて資産効率も低下した場合には，非関連多角化が模索される可能性が示された。この意味で，バブル崩壊から銀行危機までの1990年代における日本企業の戦略的対応の重点は，既存事業からの撤退ではなく，新規事業への進出による現状の打開にあったといえる。

　「選択と集中」が活発化した1997年の銀行危機以降の局面をみると，本業成長率の鈍化が依然として関連多角化，非関連多角化を促す主要因であることが確認された。したがって，新規事業への進出確率は本業成長率の低下に応じてシステマティックに上昇しており，本業における将来不安が新規事業を開拓するインセンティブになるという関係が明確に確認できた。これは，本業のライフサイクルが終焉を迎える前に新規事業へ打って出るといった多角化の発生メカニズムを裏付ける結果といえる。そして，この局面になってはじめて，総資産経常利益率の低下が既存事業からの撤退を促すという関係が確認できるようになった。このように，1990年代の前半は新規事業への進出のみが企業パフォーマンスに感応的であったが，1990年代の後半になると，既存事業からの撤退も新たに企業パフォーマンスに感応的に発生するようになったのである。つまり，「選択と集中」が活発化した1997年の銀行危機以降は，企業パフォーマンスの低下が進出と撤退による事業ポートフォリオの再編を促すという関係が明確に確認できるようになったのである。ここでの推計結果は，この時期の経営戦略の変更が企業パフォーマンスの低下に感応的に発生するようになった

という前章での分析結果と整合的である。なお，進出は主に本業成長率の低下に応じて発生し，撤退は資産効率の低下に応じて，しかも関連事業分野でのみ確認できたという意味で，進出と撤退のメカニズムは異なっていた。

そして，2000年代の半ば以降になると，進出と撤退のメカニズムは再び大きく変化した。まず，新規事業への進出確率に対する企業パフォーマンス要因の影響が消失した。特に1990年代から2000年代の半ばまで確認できた，本業成長率の鈍化が新規事業への進出を促すという関係が確認できなくなった。さらに，既存事業からの撤退に関しては，資産効率の低下が関連事業からの撤退を促すという関係が消失するばかりではなく，むしろ資産効率が良い企業ほど，既存事業からの撤退によって事業の集約化を図るようになったのである。

6　進出と撤退の決定要因－企業ガバナンスの影響－

6-1　分析の焦点

本節では，企業のガバナンス特性が進出と撤退に対して直接的にどのような影響を与えていたのかを検討するとともに，企業のガバナンス特性が，企業パフォーマンスと進出確率との関係，および企業パフォーマンスと撤退確率との関係に与えた影響も検討する。この企業ガバナンス特性のモデレート効果に関しては，進出と撤退に対する企業パフォーマンスの主効果が統計的に有意であったケースを分析の対象とする。つまり，進出と撤退に対する企業パフォーマンスの影響を増幅ないし緩和するガバナンス要因の特定を試みる。

基本的に，企業パフォーマンスの低下に応じて進出や撤退が行われるという関係を増幅するガバナンス要因は，経営者に対して変革圧力を与えるという意味で経営の規律づけ効果をもつと判断できる。逆に，企業パフォーマンスの低下に応じて進出や撤退が行われるという関係を緩和してしまうガバナンス要因は，経営者に対する変革圧力を減少させ，既存戦略を固定化してしまうという意味で，問題があると判断できる。内部ガバナンス要因としては，取締役会のスリム化，執行役員制度や社外取締役の導入といったトップ・マネジメントの構造改革が，企業パフォーマンス低下時の事業ポートフォリオの再編を促進し

第4章　進出・撤退とコーポレート・ガバナンス

たのか否かを確認する。他方、外部ガバナンス要因としては、外国人株主や機関投資家のプレゼンス上昇によって増大した資本市場からの圧力が、企業パフォーマンス低下時の事業ポートフォリオの再編を促進したのか否かを確認する。これらが、経営の規律づけメカニズムの観点からみた場合の分析の焦点である。他方、大規模な取締役会や株式の相互持ち合いといった伝統的な日本型ガバナンスの諸特性が、企業パフォーマンスが低下した時の事業ポートフォリオの再編を阻害していたのか否かを確認することも、既存戦略の固定化という観点からみた場合の分析の焦点である。

6-2　コーポレート・ガバナンスと進出

はじめに、企業のガバナンス構造が、新規事業への進出に対してどのような影響を与えていたのかを検討する。1990年度から1997年度サンプルでは、総資産経常利益率の低下に応じて非関連事業分野への進出が、本業成長率の低下に応じて関連・非関連事業分野への進出が発生し、1998年度から2004年度サンプルでは、本業成長率の低下に応じて関連・非関連事業分野への進出が発生していたから、企業のガバナンス構造がこれらの関係にどのような影響を与えていたのかが分析の焦点である。

図表 4 - 5 は推計式(3)・(4)の推計結果を示している。1990年度から1997年度の推計結果をパネルＡ・Ｂ・Ｃで確認すると、第一に、持ち合い株主の持株比率が高いほど、非関連事業分野への進出確率が高いことがわかる。これは、企業のパフォーマンス変数として総資産経常利益率を用い、非関連事業への進出確率を被説明変数とした場合の推計結果を示したパネルＡで、持ち合い株主持株比率の係数が５％水準で統計的に有意に正となっていること（モデル５）、および企業のパフォーマンス変数として本業成長率を用い、非関連事業への進出確率を被説明変数とした場合の推計結果を示したパネルＣで、持ち合い株主持株比率の係数が10％水準ながら統計的に有意に正となっていることから確認できる（モデル５）。持ち合い株主の影響は、非関連事業分野への進出でのみ確認されるから、株式の相互持ち合いに基づく安定株主の存在が、リスクのある思い切った事業展開を支えた可能性が示唆される。

第二に、機関投資家の持株比率が高いほど、関連事業分野および非関連事業

図表4-5 進出に対する企業ガバナンス要因の影響

パネルA 1990-1997年度・非関連事業

ガバナンス変数	取締役人数		社外取締役比率		持ち合い株主		外国人株主		機関投資家	
モデル	1	2	3	4	5	6	7	8	9	10
総資産経常利益率	-4.585	-9.432	-4.551	-4.706	-6.623*	-4.153	-6.567**	-6.647*	-7.161**	-8.597**
	(-1.392)	(-1.234)	(-1.379)	(-1.165)	(-1.914)	(-0.987)	(-2.118)	(-1.830)	(-2.292)	(-2.109)
ガバナンス変数	0.015	0.017	-0.572	-0.562	0.052**	0.051**	0.015	0.015	0.043**	0.045**
	(0.447)	(0.522)	(-0.652)	(-0.632)	(2.097)	(2.014)	(0.795)	(0.771)	(2.383)	(2.448)
総資産経常利益率×ガバナンス		0.310		1.147		-0.178		0.015		0.150
		(0.704)		(0.066)		(-0.400)		(0.042)		(0.550)
観測数	1,820	1,820	1,814	1,814	1,563	1,563	1,983	1,983	1,983	1,983
企業数	248	248	248	248	214	214	276	276	276	276

パネルB 1990-1997年度・関連事業

ガバナンス変数	取締役人数		社外取締役比率		持ち合い株主		外国人株主		機関投資家	
モデル	1	2	3	4	5	6	7	8	9	10
本業成長率	-0.848**	-0.255	-0.834**	-0.806	-1.175**	-1.105	-0.849**	-0.831*	-0.837**	-0.780
	(-2.183)	(-0.278)	(-2.145)	(-1.605)	(-2.558)	(-1.409)	(-2.235)	(-1.658)	(-2.199)	(-1.496)
ガバナンス変数	0.002	0.004	-0.822	-0.812	0.036	0.036	0.015	0.015	0.036*	0.037*
	(0.071)	(0.121)	(-0.973)	(-0.952)	(1.512)	(1.513)	(0.758)	(0.758)	(1.951)	(1.951)
本業成長率×ガバナンス		-0.035		-0.146		-0.005		-0.004		-0.007
		(-0.693)		(-0.087)		(-0.110)		(-0.077)		(-0.158)
観測数	1,858	1,858	1,852	1,852	1,600	1,600	1,996	1,996	1,996	1,996
企業数	257	257	257	257	221	221	279	279	279	279

パネルC 1990-1997年度・非関連事業

ガバナンス変数	取締役人数		社外取締役比率		持ち合い株主		外国人株主		機関投資家	
モデル	1	2	3	4	5	6	7	8	9	10
本業成長率	-0.995**	-0.832	-0.980**	-1.047*	-1.483***	-1.028	-0.975**	-0.854*	-0.961**	-0.878
	(-2.344)	(-0.809)	(-2.304)	(-1.808)	(-2.885)	(-1.299)	(-2.365)	(-1.973)	(-2.322)	(-1.526)
ガバナンス変数	0.011	0.011	-0.902	-0.920	0.046*	0.048*	0.013	0.013	0.035*	0.036*
	(0.329)	(0.338)	(-1.051)	(-1.081)	(1.804)	(1.886)	(0.673)	(0.676)	(1.865)	(1.872)
本業成長率×ガバナンス		-0.009		0.297		-0.037		-0.004		-0.009
		(-0.174)		(0.171)		(-0.708)		(-0.084)		(-0.203)
観測数	1,741	1,741	1,735	1,735	1,487	1,487	1,866	1,866	1,866	1,866
企業数	241	241	241	241	206	206	261	261	261	261

第 4 章　進出・撤退とコーポレート・ガバナンス

パネル D　1998-2004年度・関連事業

ガバナンス変数	取締役人数		執行役員制度		社外取締役比率		持ち合い株主		外国人株主		機関投資家	
モデル	1	2	3	4	5	6	7	8	9	10	11	12
本業成長率	-1.071***	-1.701***	-1.092***	-1.155***	-1.089***	-0.876**	-0.988***	-1.058**	-1.099***	-0.864**	-1.099***	-1.070**
	(-3.211)	(-2.652)	(-3.319)	(-3.241)	(-3.216)	(-1.965)	(-2.883)	(-2.253)	(-3.350)	(-1.970)	(-3.365)	(-2.008)
ガバナンス変数	-0.006	-0.005	0.320	0.298	0.187	0.211	0.005	0.005	-0.002	-0.000	-0.008	-0.008
	(-0.379)	(-0.341)	(1.548)	(1.416)	(0.433)	(0.487)	(0.269)	(0.259)	(-0.154)	(-0.012)	(-0.850)	(-0.805)
本業成長率×ガバナンス		0.047		0.532		-1.006		0.009		-0.026		-0.002
		(1.253)		(0.547)		(-0.675)		(-0.226)		(-0.735)		(-0.068)
観測数	2,280	2,280	2,339	2,339	2,241	2,241	2,131	2,131	2,339	2,339	2,339	2,339
企業数	354	354	363	363	349	349	325	325	363	363	363	363

パネル E　1998-2004年度・非関連事業

ガバナンス変数	取締役人数		執行役員制度		社外取締役比率		持ち合い株主		外国人株主		機関投資家	
モデル	1	2	3	4	5	6	7	8	9	10	11	12
本業成長率	-0.993***	-1.344**	-1.006***	-1.141***	-0.996***	-0.737	-1.160***	-1.049**	-1.006***	-1.012**	-1.014***	-1.401**
	(-2.801)	(-2.146)	(-2.885)	(-3.002)	(-2.789)	(-1.635)	(-2.940)	(-2.095)	(-2.864)	(-2.157)	(-2.884)	(-2.443)
ガバナンス変数	-0.003	-0.003	0.359	0.308	0.139	0.175	-0.009	-0.009	0.021	0.021	0.008	0.006
	(-0.194)	(-0.166)	(1.574)	(1.327)	(0.293)	(0.368)	(-0.433)	(-0.430)	(1.498)	(1.468)	(0.782)	(0.546)
本業成長率×ガバナンス		0.029		1.055		-1.261		-0.015		0.001		0.023
		(0.707)		(1.305)		(-0.820)		(-0.346)		(0.018)		(0.895)
観測数	2,047	2,047	2,104	2,104	2,015	2,015	1,902	1,902	2,104	2,104	2,104	2,104
企業数	319	319	328	328	315	315	290	290	328	328	328	328

注：推計は固定効果ロジット・モデル（fixed effect logit model）。（ ）内は z 値。***は 1 %水準，**は 5 %水準，*は10%水準で有意。関連事業は日本標準産業分類（3桁コード）基準，非関連事業は同中分類（2桁コード）基準で事業分野を捕捉した場合。総資産経営利益率は標準化した値。コントロール変数（多角化度，連結子会社数，連結総資産，年度ダミー）の表掲は省略。

分野への進出確率が高いことがわかる。これは，企業のパフォーマンス変数として総資産経常利益率を用い，非関連事業への進出確率を被説明変数とした場合の推計結果を示したパネルAにおいて，機関投資家持株比率の係数が5％水準で統計的に有意に正となっていること（モデル9），また，企業のパフォーマンス変数として本業成長率を用い，関連事業への進出確率を被説明変数とした場合の推計結果を示したパネルB，および非関連事業への進出確率を被説明変数とした場合の推計結果を示したパネルCにおいても，機関投資家持株比率の係数がともに10％水準で統計的に有意に正であることから確認できる（モデル9）。機関投資家の存在が，非効率であるとされる非関連事業分野への進出確率を高めるという関係は興味深い結果である。

ただし，ここでより重要な結果は，持ち合い株主持株比率や機関投資家持株比率を含むすべてのガバナンス変数と企業パフォーマンス変数（総資産経常利益率・本業成長率）との交差項は，関連事業分野への進出確率に対しても，非関連事業分野への進出確率に対しても，統計的な有意性を示さなかったことである（パネルA・B・Cモデル2・4・6・8・10）。これらの推計結果は，企業パフォーマンスの低下に応じて新規事業分野への進出確率がシステマティックに上昇するという関係を増幅ないし緩和するガバナンス要因が存在しなかったことを意味する。

続いて，1998年度から2004年度サンプルを用いた場合の推計結果をパネルD・Eで確認しよう。ここでも特徴的な結果は，すべてのガバナンス変数と本業成長率との交差項が，関連事業分野への進出確率に対しても，非関連事業分野への進出確率に対しても，ともに統計的に有意な結果を示さないことである（パネルD・Eモデル2・4・6・8・10・12）。これらの推計結果は，本業成長率の低下に応じて新規事業分野への進出確率がシステマティックに上昇するという関係を増幅ないし緩和するガバナンス要因が存在しなかったことを意味する。

以上，新規事業への進出という戦略的意思決定に対する企業のガバナンス構造の影響を検証した結果，1990年度から1997年度サンプルでは，持ち合い株主持株比率が高いほど非関連事業分野への進出確率が上昇するという関係，および機関投資家持株比率が高いほど関連・非関連事業分野への進出確率が上昇するという関係が確認された。ただし，より重要な結果は，1990年度から1997年

度および1998年度から2004年度サンプルにおいて，総資産経常利益率の低下や本業成長率の鈍化に応じてシステマティックに進出確率が上昇するという関係を増幅ないし緩和するガバナンス要因は確認できなかったということである。つまり，企業のガバナンス構造は，進出のパフォーマンス感応度に一切影響を与えていなかったといえる。

6-3　コーポレート・ガバナンスと撤退

次に，企業のガバナンス構造が，既存事業からの撤退に対してどのような影響を与えていたのかを検討する。撤退に関しては，1998年度から2004年度サンプルでは，総資産経常利益率が低いほど関連事業分野からの撤退確率が上昇すること，2005年度から2010年度サンプルでは逆に，総資産経常利益率が高いほど関連事業分野および非関連事業分野からの撤退確率が上昇することが確認されている。したがって，企業のガバナンス構造がこれらの関係にどのような影響を与えていたのかが分析の焦点である。

推計式(5)・(6)の推計結果は，**図表 4 - 6** に示されている。ここでの唯一の結果は，企業のガバナンス構造は既存事業からの撤退に全く影響を与えていないということである。はじめに，1998年度から2004年度の推計結果をパネルAで確認すると，ガバナンス変数の単独項はすべてのモデルで統計的に有意ではないから，特定のガバナンス特性を有する企業で撤退が促進されるわけでも阻害されるわけでもない（モデル1・3・5・7・9・11）。さらに，総資産経常利益率の単独項はすべてのモデルで5％水準で統計的に有意に負であり，資産効率の低下に応じて関連事業からの撤退確率が上昇するという関係が明確に確認できるが（モデル1・3・5・7・9・11），総資産経常利益率とガバナンス変数との交差項はすべて統計的に有意ではないから，この関係を増幅ないし緩和するガバナンス要因は特定されない（モデル2・4・6・8・10・12）。ただし，統計的に十分有意とはいえないが，総資産経常利益率と執行役員制度導入ダミーの交差項の係数が正であり，執行役員制度が導入されている場合，資産効率の低下に応じて撤退の発生確率が上昇するという関係が緩和される傾向にあることが確認できる（モデル4）[11]。事業部門の責任者である執行役員に現場の意思決定権限が大幅に委譲されている場合，進出に比べて痛みを伴う既存事業

図表 4-6 撤退に対する企業ガバナンス要因の影響

パネル A 1998–2004年度・関連事業

ガバナンス変数	取締役人数		執行役員制度		社外取締役比率		持ち合い株主		外国人株主		機関投資家	
モデル	1	2	3	4	5	6	7	8	9	10	11	12
総資産経常利益率	−7.503**	−10.560**	−7.085**	−8.711***	−7.256**	−6.988*	−7.678**	−7.944**	−7.157**	−9.628**	−6.723**	−8.649**
	(−2.566)	(−2.121)	(−2.527)	(−2.905)	(−2.420)	(−1.878)	(−2.393)	(−1.996)	(−2.520)	(−2.665)	(−2.377)	(−2.253)
ガバナンス変数		0.017		−0.067		0.675	0.666	−0.004	−0.004	0.002	0.003	−0.010	−0.009
		(1.294)		(−0.316)		(1.538)	(1.495)	(−0.227)	(−0.192)	(0.151)	(0.207)	(−0.997)	(−0.975)
総資産経常利益率×ガバナンス		0.277		7.320		−0.917		0.040		0.199		0.106
		(0.768)		(1.553)		(−0.122)		(0.113)		(1.128)		(−0.748)
観測数	1,718	1,718	1,782	1,782	1,665	1,665	1,570	1,570	1,782	1,782	1,782	1,782
企業数	269	269	281	281	262	262	241	241	281	281	281	281

パネル B 2005–2010年度・関連事業

ガバナンス変数	取締役人数		執行役員制度		社外取締役比率		持ち合い株主		外国人株主		機関投資家	
モデル	1	2	3	4	5	6	7	8	9	10	11	12
総資産経常利益率	4.813***	3.217	4.740***	4.749*	4.742***	4.863**	4.772***	4.106*	4.852***	5.150**	4.527***	2.861
	(2.851)	(0.803)	(2.812)	(1.923)	(2.813)	(2.465)	(2.832)	(1.778)	(2.876)	(2.073)	(2.673)	(0.991)
ガバナンス変数		0.021		0.081		−0.896	−0.908	0.006	0.007	−0.017	−0.017	0.011	0.011
		(0.818)		(0.401)		(−1.041)	(−1.047)	(0.361)	(0.397)	(−1.389)	(−1.389)	(1.258)	(1.256)
総資産経常利益率×ガバナンス		0.177		−0.014		−1.434		0.084		−0.020		0.064
		(0.439)		(−0.005)		(−0.118)		(0.420)		(−0.163)		(0.712)
観測数	4,486	4,486	4,486	4,486	4,486	4,486	4,486	4,486	4,486	4,486	4,486	4,486
企業数	806	806	806	806	806	806	806	806	806	806	806	806

パネル C 2005–2010年度・非関連事業

ガバナンス変数	取締役人数		執行役員制度		社外取締役比率		持ち合い株主		外国人株主		機関投資家	
モデル	1	2	3	4	5	6	7	8	9	10	11	12
総資産経常利益率	5.603***	5.771	5.516***	3.236	5.557***	5.592***	5.539***	5.685***	5.559***	5.866***	5.251***	4.497
	(3.009)	(1.353)	(2.967)	(1.198)	(2.984)	(2.607)	(2.979)	(2.277)	(2.986)	(2.191)	(2.812)	(1.423)
ガバナンス変数		0.026		0.150	0.177	−1.174	−1.177	0.009	0.009	−0.003	−0.003	0.012	0.012
		(0.997)		(0.731)	(0.854)	(−1.331)	(−1.328)	(0.557)	(0.548)	(−0.272)	(−0.268)	(1.291)	(1.295)
総資産経常利益率×ガバナンス		−0.018		3.918		−0.440		−0.019		−0.021		0.029
		(−0.044)		(1.163)		(−0.034)		(−0.088)		(−0.155)		(0.295)
観測数	3,934	3,934	3,934	3,934	3,934	3,934	3,934	3,934	3,934	3,934	3,934	3,934
企業数	702	702	702	702	702	702	702	702	702	702	702	702

注：推計は固定効果ロジット・モデル（fixed effect logit model）。（ ）内は z 値。***は 1 ％水準，**は 5 ％水準，*は10％水準で有意。関連事業は日本標準産業分類の小分類（3 桁コード）基準，非関連事業は同中分類（2 桁コード）基準で事業分野を捕捉した場合。総資産経常利益率は標準化した値。コントロール変数（多角化度，連結子会社数，連結総資産対数，年度ダミー）の表記は省略。

からの撤退という戦略的意思決定は，やや困難なものなのかもしれない。いずれにしても，経営者が知覚する企業パフォーマンスの悪化というプレッシャーを増幅するという意味でのコーポレート・ガバナンスの規律づけ効果は確認されなかった。

なお，総資産経常利益率が高いほど関連事業および非関連事業からの撤退確率が上昇するという関係が確認できた2005年度から2010年度サンプルを用いた場合の推計結果をパネルB・Cで確認しても，すべてのガバナンス変数の単独項およびパフォーマンス変数との交差項は統計的に有意な結果を示していない。したがって，特定のガバナンス構造が既存事業からの撤退確率に直接的に影響を与える，あるいは撤退のパフォーマンス感応度に影響を与えるという証拠は得られなかった。

7　進出と撤退のメカニズム　　　－低パフォーマンス時の分析－

7-1　企業パフォーマンスの水準と事業再編の必要度－分析の意図－

　これまで，企業パフォーマンスの低迷が，将来性のある新規事業への進出と不採算事業などからの撤退を組み合わせた事業ポートフォリオの再編を促す変革圧力になると想定し，進出や撤退の発生確率が企業パフォーマンスに有意な負の感応を示すか否かをテストしてきた。ただし，ここで問題となるのが，企業パフォーマンスの水準と事業ポートフォリオ再編の必要度との関係である。基本的には，企業パフォーマンスが低いほど事業再編の必要度は高いと考えられるが，両者の関係は単純な線形の負の相関関係にはない可能性がある。企業のパフォーマンス水準が低い場合に，事業ポートフォリオ再編の必要度が高いことは常識的に理解できる。しかし問題は，企業パフォーマンスがある一定の水準以上の場合である。企業パフォーマンスが好調な場合，あるいは，満足できる一定の成果を維持している場合，事業ポートフォリオ再編の必要度はどのように考えられるだろうか。もちろん，高業績という結果を残しているのであるから現状維持が望ましい，あるいは事業再編に伴うリスクのほうが大きいと

いう考え方は説得的である。しかし，はたして高業績の場合には事業再編の必要性が低いと断言できるだろうか。規範的に，企業パフォーマンスが悪い場合には事業ポートフォリオの再編が必要だとはいえるとしても，その逆，すなわち企業パフォーマンスが良い場合には，事業ポートフォリオは"再編されるべきではない"といえるだろうか。企業パフォーマンスが好調な場合，現状維持はもちろん"正しい"選択肢の1つであるが，事業再編を必ずしも"正しくない"選択肢であると断言できないのではないか。企業パフォーマンスが好調な時に，将来のさらなる成功のために，今後の環境変化を見据えて次の一手を打つという戦略的な判断も十分にあり得るのではないだろうか。したがって，ここで考えるのは，**図表4-7**に概念的に示したように，企業のパフォーマンス水準がある一定の閾値に満たない場合は，業績悪化の程度に応じて進出と撤退による事業ポートフォリオ再編の必要度は高くなるが，企業のパフォーマンス水準がある一定の閾値を超える場合には，事業ポートフォリオ再編の必要度は企業パフォーマンスとは無差別になるという可能性である。つまり，コーポレート・ガバナンスにおける経営の規律づけ効果を検証するという文脈で問題になるのは，事業構造のリストラクチャリングが客観的に必要とされる状況であり，

図表4-7　企業のパフォーマンス水準と事業再編の必要度の関係

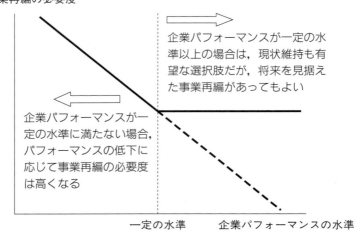

それは組織パフォーマンスが一定の水準に満たない場合といえる。

そこで本節と次節では，事業ポートフォリオの再編が確実に必要と考えられる"問題のある状況"に分析の焦点を当てて，企業のパフォーマンス要因とガバナンス要因が進出確率と撤退確率に与えた影響を再度検証する。具体的には，事業ポートフォリオの見直しが行われるべき状況として，同業他社よりも資産効率（総資産経常利益率）が低い場合に焦点を当て，分析サンプルを限定したうえで前節までと同じ推計を試みる。なお，サンプルの分割に当たっては，東証一部上場非金融事業法人全体の平均値や中央値ではなく，各年度の業種平均を用いてサンプルを区分した。その理由は，日本企業が同業他社をライバルとして認識し，経営戦略の策定を行ってきたとみられるからである。このように，企業パフォーマンスが同業他社の平均的な水準に満たない場合は，経営者の責任がより厳しく問われる状況にあると考えられる。そして，この何らかの戦略的対応が求められる状況において，事業ポートフォリオの再編を促すガバナンス要因は，経営の規律づけ効果をもつと評価できる。なお，ここでの分析では，サンプル・サイズがおよそ半減するうえに，パネル・ロジット・モデルを用いて推計を行うと，進出・撤退を一度も経験していない企業，すなわち被説明変数がすべて0となる企業は推計の対象から除外されてしまう。そこで，安定した推計結果を得るために以下の分析では，対象となる観測データをプールして通常のロジット・モデルを用いて推計を行った。その際，企業が属する産業固有の影響をコントロールするために業種ダミーを推計式に含めた[12]。

7-2　進出に対する企業パフォーマンスの影響

はじめに，低パフォーマンス時の進出に対する企業パフォーマンス要因の影響から検討しよう。進出の決定要因を分析した推計式(1)を，サンプルを総資産経常利益率が業種平均未満に限定して再度推計した結果は**図表4-8**に示されている。

1990年度から1997年度の推計結果をみると，総資産経常利益率の係数が，関連事業分野への進出確率に対しても（モデル1），非関連事業分野への進出確率に対しても（モデル3），ともに1％水準で統計的に有意に負であった。これらの結果は，関連・非関連を問わず，新規事業への進出確率が資産効率の低下に

図表4-8 低パフォーマンスの進出に対する企業パフォーマンス要因の影響

期間	1990-1997年度				1998-2004年度				2005-2010年度			
事業分野	関連	非関連	非関連	非関連	関連	関連	非関連	非関連	関連	関連	非関連	非関連
モデル	1	2	3	4	5	6	7	8	9	10	11	12
総資産経常利益率	-8.979***		-9.530***		-5.742**		-7.008**		0.855		-0.235	
	(-2.964)		(-3.081)		(-2.142)		(-2.484)		(0.380)		(-0.099)	
本業成長率		-0.511		-0.470		-0.323		-0.136		-0.009		-0.008
		(-1.425)		(-1.338)		(-0.988)		(-0.502)		(-0.236)		(-0.201)
多角化度	0.309	0.270	0.096	0.045	0.310*	0.332*	0.019	0.073	0.306**	0.273*	0.372*	0.371**
	(1.619)	(1.384)	(0.460)	(0.210)	(1.789)	(1.870)	(0.099)	(0.380)	(2.163)	(1.876)	(2.427)	(2.361)
連結子会社数	0.002**	0.002***	0.003***	0.003***	0.001	0.000	0.001	0.000	0.002	0.001	0.003*	0.002
	(2.438)	(2.639)	(2.931)	(3.126)	(0.991)	(0.722)	(0.740)	(0.627)	(1.507)	(1.114)	(1.892)	(1.477)
連結総資産対数	0.025	-0.008	0.007	-0.026	0.263***	0.282***	0.275***	0.273***	-0.056	-0.040	-0.087	-0.071
	(0.407)	(-0.134)	(0.111)	(-0.409)	(4.423)	(4.631)	(4.389)	(4.245)	(-1.034)	(-0.727)	(-1.501)	(-1.210)
切片	-3.375***	-2.583***	-2.901***	-2.120***	-5.975***	-5.845***	-6.072***	-5.719***	-1.308***	-1.297***	-1.412**	-1.411**
	(-4.375)	(-3.441)	(-3.643)	(-2.728)	(-8.484)	(-8.392)	(-7.982)	(-7.588)	(-2.098)	(-2.109)	(-2.108)	(-2.129)
年度ダミー	あり	あり	あり	あり	あり	あり	あり	あり	あり	あり	あり	あり
業種ダミー	あり	あり	あり	あり	あり	あり	あり	あり	あり	あり	あり	あり
観測数	3,604	3,414	3,604	3,414	4,114	3,956	4,114	3,956	3,109	2,884	3,119	2,893

注）推計はロジット・モデル（logit model）。（ ）内はz値。***は1％水準，**は5％水準，*は10％水準で有意。事業分野の関連は日本標準産業分類の小分類（3桁コード）基準で捕捉した場合，非関連は同中分類（2桁コード）基準で捕捉した場合。多角化度は標準化率は標準化した値。モデル1・2，5・6，9・10が日本標準産業分類の小分類（3桁コード）基準のエントロピー指数，モデル3・4，7・8，11・12が同中分類（2桁コード）基準のエントロピー指数。

応じてシステマティックに上昇することを示している。そしてこの関係は，基本的に1990年代の後半以降も維持されている。1998年度から2004年度の推計結果でも，総資産経常利益率の係数は，関連事業分野への進出確率に対しても（モデル5），非関連事業分野への進出確率に対しても（モデル7），ともに5％水準で統計的に有意に負であるからである。ただし，2005年度以降になると，資産効率の低下に応じて新規事業分野への進出確率が上昇するという関係は確認できなくなる。総資産経常利益率の統計的有意性が消失するからである（モデル9・11）。したがって，企業のパフォーマンス水準が業種平均に満たない場合は，1990年代から2000年代の半ばまで，一貫して資産効率の低下が新規事業への進出を促すという意味で，業績悪化の程度に応じて事業再編が行われるという図表4-7で想定した関係が確認できた。

ところで，本節での推計結果を，全体サンプルを用いた場合の推計結果（図表4-3）と比較しておこう。1990年度から1997年度では，全体サンプルを用いた場合には，非関連事業への進出確率に対してのみ総資産経常利益率が統計的に有意に負であったが，低パフォーマンス・サンプルを用いた場合には，非関連事業への進出確率だけでなく，関連事業への進出確率に対しても総資産経常利益率が統計的に有意に負となっていた。したがって，企業パフォーマンスが一定の水準に満たない場合は，資産効率の低下に応じて新規事業分野への進出確率が上昇するという関係がより一層明確に確認できたといえる。また，全体サンプルでみた場合は，1990年度から1997年度および1998年度から2004年度までの期間，一貫して本業成長率の鈍化が新規事業への進出を促す主要因であった。しかし，低パフォーマンス・サンプルを用いた本節での推計結果をみると，この期間の本業成長率は符号こそ負であるものの，進出の発生確率に対して統計的に十分有意な影響を与えていなかった（モデル2・4・6・8）。したがって，全体的にみれば，本業成長率の鈍化に直面した場合，資産効率にある程度のゆとりがある時には新規事業への進出が検討される可能性が示唆される。

7-3　撤退に対する企業パフォーマンスの影響

次に，低パフォーマンス時の撤退に対する企業パフォーマンス要因の影響を検討しよう。撤退の決定要因を分析した推計式(2)を，サンプルを総資産経常利

益率が業種平均未満に限定して再度推計した結果は**図表4-9**に示されている。

　はじめに，1990年度から1997年度の推計結果をみると，本業成長率の係数が，関連事業分野からの撤退確率に対しては5％水準で(モデル2)，非関連事業分野からの撤退確率に対しては10％水準で(モデル4)，それぞれ統計的に有意に負であった。これらの結果は，関連・非関連を問わず，既存事業からの撤退確率が本業成長率の鈍化に応じてシステマティックに上昇することを示している。次に，1998年度から2004年度の推計結果をみると，総資産経常利益率の係数が，関連事業分野からの撤退確率に対しても(モデル5)，非関連事業分野からの撤退確率に対しても（モデル7），ともに1％水準で統計的に有意に負であった。これらの結果は，関連・非関連を問わず，既存事業からの撤退確率が資産効率の低下に応じてシステマティックに上昇することを示している。ただし，2005年度以降になると，企業パフォーマンスの低下が既存事業からの撤退確率を上昇させるという関係は消失する。総資産経常利益率も本業成長率も，撤退確率に対する統計的有意性を確認できなくなるからである（モデル9～12）。したがって，企業のパフォーマンス水準が業種平均に満たない場合は，1990年度から1997年度にかけては本業成長率の鈍化が，1998年度から2004年度にかけては総資産経常利益率の低下が既存事業からの撤退を促すという意味で，業績悪化の程度に応じて事業再編が行われるという図表4-7で想定した関係が確認できた。

　ところで，本節での推計結果を，全体サンプルを用いた場合の推計結果（図表4-4）と比較しておこう。1990年度から1997年度では，全体サンプルを用いた場合には，関連・非関連を問わず既存事業からの撤退確率に対して，総資産経常利益率も本業成長率も統計的に有意な影響を与えていなかった。しかし，低パフォーマンス・サンプルを用いた場合には，本業成長率が低いほど，関連事業分野および非関連事業分野からの撤退確率が上昇するという関係が新たに発見された。1998年度から2004年度では，全体サンプルを用いた場合には，関連事業分野からの撤退確率が総資産経常利益率の低下に応じて上昇するという関係しか確認されなかったが，低パフォーマンス・サンプルを用いた場合には，関連事業分野からの撤退確率だけではなく，非関連事業分野からの撤退確率も，総資産経常利益率の低下に応じて高まるという関係が確認された。なお，2005

第4章　進出・撤退とコーポレート・ガバナンス

図表4-9　低パフォーマンス時の撤退に対する企業パフォーマンス要因の影響

期間	1990-1997年度				1998-2004年度				2005-2010年度			
事業分野	関連	関連	非関連	非関連	関連	関連	非関連	非関連	関連	関連	非関連	非関連
モデル	1	2	3	4	5	6	7	8	9	10	11	12
総資産経常利益率	-3.151		-2.261		-9.537***		-8.859***		0.567		-0.688	
	(-0.733)		(-0.480)		(-3.358)		(-2.963)		(0.251)		(-0.293)	
本業成長率		-1.328**		-1.199*		-0.216		-0.063		-0.018		-0.014
		(-2.030)		(-1.840)		(-0.719)		(-0.263)		(-0.338)		(-0.282)
多角化度	1.855***	1.715***	1.972***	1.870***	1.111***	1.154***	1.111***	1.137***	0.841***	0.817***	1.124***	1.100***
	(6.809)	(6.068)	(6.581)	(6.031)	(5.700)	(5.821)	(5.319)	(5.390)	(5.927)	(5.576)	(7.409)	(7.057)
連結子会社数	0.002*	0.002**	0.001	0.001	0.001	0.001	0.000	0.000	0.001	0.001	0.000	0.000
	(1.910)	(2.047)	(0.740)	(0.746)	(1.087)	(1.186)	(0.141)	(0.275)	(0.885)	(0.770)	(0.209)	(0.180)
連結総資産対数	-0.140*	-0.135	-0.106	-0.091	0.094	0.070	0.066	0.044	0.059	0.043	0.097*	0.072
	(-1.704)	(-1.603)	(-1.201)	(-1.001)	(1.413)	(1.042)	(0.950)	(0.627)	(1.105)	(0.803)	(1.767)	(1.290)
切片	-3.602***	-3.204***	-3.844***	-3.731***	-5.284***	-4.519***	-4.939***	-4.209***	-2.771***	-2.387***	-3.557***	-3.040***
	(-3.421)	(-3.085)	(-3.363)	(-3.287)	(-6.741)	(-5.948)	(-5.895)	(-5.154)	(-4.486)	(-3.930)	(-5.522)	(-4.813)
年度ダミー	あり	あり	あり	あり	あり	あり	あり	あり	あり	あり	あり	あり
業種ダミー	あり	あり	あり	あり	あり	あり	あり	あり	あり	あり	あり	あり
観測数	3,456	3,276	3,395	3,216	3,954	3,793	3,954	3,793	3,111	2,886	3,121	2,895

注）推計はロジット・モデル（logit model）。（）内はz値。***は1％水準，**は5％水準，*は10％水準で有意。事業分野の関連は日本標準産業分類の小分類（3桁コード）基準で捕捉した場合，非関連は同中分類（2桁コード）基準で捕捉した場合。総資産経常利益率は標準化した値。多角化度は基準のエントロピー指数。モデル3・4，7・8，11・12が同中分類（2桁コード）基準，モデル1・2，5・6，9・10が日本標準産業分類の小分類（3桁コード）基準のエントロピー指数。

年度から2010年度では，全体サンプルを用いた場合にみられた関係，すなわち，総資産経常利益率が高いほど既存事業からの撤退確率が高くなるという関係が，低パフォーマンス・サンプルでは確認できなくなっている。したがって，企業パフォーマンスが一定の水準に満たない場合，本業成長率の鈍化や総資産経常利益率の低下に応じて既存事業分野からの撤退確率が上昇するという関係，すなわち，撤退が企業パフォーマンスの低下に応じてシステマティックに発生するという関係がより一層明確になったといえる。

　以上，企業パフォーマンスの水準と事業ポートフォリオ再編の必要度との関係を考慮し，企業パフォーマンスが一定の閾値に満たない場合，すなわち，企業パフォーマンスの低下に応じて事業再編の必要度が高くなると想定されるケースを分析の中心に据えて，進出と撤退に対する企業パフォーマンス要因の影響を再検討した。その結果，1990年度から1997年度においては，総資産経常利益率の低下に応じて新規事業分野への進出が行われる一方，本業成長率の低下に応じて既存事業分野からの撤退が行われていた。したがって，企業パフォーマンスの低下が改革圧力となって，進出と撤退による事業ポートフォリオの再編が進んでいたといえる。そして，この傾向は，1998年度から2004年度でも継続して確認できた。この時期には，総資産経常利益率の低下に応じて新規事業への進出と既存事業からの撤退が行われるという関係が明確だったからである。なお，2005年度以降に関しては，新規事業への進出および既存事業からの撤退が企業パフォーマンスに左右されるという関係は確認されなかった。したがって，ここでの重要な発見事実は，資産効率がある一定の水準に満たない場合，1990年代から2000年代の半ばまで，企業パフォーマンスの低下に応じて進出と撤退の両方が行われるという関係が明確だったという点である。

8　進出・撤退とコーポレート・ガバナンス
　　－低パフォーマンス時の分析－

8-1　進出に対する企業ガバナンスの影響

　これまでの分析から，資産効率が業種平均に満たない場合，1990年代から2000

年代の半ばまでは，企業パフォーマンスの低下に応じて進出と撤退による事業ポートフォリオの再編が活発化するという関係が確認された。それではこの時，企業のガバナンス要因は進出と撤退にどのような影響を与えていたのだろうか。経営の規律づけメカニズムとしてのコーポレート・ガバナンスの役割は，組織パフォーマンスが悪い時にこそ，その意義が問われるといえる。ここでは，引き続き企業のパフォーマンス水準が業種平均未満の場合に分析の焦点を絞り，企業のガバナンス要因が新規事業への進出と既存事業からの撤退，および企業パフォーマンスと進出・撤退の関係に与えた影響を検証する。

　はじめに，進出に対するコーポレート・ガバナンスの影響から検討しよう。基本的には，新規事業への進出確率に対する企業パフォーマンス変数の主効果が統計的に有意な場合を分析の対象とする。1990年度から1997年度および1998年度から2004年度サンプルでは，総資産経常利益率の低下に応じて関連・非関連事業への進出が発生していたから，企業のガバナンス構造がこれらの関係にどのような影響を与えていたのかが分析の焦点である。進出確率に対するガバナンス要因の影響を検証する推計式(3)と，パフォーマンス変数とガバナンス変数の交差項を導入した推計式(4)を，サンプルを総資産経常利益率が業種平均未満に限定して再度推計した結果は**図表4-10**に示されている。

　1990年度から1997年度の推計結果はパネルA・Bに示されている。第一に，社外取締役比率が高い企業ほど，関連事業分野および非関連事業分野への進出確率が低いことがわかる。これは，社外取締役比率の単独項の係数が，関連事業分野への進出確率に対しても（パネルA），非関連事業分野への進出確率に対しても（パネルB），ともに5％水準で統計的に有意に負であることから確認できる（モデル3）。第二に，資本市場からの圧力が関連・非関連分野を問わず，新規事業への進出を促すことがわかる。これは，外国人株主持株比率の単独項の係数が，関連事業分野への進出確率に対しても（パネルA），非関連事業分野への進出確率に対しても（パネルB），ともに1％水準で統計的に有意に正であることから確認できる（モデル7）。また，機関投資家持株比率の単独項の係数も，関連事業分野への進出確率に対して（パネルA），および非関連事業分野への進出確率に対して（パネルB），ともに1％水準で統計的に有意に正であることから確認できる（モデル9）。しかし第三に，社外取締役，外国人株主，機関

図表 4-10　低パフォーマンス時の進出に対する企業ガバナンス要因の影響

パネル A　1990－1997年度・関連事業

ガバナンス変数	取締役人数		社外取締役比率		持ち合い株主		外国人株主		機関投資家	
モデル	1	2	3	4	5	6	7	8	9	10
総資産経常利益率	−8.681***	−1.010	−10.075***	−13.048***	−10.454***	−9.989	−9.085***	−10.915***	−10.019***	−9.267**
	(−2.755)	(−0.154)	(−3.169)	(−3.032)	(−2.912)	(−1.477)	(−3.009)	(−3.309)	(−3.295)	(−2.341)
ガバナンス変数	−0.020	−0.030	−0.919**	−0.522	0.007	0.006	0.025***	0.037***	0.033***	0.031**
	(−1.183)	(−1.626)	(−2.281)	(−0.931)	(0.785)	(0.462)	(2.782)	(2.913)	(3.509)	(2.322)
総資産経常利益率×ガバナンス		−0.544		11.479		−0.033		0.375		−0.107
		(−1.383)		(0.982)		(−0.081)		(1.180)		(−0.300)
観測数	3,335	3,335	3,321	3,321	2,813	2,813	3,604	3,604	3,604	3,604

パネル B　1990－1997年度・非関連事業

ガバナンス変数	取締役人数		社外取締役比率		持ち合い株主		外国人株主		機関投資家	
モデル	1	2	3	4	5	6	7	8	9	10
総資産経常利益率	−9.318***	−3.649	−10.874***	−14.390***	−10.785***	−10.494	−9.604***	−11.456***	−10.633***	−9.454**
	(−2.886)	(−0.553)	(−3.337)	(−3.262)	(−2.931)	(−1.535)	(−3.114)	(−3.420)	(−3.427)	(−2.353)
ガバナンス変数	−0.021	−0.029	−0.984**	−0.520	0.002	0.002	0.026***	0.038***	0.036***	0.032**
	(−1.213)	(−1.503)	(−2.404)	(−0.914)	(0.241)	(0.122)	(2.971)	(3.080)	(3.750)	(2.374)
総資産経常利益率×ガバナンス		−0.405		13.237		−0.021		0.357		−0.166
		(−1.008)		(1.128)		(−0.051)		(1.222)		(−0.470)
観測数	3,335	3,335	3,321	3,321	2,813	2,813	3,604	3,604	3,604	3,604

パネル C　1998－2004年度・関連事業

ガバナンス変数	取締役人数		執行役員制度		社外取締役比率		持ち合い株主		外国人株主		機関投資家	
モデル	1	2	3	4	5	6	7	8	9	10	11	12
総資産経常利益率	−5.620**	−8.233	−5.613**	−6.563**	−5.271*	−2.526	−6.189**	−6.633	−5.721**	−4.852	−6.121**	−2.823
	(−2.040)	(−1.573)	(−2.095)	(−2.260)	(−1.889)	(−0.625)	(−2.076)	(−1.604)	(−2.148)	(−1.457)	(−2.289)	(−0.749)
ガバナンス変数	−0.007	−0.002	0.388*	0.532*	0.552*	0.245	−0.009	−0.008	0.011	0.008	0.009	0.002
	(−0.647)	(−0.133)	(1.874)	(1.948)	(1.655)	(0.527)	(−1.135)	(−0.645)	(1.474)	(0.727)	(1.356)	(0.262)
総資産経常利益率×ガバナンス		0.225		5.279		−8.730		0.051		−0.089		−0.243
		(0.579)		(0.785)		(−0.971)		(0.153)		(−0.447)		(−1.327)
観測数	3,975	3,975	4,114	4,114	3,933	3,933	3,587	3,587	4,114	4,114	4,114	4,114

パネル D　1998－2004年度・非関連事業

ガバナンス変数	取締役人数		執行役員制度		社外取締役比率		持ち合い株主		外国人株主		機関投資家	
モデル	1	2	3	4	5	6	7	8	9	10	11	12
総資産経常利益率	−7.274**	−8.299	−6.896**	−8.063***	−6.991**	−4.864	−7.326**	−8.440*	−6.989**	−8.359**	−7.376***	−8.006**
	(−2.517)	(−1.503)	(−2.448)	(−2.659)	(−2.386)	(−1.159)	(−2.295)	(−1.929)	(−2.487)	(−2.420)	(−2.619)	(−2.095)
ガバナンス変数	0.003	0.005	0.422*	0.613**	0.247	−0.006	−0.002	0.001	0.007	0.013	0.009	0.010
	(0.262)	(0.340)	(1.815)	(2.023)	(0.681)	(−0.012)	(−0.259)	(0.093)	(0.843)	(1.074)	(1.208)	(1.102)
総資産経常利益率×ガバナンス		0.087		6.945		−6.860		0.126		0.156		0.051
		(0.217)		(0.941)		(−0.728)		(0.363)		(0.650)		(0.240)
観測数	3,975	3,975	4,114	4,114	3,933	3,933	3,587	3,587	4,114	4,114	4,114	4,114

注）推計はロジット・モデル（logit model）。（　）内は z 値。***は 1 %水準，**は 5 %水準，*は10%水準で有意。
関連事業は日本標準産業分類の小分類（3 桁コード）基準，非関連事業は同中分類（2 桁コード）基準で事業分野を捕捉した場合。
総資産経常利益率は標準化した値。コントロール変数（多角化度，連結子会社数，連結総資産対数，年度ダミー，業種ダミー）および切片の表掲は省略。

第4章　進出・撤退とコーポレート・ガバナンス

投資家を含むすべてのガバナンス要因は，企業パフォーマンスの低下に応じて新規事業への進出が行われるという関係を増幅も緩和もしないことがわかる。総資産経常利益率の単独項の係数は，関連事業分野および非関連事業分野への進出確率に対して，すべて1％水準で統計的に有意に負であるから（パネルA・Bモデル1・3・5・7・9），基本的には資産効率の低下に応じて新規事業分野への進出確率がシステマティックに上昇するという強い関係が確認できる。しかし，総資産経常利益率とガバナンス変数との交差項はすべて統計的に有意ではないから（パネルA・Bモデル2・4・6・8・10），この関係を増幅ないし緩和するガバナンス要因は特定できない。

　次に，1998年度から2004年度の推計結果をパネルC・Dで確認しよう。第一に，執行役員制度を導入している企業では，関連事業分野および非関連事業分野への進出確率が高くなることがわかる。これは，執行役員制度導入ダミーの係数が，関連事業分野への進出確率に対しても（パネルC），非関連事業分野への進出確率に対しても（パネルD），ともに10％水準ながら統計的に有意に正であることから確認できる（モデル3）。第二に，社外取締役比率が高いほど，関連事業分野への進出確率が高いことがわかる。これは，社外取締役比率の単独項の係数が，関連事業分野への進出確率に対して10％水準ながら統計的に有意に正であることから確認できる（パネルCモデル5）。ただし第三に，企業パフォーマンスの低下に応じて新規事業への進出が行われるという関係を増幅ないし緩和するガバナンス要因は特定できない。総資産経常利益率の単独項の係数は，関連事業分野への進出確率に対しても，非関連事業分野への進出確率に対しても，すべて統計的に有意に負であるから（パネルC・Dモデル1・3・5・7・9・11），基本的には資産効率の低下に応じて新規事業への進出確率が上昇するという関係が確認できる。しかし，総資産経常利益率とガバナンス変数との交差項はすべて統計的に有意ではないから（パネルC・Dモデル2・4・6・8・10・12），この関係を増幅ないし緩和するガバナンス要因は特定できない。

　以上，企業パフォーマンスが一定の水準に満たない場合に，企業のガバナンス要因が新規事業への進出確率に与える影響を検証した。その結果，1990年度から1997年度にかけては，社外取締役の存在が関連・非関連事業分野への進出を抑制する一方，資本市場からの圧力が関連・非関連事業分野への進出を促す

ことが確認できた。また，1998年度から2004年度にかけては，執行役員制度の導入が関連事業分野および非関連事業分野への進出を，社外取締役の存在が関連事業分野への進出を促すことが確認できた。基本的には資産効率が業種平均に満たず，何らかの戦略的対応が必要とされる状況を分析対象としているから，進出を促す資本市場の圧力は経営の規律づけ効果をもつと評価できる。また，進出を促す執行役員制度も，企業の戦略的意思決定能力の向上に一定の効果をもつ可能性が示唆される。

なお，社外取締役は，1990年度から1997年度にかけては進出を抑制する一方，1998年度から2004年度にかけては逆に進出を促進する方向に作用していた。この点に関しては，社外取締役に何らかの機能的な変化があった可能性がある。それは，1990年代の後半以降，日本企業における取締役会の改革が大きく進展する過程で，コーポレート・ガバナンスという枠組みのなかで社外取締役が果たすべき役割が議論され，経営に対するモニタリング機能やアドバイス機能の強化が試みられてきたこと，また，独立性の厳格化も図られてきた結果，社外取締役の機能が変化し，経営者に対する規律づけ機能が表出してきたという可能性である。実際，取締役会のモニタリング機能の強化を狙った2001年の商法改正で，はじめて「社外取締役」が定義されている。

ただし，本項におけるもう1つの重要な結論は，企業パフォーマンスの低下に応じて新規事業分野への進出確率が上昇するという関係を，促進ないし阻害するガバナンス要因は確認されなかったということである。

8-2 撤退に対する企業ガバナンスの影響

続いて，撤退に対するコーポレート・ガバナンスの影響を検討しよう。基本的には，既存事業からの撤退確率に対する企業パフォーマンス変数の主効果が統計的に有意な場合を分析の対象とする。1990年度から1997年度サンプルでは，本業成長率の低下に応じて関連・非関連事業分野からの撤退が発生し，1998年度から2004年度サンプルでは，総資産経常利益率の低下に応じて関連・非関連事業分野からの撤退が発生していたから，企業のガバナンス構造がこれらの関係にどのような影響を与えていたのかが分析の焦点である。撤退確率に対するガバナンス要因の影響を検証する推計式(5)と，パフォーマンス変数とガバナン

ス変数の交差項を導入した推計式(6)を，サンプルを総資産経常利益率が業種平均未満に限定して再度推計した結果は**図表4-11**に示されている。

1990年度から1997年度の推計結果はパネルA・Bに示されている。第一に，特定のガバナンス構造をもつ企業で既存事業からの撤退確率が高くなる，あるいは低くなるという傾向は確認できない。これは，すべてのガバナンス変数の単独項の係数が，関連事業分野からの撤退確率に対しても（パネルA），非関連事業分野からの撤退確率に対しても（パネルB），統計的に有意ではないことから確認できる（モデル1・3・5・7・9）。ただし第二に，本業成長率が低いほど関連事業分野からの撤退確率が上昇するという傾向が，持ち合い株主の持株比率が高い企業で増幅されていることがわかる。これは，本業成長率の単独項の係数が統計的に十分有意ではないが負であり，本業成長率の鈍化によって関連事業の整理が行われる傾向が確認できること（パネルAモデル5），および本業成長率と持ち合い株主持株比率の交差項が10％水準ながら統計的に有意に負であることから確認できる（パネルAモデル6）。この推計結果は，仮説の想定とは逆である。基本的に，企業パフォーマンスの低下に感応的な撤退の発生を促進するガバナンス要因は経営に対する規律づけ効果をもつと解釈できるが，持ち合い株主の性質は，たとえ保有先企業の業績が低くとも株主総会等での発言も保有株式の売却も行わない安定株主であるから，経営者に対する業績低下のプレッシャーを緩和することはあっても増幅することはありえないはずである。統計的に十分頑健な結果とはいえないが，安定株主の存在が撤退という痛みや混乱を伴う意思決定を支援する役割を果たしていたのかもしれない。

次に，1998年度から2004年度の推計結果をパネルC・Dで確認しよう。第一に，社外取締役比率が高い企業ほど，関連・非関連分野を問わず，既存事業からの撤退確率が高いことがわかる。これは，社外取締役比率の単独項の係数が，関連事業分野からの撤退確率に対しても（パネルC），非関連事業分野からの撤退確率に対しても（パネルD），ともに1％水準で統計的に有意に正であることから確認できる（モデル5）。したがって，社外取締役の存在は，低パフォーマンス時の撤退を促すという意味で，事業のリストラクチャリングに寄与すると判断できる。しかしながら，社外取締役の存在が，撤退発生の負のパフォーマンス感応度を増幅するという効果は統計的に支持されなかった。総資産経常利

図表4-11 低パフォーマンス時の撤退に対する企業ガバナンス要因の影響

パネルA 1990-1997年度・関連事業

ガバナンス変数	取締役人数		社外取締役比率		持ち合い株主		外国人株主		機関投資家	
モデル	1	2	3	4	5	6	7	8	9	10
本業成長率	−1.083	−0.798	−1.038	−1.630*	−1.138	0.087	−1.339**	−1.305*	−1.360**	−1.281
	(−1.643)	(−0.557)	(−1.594)	(−1.724)	(−1.598)	(0.109)	(−2.040)	(−1.732)	(−2.053)	(−1.362)
ガバナンス変数	−0.008	−0.007	−0.105	−0.162	−0.012	−0.011	0.019	0.019	0.020	0.020
	(−0.316)	(−0.294)	(−0.188)	(−0.284)	(−0.789)	(−0.789)	(1.231)	(1.233)	(1.416)	(1.419)
本業成長率×ガバナンス		−0.015		2.371		−0.110*		−0.007		−0.009
		(−0.220)		(0.976)		(−1.769)		(−0.092)		(−0.115)
観測数	3,011	3,011	3,008	3,008	2,489	2,489	3,276	3,276	3,276	3,276

パネルB 1990-1997年度・非関連事業

ガバナンス変数	取締役人数		社外取締役比率		持ち合い株主		外国人株主		機関投資家	
モデル	1	2	3	4	5	6	7	8	9	10
本業成長率	−0.993	−1.992	−0.944	−1.369	−0.958	−0.082	−1.208*	−1.117	−1.217*	−1.230
	(−1.502)	(−1.436)	(−1.456)	(−1.411)	(−1.395)	(−0.094)	(−1.846)	(−1.522)	(−1.849)	(−1.345)
ガバナンス変数	−0.015	−0.017	−0.069	−0.111	−0.010	−0.008	0.015	0.015	0.015	0.014
	(−0.583)	(−0.669)	(−0.101)	(−0.185)	(−0.716)	(−0.605)	(0.946)	(0.951)	(0.955)	(0.941)
本業成長率×ガバナンス		0.049		1.668		−0.075		−0.019		0.002
		(0.899)		(0.653)		(−1.172)		(−0.266)		(0.020)
観測数	3,003	3,003	2,991	2,991	2,425	2,425	3,216	3,216	3,216	3,216

パネルC 1998-2004年度・関連事業

ガバナンス変数	総資産経常利益率		執行役員制度		社外取締役比率		持ち合い株主		外国人株主		機関投資家	
モデル	1	2	3	4	5	6	7	8	9	10	11	12
総資産経常利益率	−9.732***	−12.869**	−9.492***	−8.921***	−8.059***	−9.356**	−7.090**	−12.028***	−9.527***	−6.354**	−9.515***	−3.691
	(−3.368)	(−2.485)	(−3.343)	(−2.862)	(−2.689)	(−2.145)	(−2.165)	(−3.050)	(−3.356)	(−1.787)	(−3.341)	(−0.913)
ガバナンス変数	0.000	0.007	0.114	0.024	1.189***	1.341**	−0.021**	−0.021**	0.001	−0.013	−0.010	−0.014
	(0.004)	(0.461)	(0.510)	(0.081)	(3.344)	(2.676)	(−2.125)	(−2.125)	(0.119)	(−1.001)	(−0.121)	(−1.442)
総資産経常利益率×ガバナンス		0.296		−2.950		3.722		0.777*		−0.317		−0.411*
		(0.716)		(−0.466)		(0.402)		(1.945)		(−1.633)		(−2.242)
観測数	3,810	3,810	3,954	3,954	3,768	3,768	3,471	3,471	3,954	3,954	3,954	3,954

パネルD 1998-2004年度・非関連事業

ガバナンス変数	総資産経常利益率		執行役員制度		社外取締役比率		持ち合い株主		外国人株主		機関投資家	
モデル	1	2	3	4	5	6	7	8	9	10	11	12
総資産経常利益率	−8.952***	−15.891***	−8.792***	−8.173**	−7.248**	−8.285**	−6.482*	−14.860***	−8.833***	−6.290**	−8.890***	−4.776
	(−2.937)	(−2.924)	(−2.942)	(−2.475)	(−2.292)	(−1.779)	(−1.876)	(−3.759)	(−2.956)	(−1.700)	(−2.974)	(−1.153)
ガバナンス変数	−0.007	0.010	0.195	0.101	1.138***	1.249**	−0.021**	0.017	0.002	−0.010	0.002	−0.008
	(−0.486)	(0.557)	(0.824)	(0.323)	(3.016)	(2.366)	(−1.963)	(1.176)	(0.209)	(−0.720)	(0.200)	(−0.801)
総資産経常利益率×ガバナンス		0.689		−3.020		2.912		1.429***		−0.258		−0.296
		(1.473)		(−0.463)		(0.299)		(3.317)		(−1.271)		(−1.557)
観測数	3,810	3,810	3,954	3,954	3,768	3,768	3,471	3,471	3,954	3,954	3,954	3,954

注：推計はロジット・モデル（logit model）。（ ）内はz値。***は1％水準、**は5％水準、*は10％水準で有意。関連事業は日本標準産業分類の小分類（3桁コード）基準、非関連事業は同中分類（2桁コード）基準で事業分野を捕捉した場合。ガバナンス変数は標準化した値。コントロール変数（多角化、連結子会社数、連結総資産対数、年度ダミー、業種ダミー）および切片の表記は省略。総資産経常利益率は標準化した値。

益率の単独項の係数は，関連・非関連事業分野からの撤退確率に対して，ともに統計的に有意に負であるから（パネルC・Dモデル5），資産効率が低いほど既存事業からの撤退確率は高くなるが，総資産経常利益率と社外取締役比率の交差項は統計的に有意ではなかったからである（パネルC・Dモデル6）。一般的に，社外取締役には，経営に対するモニタリング機能とアドバイス機能が期待されている。低パフォーマンス・サンプルにおいて，社外取締役比率が高いほど関連・非関連事業分野からの撤退確率が高まるという関係が確認されたことは，社外取締役の経験や知識，あるいは社内のしがらみにとらわれない立場からの適切なアドバイスによって，既存事業からの撤退が促進されるという可能性を示唆する。しかし，社外取締役の存在が企業パフォーマンス低下時の改革圧力を強めることはないという意味で，経営者に対するモニタリング機能には限界がある可能性も示唆される。

　第二に，持ち合い株主持株比率が高い企業ほど，関連・非関連分野を問わず，既存事業からの撤退確率が低いことがわかる。これは，持ち合い株主持株比率の単独項の係数が，関連事業分野からの撤退確率に対しても（パネルC），非関連事業分野からの撤退確率に対しても（パネルD），ともに5％水準で統計的に有意に負であることから確認できる（モデル7）。したがって，持ち合い株主の存在は，低パフォーマンス時の撤退を妨げるという意味で，事業のリストラクチャリングを阻害すると判断できる。

　第三に，企業のガバナンス構造が，資産効率の低下に応じて既存事業からの撤退確率が上昇するという関係に影響を与えていることが確認できる。1つ目の影響をもつガバナンス主体が持ち合い株主である。持ち合い株主は，資産効率の低下に応じて関連事業分野および非関連事業分野からの撤退確率が上昇するという関係を緩和していたのである。まず，総資産経常利益率の単独項の係数は，関連・非関連事業分野からの撤退確率に対して，ともに統計的に有意に負であるから（パネルC・Dモデル7），基本的には資産効率が低いほど関連・非関連事業分野からの撤退確率が高くなるという関係が確認できる。しかし，総資産経常利益率と持ち合い株主持株比率の交差項は，関連事業分野からの撤退確率に対しては10％水準で（パネルCモデル8），非関連事業分野からの撤退確率に対しては1％水準で（パネルDモデル8），それぞれ統計的に有意に正で

あるから，持ち合い株主の持株比率が高いほどこの関係は緩和されてしまうのである。したがって，安定株主の存在は，直接的に撤退の発生確率を引き下げるだけでなく，企業パフォーマンスの低下という改革圧力も緩和してしまうのである。2つ目の影響をもつガバナンス主体が機関投資家である。機関投資家は，資産効率の低下に応じて関連事業分野からの撤退確率が上昇するという関係を増幅していたのである。総資産経常利益率の単独項の係数は，関連事業分野からの撤退確率に対して1％水準で統計的に有意に負であるから（パネルCモデル11），基本的には資産効率が低いほど関連事業からの撤退確率が高くなるという関係が確認できる。さらに，総資産経常利益率と機関投資家持株比率の交差項の係数が5％水準で統計的に有意に負であるから（パネルCモデル12），機関投資家の持株比率が高いほどこの関係が増幅されているのである。したがって，機関投資家の存在は，企業パフォーマンスの低下に応じた撤退を促進するという意味で，経営に対する規律づけ効果をもつと評価できる。

　以上，企業パフォーマンスが一定の水準に満たない場合に分析の焦点を絞り，企業のガバナンス要因が既存事業からの撤退確率に与える影響を検証した。その結果，企業のガバナンス特性が既存事業からの撤退確率に与える影響がもっとも顕著に確認できるのは，1997年の銀行危機後に「選択と集中」が経営のスローガンとなった1990年代の後半から2000年代半ばにかけての時期であることがわかった。この時期，関連事業分野・非関連事業分野を問わず，社外取締役比率が高い企業ほど既存事業からの撤退確率が高い一方，持ち合い株主の持株比率が高い企業ほど既存事業からの撤退確率が低かった。したがって，社外取締役の経営に対するモニタリング機能やアドバイス機能が発揮され，低パフォーマンス時の撤退が促進される可能性が示された。他方，株式の相互持ち合いによる安定株主の存在は，低パフォーマンス時の撤退を阻害するという意味で，既存の事業ポートフォリオを温存させる役割を果たしていた可能性が示された。

　さらに，企業のガバナンス特性が，資産効率の低下に応じて既存事業からの撤退確率がシステマティックに上昇するという関係に与える影響を確認したところ，持ち合い株主の存在がこの関係を緩和してしまう一方，機関投資家の存在がこの関係を増幅するという重要な事実を発見した。つまり，持ち合い株主

第 4 章　進出・撤退とコーポレート・ガバナンス

は，既存の事業ポートフォリオを温存させるだけでなく，経営者に対する資本市場からのプレッシャーも緩和するという効果をもっていた。これとは対照的に，機関投資家などの"もの言う"株主は，企業パフォーマンス低下時の変革圧力を増幅するという意味で，経営に対する規律づけ機能を果たしていた。

9　まとめ

9-1　進出と撤退のメカニズム―企業パフォーマンスの影響―

　本章では，事業ポートフォリオの再編という戦略的意思決定に対して，新規事業への進出と既存事業からの撤退という視点からアプローチし，これらの選択確率に対する企業のパフォーマンス要因とガバナンス要因の影響を分析してきた。その際，企業パフォーマンスの低迷は進出と撤退による事業ポートフォリオ再編の契機となるのか，そして企業のガバナンス構造は進出と撤退による事業ポートフォリオの再編にいかなる影響を与えるのかという点に分析の焦点を当てた。企業パフォーマンスの低下に応じてシステマティックに進出や撤退による事業再編が行われることは，企業に自律的な戦略形成のメカニズムが内在する証左となるからである。また，この関係を強化するガバナンス要因は，組織非効率を矯正するという改革の圧力を増幅するという意味で，経営の規律づけメカニズムとしての機能を果たしていると判断できるからである。本章で確認された分析結果は以下の通りである。

　はじめに，新規事業分野への進出件数と既存事業分野からの撤退件数の推移を確認した。その結果，第一に，進出と撤退はほぼ同じ動きをしており，日本企業は進出と撤退を組み合わせながら事業ポートフォリオの再編を行っていた可能性が示唆された。第二に，非関連事業分野における進出・撤退よりも，関連事業分野における進出・撤退のほうが件数が多く，非関連事業分野にわたるドラスティックな事業ポートフォリオの再編よりも，関連性の高い事業分野間で事業内容を再編するといった漸進的な変化のほうが一般的であることが確認された。第三に，時系列変化に着目すると，1990年代初頭のバブル崩壊後，1997年の銀行危機後，そして2008年のリーマンショック後に進出と撤退の増加がみ

られ，主にマクロ経済における大きなショック後の不況期に，事業ポートフォリオの再編が活発化することが確認された。

　そして，進出と撤退に対する企業パフォーマンス要因の影響を検証した結果，以下の点が明らかにされた。まず，1990年度から1997年度には，総資産経常利益率の低下に応じて非関連事業分野への進出確率が上昇し，本業成長率の鈍化に応じて関連事業分野および非関連事業分野への進出確率が上昇するという関係が確認された。つまり，企業パフォーマンスの低下に応じて新規事業への進出が行われていた。ただし，この時期，企業のパフォーマンス要因は既存事業からの撤退確率に一切影響を与えていなかった。1998年度から2004年度にかけては，本業成長率の鈍化に応じて関連事業分野および非関連事業分野への進出確率が上昇するとともに，総資産経常利益率の低下に応じて関連事業分野からの撤退確率が上昇するという関係が確認された。つまり，1997年の銀行危機後に「選択と集中」が事業リストラクチャリングのシンボルとして掲げられるようになった局面になってはじめて，進出と撤退の双方が企業パフォーマンスの低下に感応的に発生するようになったのである。すなわち，企業パフォーマンスの低下が改革圧力として機能し，進出と撤退による事業ポートフォリオの再編を促したのである。そして，2005年度から2010年度になると，新規事業への進出に対する企業パフォーマンス要因の影響が確認できなくなる一方，関連事業分野および非関連事業分野からの撤退は，主に総資産経常利益率が高い企業群で行われていたことがわかった。すなわち，高パフォーマンス企業が攻めの事業集約化を進めるという構図である。

　これらの分析結果から，進出と撤退のメカニズムに関しては次の2点が重要である。第一は，進出と撤退のメカニズムが異なるという事実である。進出件数と撤退件数の時系列推移が同じような傾向を示していたことから，企業が進出と撤退を組み合わせた事業ポートフォリオの再編を行っていた可能性が示唆されたが，それぞれに影響を与える企業のパフォーマンス要因は異なっていた。新規事業への進出は，主に本業成長率の鈍化を引き金として発生していた。したがって，本業の成長不振は企業全体の将来に対する大きな不安要素であり，新規事業への進出を図ることで経営基盤の安定化を模索するインセンティブを強めるといえる。これに対して，既存事業からの撤退に影響を与えていたのは

総資産経常利益率であったが，その影響は時期によって異なっていた。1998年度から2004年度にかけては，資産効率の低下が撤退確率を上昇させるのに対して，2005年度から2010年度にかけては，資産効率が高い企業ほど撤退を行っていたのである。資産効率の低さが既存事業からの撤退を促すというロジックはシンプルで，採算の悪い事業を整理するという可能性が高いだろう。他方，資産効率が高いほど撤退が行われるという関係は仮説と逆であるが，好業績を残している事業から撤退することは常識的に考えにくいため，好業績で財務的に余裕のある企業が将来性の乏しい事業を積極的に整理していたのかもしれない。

第二は，企業パフォーマンスが新規事業への進出と既存事業からの撤退に与える影響は，時期によって異なるという事実である。推計結果によると，企業パフォーマンスの低下がトリガーとなって新規事業分野への進出と既存事業分野からの撤退が進むという関係は，主に1997年の銀行危機後の局面，すなわち「選択と集中」を旗印に事業ポートフォリオの再編が試みられた時期に典型的にみられた現象であった。多角化の推移と合わせてみると，多角化が進展していた1990年代においては，既存事業からの撤退確率に対する企業パフォーマンス要因の影響が確認できなかった。また，多角化が安定的に推移していた2000年代においては，新規事業への進出確率に対する企業パフォーマンス要因の影響が確認できなかった。前者に関しては，1990年代は多角化が基本的な戦略トレンドであり，おそらく撤退は戦略オプションとして十分に認識されていなかった可能性がある。また後者に関しては，2000年代の前半に「選択と集中」がやっと一段落したという状況であり，そもそも更なる進出という戦略オプションの余地が小さかったのかもしれない。

9-2　進出・撤退のメカニズムとコーポレート・ガバナンス

次に，新規事業への進出と既存事業からの撤退に対する企業パフォーマンスの影響が確認できる局面を対象に，企業ガバナンス要因の影響を検証した。企業パフォーマンスの低下に応じて進出や撤退が行われるという関係を増幅するガバナンス要因は，経営に対する規律づけ効果をもつと判断できるし，逆に，この関係を緩和するガバナンス要因は，経営者への改革圧力に対するバッファーとして機能し，事業ポートフォリオの再編を阻害するという意味で問題

があると判断できるからである。

　まず，新規事業への進出に関しては，1990年度から1997年度にかけて，持ち合い株主の持株比率が高いほど非関連事業分野へ進出する確率が高いこと，また，機関投資家の持株比率が高いほど関連事業分野および非関連事業分野へ進出する確率が高いことが確認された。通常，"もの言わぬ"株主である持ち合い株主と"もの言う"株主である機関投資家は，企業経営に対するインパクトが対照的であると想定されるが，この局面ではともに進出を促す方向に作用していた。この時期には多角化が進展していたが，新規事業への進出に対しては，安定的なサポートと資本市場からの圧力の双方が補完的に作用していたのかもしれない。ただし，より重要なポイントは，1990年度から1997年度だけではなくすべての期間において，総資産経常利益率の低下や本業成長率の鈍化に応じてシステマティックに進出確率が上昇するという関係を増幅ないし緩和するガバナンス要因を確認できなかったという事実である。つまり，企業のガバナンス構造は，進出のパフォーマンス感応度に一切影響を与えていなかったのである。

　他方，既存事業からの撤退に関しては，特定のガバナンス構造を有する企業で撤退確率が高い，あるいは低いという証拠は確認されなかった。さらに，総資産経常利益率の低下に応じて撤退確率が高まるという関係を増幅ないし緩和するガバナンス要因も特定できなかった。つまり，企業のガバナンス構造は，撤退のパフォーマンス感応度に対しても，まったく影響を与えていなかったのである。

　したがって，基本的には，企業パフォーマンスの低下に応じてシステマティックに進出と撤退の発生確率が上昇するという関係を増幅ないし緩和するガバナンス要因は確認できなかったという事実がここでは重要である。

9-3　低パフォーマンス時の進出と撤退のメカニズム

　次に，企業パフォーマンスの水準と事業再編の必要度が，単純な線形の負の相関関係にはないという可能性に着目した。すなわち，企業パフォーマンスがある一定の水準に満たない場合は，業績悪化の程度に応じて事業ポートフォリオ再編の必要度は高まるが，この関係は，企業パフォーマンスが一定の水準以

上の場合は明確ではないという可能性である。そこで，企業パフォーマンスの低下に応じて事業再編の必要度が高くなるという関係が明確に想定される場合，すなわち企業のパフォーマンスがある一定の水準に満たない場合に分析の焦点を絞り，進出と撤退に対する企業のパフォーマンス要因およびガバナンス要因の影響を再度検証した。

新規事業への進出に関しては，1990年度から1997年度および1998年度から2004年度に，総資産経常利益率の低下に応じて関連・非関連事業分野への進出確率がシステマティックに上昇するという関係が確認された。しかし，2005年度以降になると，この関係は確認されなくなった。全体サンプルでの推計結果と比較した場合，第一に，1990年度から1997年度には，資産効率の低下に応じて新規事業への進出確率が高くなるという傾向がより顕著であった。全体サンプルでは，資産効率の低下が非関連事業への進出を促すという関係のみが確認されたが，低パフォーマンス・サンプルの場合，これに加えて，資産効率の低下が関連事業への進出も促すという結果が得られたからである。第二に，1990年度から1997年度，および1998年度から2004年度に関しては，全体サンプルでは主に本業成長率の鈍化が新規事業への進出を促すという関係が明確であったが，低パフォーマンス・サンプルの場合は，総資産経常利益率の低下が新規事業への進出を促すという関係が明確であった。低パフォーマンス・サンプルのほうが，業績悪化に応じて進出確率が上昇するという関係が明確であるとはいえないものの，企業パフォーマンスの悪化が新規事業への進出を促すという結果は同じであった。第三に，2000年代の半ば以降，新規事業への進出確率に対する企業パフォーマンス要因の影響が確認されないという点は，全体サンプルと同じ結果であった。

既存事業からの撤退に関しては，1990年度から1997年度に，本業成長率の鈍化に応じて，関連・非関連事業分野からの撤退確率がシステマティックに上昇するという関係が確認された。また，1998年度から2004年度には，総資産経常利益率の低下に応じて，関連・非関連事業分野からの撤退確率がシステマティックに上昇するという関係が確認された。しかし，2005年度以降に関しては，企業パフォーマンスの低下が既存事業からの撤退確率を上昇させるという関係は確認できなかった。全体サンプルでの推計結果と比較した場合，第一に，

1990年代の初頭から2000年代の半ばまで，企業パフォーマンスの低下に応じて既存事業からの撤退確率が上昇するという関係がより明確であった。1990年度から1997年度では，全体サンプルの場合，関連・非関連事業からの撤退に対して企業パフォーマンスは一切影響していなかったが，低パフォーマンス・サンプルの場合，本業成長率の低下に応じて，関連・非関連事業分野からの撤退確率が上昇するという関係が確認できたからである。また，1998年度から2004年度においては，全体サンプルでは，資産効率の低下が関連事業からの撤退を促すという関係のみが確認されたが，低パフォーマンス・サンプルの場合は，これに加えて，資産効率の低下が非関連事業からの撤退も促すという関係が確認されたからである。第二に，2000年代の半ば以降は，全体サンプルでは資産効率が高いほど既存事業からの撤退確率が高いという関係が確認されたが，低パフォーマンス・サンプルでは，この関係は確認されなかった。

したがって，企業パフォーマンスが一定の水準に満たない場合，1990年度から1997年度においては，総資産経常利益率の低下に応じて新規事業への進出が行われるとともに，本業成長率の鈍化に応じて既存事業からの撤退が行われていた。また，1998年度から2004年度においては，総資産経常利益率の低下に応じて，新規事業への進出と既存事業からの撤退が行われていた。つまり，1990年代の初頭から2000年代の半ばまで，企業パフォーマンスの低下が改革圧力となって，進出と撤退による事業ポートフォリオの再編が進むという関係がより明確に確認できたのである。

9-4　低パフォーマンス時の進出・撤退とコーポレート・ガバナンス

そこで，総資産経常利益率が業種平均に満たない場合に，新規事業への進出と既存事業からの撤退に対して，企業のガバナンス要因がどのような影響を与えていたのかを確認した。基本的にはパフォーマンスが低く，事業再編の必要度が高いと想定される状況であるから，進出や撤退を促す，あるいは進出や撤退の負のパフォーマンス感応度を増幅するガバナンス要因は，経営の規律づけ効果をもつとポジティブに評価できる。他方，進出や撤退を妨げる，あるいは進出や撤退の負のパフォーマンス感応度を緩和してしまうガバナンス要因は，必要な事業再編を遅らせるという意味でネガティブに評価できる。

第4章　進出・撤退とコーポレート・ガバナンス

　まず，新規事業への進出に対するガバナンス要因の影響に関しては，1990年度から1997年度にかけては，社外取締役の存在が関連・非関連事業分野への進出を抑制する一方，資本市場からの圧力が関連・非関連事業分野への進出を促していたことが確認できた。また，1998年度から2004年度にかけては，執行役員制度の導入が関連・非関連事業分野への進出を促すこと，社外取締役の存在が関連事業分野への進出を促すことが確認できた。したがって，企業パフォーマンスが一定の水準に満たない場合に新規事業への進出を促すという意味で，資本市場の圧力は経営の規律づけ効果をもつと評価でき，執行役員制度の導入はトップ・マネジメントの戦略的意思決定能力の向上に一定の効果をもつと評価できる。

　なお，社外取締役の影響は，1990年度から1997年度は進出抑制的であったが，1998年度から2004年度は進出促進的に変化していた。この社外取締役の機能転換に関しては，次の2つの見方が可能であろう。第一は，社外取締役に対する肯定的な見方である。1990年度から1997年度にかけて，社外取締役が進出を抑制していたことに関しては，次のように考えることもできる。社外取締役は，外部者とはいえ企業の外部にいる株主に比べると，取締役会という戦略的意思決定の場に身を置くため，企業の内部情報に接する機会が相対的に豊富である。したがって，何らかの改革が必要な状況ではあるが，新規事業への進出というリスクの大きさをより正確に考慮できたという可能性である。こう考えると，それではなぜ，1998年度から2004年度には，社外取締役が進出を促進するようになるのかに関しても整合的な説明が必要になる。ここで注目すべきは，1990年代の後半以降，実は社外取締役が新規事業への進出を促すだけではなく，既存事業からの撤退も促していたという事実である。したがって，「選択と集中」が活発化する中で，社外取締役は新規事業への進出と既存事業からの撤退を組み合わせた事業ポートフォリオの再編を促進するという役割を果たすようになったと評価することができる。

　第二は，社外取締役の中身が変化したという見方である。すなわち，1990年度から1997年度にかけて，何らかの改革が必要な時に進出を妨げたという事実をそのまま否定的に評価し，1998年度から2004年度にかけて，社外取締役が低パフォーマンス時の進出を促すようになったことを積極的に評価するという見

方である。この場合，それではなぜ，社外取締役の機能が1990年代の後半を境に変化したのかに関する合理的な説明が必要になる。ここでの重要なポイントは，ガバナンスの制度的変容である。まず，これは定義に関する問題でもあるが，当該企業以外の出身者もしくは他社との兼任が確認できる取締役を社外取締役にカウントしているため，特に子会社や関連会社では親会社等の支配会社から派遣された取締役が多数存在する。他方，1990年代の後半，特に1997年のソニーによる取締役会の構造改革以降は執行役員制度の普及が進み，さらに2000年以降になると商法改正を経て社外取締役の制度的役割が確立されるようになった。この間，コーポレート・ガバナンスにおける社外取締役の独立性や役割が議論され，経営に対するモニタリング機能やアドバイス機能の強化が試みられてきた。さらに，社外取締役の独立性に関しても厳格化が図られたことで，経営者に対する規律づけ機能が徐々に発揮されてくるようになったという可能性である。すなわち，社外取締役の多さには親会社等の支配会社に従属的な戦略決定という側面が残されていたが，1990年代の後半以降は，社外取締役によるモニタリングやアドバイスの効果が表出し，経営に対する規律づけ機能を果たすようになったという見方である。

　ただし，ここでの重要な結果は，総資産経常利益率の低下に応じてシステマティックに進出確率が上昇するという関係を増幅ないし緩和するガバナンス要因を特定できなかったことである。企業のガバナンス要因が進出のパフォーマンス感応度に影響しないという結果は，全体サンプルを用いた場合の結果と同様であった。したがって，企業パフォーマンスの低下を新規事業への進出圧力としてどれだけ強く認識するかという，経営者の状況認識の感度に対しては，これを鋭敏化も鈍化もしないという意味で，企業のガバナンス要因の影響は限定的であったといえる。

　次に，既存事業からの撤退に対するガバナンス要因の影響を確認しよう。1990年度から1997年度では，本業成長率の鈍化に応じて関連事業からの撤退が行われるという傾向が，持ち合い株主の持株比率が高い企業でより明確であることが確認された。ただし，既存事業からの撤退に対する企業のガバナンス構造の影響が最も顕著に確認できたのは，「選択と集中」が活発になった1990年代の後半から2000年代の前半にかけての局面であった。

第4章　進出・撤退とコーポレート・ガバナンス

　第一に，この時期には，社外取締役比率が高い企業ほど，関連・非関連事業分野からの撤退確率が高いこと，対照的に，持ち合い株主の持株比率が高い企業ほど，関連・非関連事業分野からの撤退確率が低いことが確認された。これらの結果は，社外取締役が経営に対するモニタリング機能やアドバイス機能を発揮して，低パフォーマンス時の撤退を促進する一方で，株式の相互持ち合いに基づく安定株主の存在が，資本市場からの圧力を緩和し，低パフォーマンス時の撤退を阻害する方向に作用していた可能性を示唆する。ただし，低パフォーマンス時の進出と撤退を促進する作用をもった社外取締役も，進出や撤退の負のパフォーマンス感応度を高めるという効果，すなわち，経営者の状況認識の感度を鋭敏化するという意味での規律づけ機能には限界がある可能性も示された。この原因の1つには，社外取締役として，企業に有益なアドバイスを提供できる人物は登用されるが，経営陣に対して強い圧力をかける人物は登用されにくいという人選のあり方に問題がある可能性が考えられる。すなわち，チェックされる人間がチェックする人間を選ぶという構造的な問題である。

　第二に，この時期には，総資産経常利益率の低下に応じて既存事業からの撤退確率がシステマティックに上昇するという関係に対して，企業のガバナンス構造が影響を与えていることが確認された。持ち合い株主の持株比率が高い企業ほどこの関係が弱いのに対して，機関投資家の持株比率が高い企業ほどこの関係が強いという事実が発見されたのである。つまり，持ち合い株主などの"もの言わぬ"株主は，既存の事業ポートフォリオを温存させるだけではなく，企業パフォーマンスの低下に応じて強まる経営者に対する資本市場のプレッシャーも緩和するといえる。対照的に，機関投資家などの"もの言う"株主は，企業パフォーマンス低下時の改革圧力を増幅するという意味で，経営に対する規律づけ機能を果たしていたといえる。

注

1　例えば本庄（2002）は，日本の製造業における参入と退出に影響を与える産業特性を分析し，市場成長率の高い産業で参入が起こりやすい一方，市場成長率の低い産業では退出が起こりやすいことなどを明らかにしている。また，進出や撤退の先行研究のサーベイに関して

は，森川・橘木（1997），森川（1996）などを参照のこと。
2 もちろん，経営者，特に代表取締役社長が強いリーダーシップを発揮して，進出や撤退といった戦略的意思決定を一気に行う可能性も考えられる。特に，経営者交代のタイミングで新しい企業戦略が打ち出される可能性もある。この論点に関しては，今後の研究課題としたい。
3 取締役会の規模に関しては，逆の可能性も考えられる。つまり，取締役が多いほど多面的な視点からの現状分析が可能になり，事業ポートフォリオの再編が進むという可能性である。
4 青木（2017）は，企業のガバナンス構造が粉飾決算などの会計不正に与えた影響を分析している。外国人株主や機関投資家の影響に関しては，粉飾決算を抑止するという意味で経営に対する規律づけ効果をもつ一方，申告漏れ等を誘発するという意味で過度の利益圧力を与えている可能性を示している。
5 宮島・稲垣（2003）は，外国人株主が1990年代の前半には事業の集中化を，1990年代の後半には多角化を促進したことを示している。これは，ある株式所有構造の影響が年代によって異なる可能性を示唆するものである。
6 それぞれの推計でハウズマン検定を行い，その結果に従って固定効果ロジット・モデルの推計結果を報告している。
7 当年度 t から翌年度 $t+1$ にかけての進出と撤退を分析するため，推計サンプルの最終年度は2010年度（2010年度から2011年度にかけての進出と撤退）となる。
8 ただし，オリジナル・データであるセグメント情報が企業側の基準で決められている以上，単純に企業側が事業分野の表記方法を変更したことによるノイズを完全には除去できていないことには注意が必要である。
9 なお，2005年度にも大きな山があるが，これはマクロ景気の影響というよりも，本書における事業分野の特定方法の変更（具体的な変更内容は第2章3節参照）の影響であると考えられる。第2章でみたように，2000年代における事業分野数の推移は極めて安定的であり，また，景気動向も"いざなぎ超え"ともいわれたように，この間は安定的な拡大局面にあったからである。
10 これには，もちろんリーマンショックの影響も含まれるが，事業分野の特定方法の変更の影響も含まれる。
11 なお，企業のパフォーマンス変数として現数値の総資産経常利益率を用いた場合，総資産経常利益率と執行役員制度導入ダミーの交差項は5％水準で統計的に有意に正であった。
12 日本標準産業分類の中分類（2桁コード）基準でみた場合の各社の最大売上高部門（本業）で業種を識別し，業種ダミーを作成した。

第 5 章

経営戦略を適正化する
コーポレート・ガバナンス
－経営の規律づけメカニズム－

1 「選択と集中」による事業再編と
　　コーポレート・ガバナンスの変容

　この最終章では，本書の問題意識とこれまでに明らかにされた事実を整理しつつ，コーポレート・ガバナンスが経営戦略に与える影響に関する結論を提示する。そして，本書の結論から得られるインプリケーションに基づき，今後の日本企業の経営戦略の形成メカニズムを簡単に展望する。

　本書の大きな課題は，企業のガバナンス構造が経営戦略に与える影響を解明することにあった。そして，この経営戦略の内容として，経営者の戦略的意思決定が反映される多角化戦略の変更や進出と撤退による事業ポートフォリオの再編に着目した。22年間という分析対象期間，すなわち1990年代の初頭から2010年代の初頭までの時期には，事業ポートフォリオ構造の複雑化とグループ組織の巨大化が進展するという局面と，これらへの戦略的対応として「選択と集中」が活発化するという局面の双方が含まれていた。

　1990年代から2000年代の前半にかけては，多角化によって事業内容が拡大し，グローバル化によって活動範囲の地理的空間が拡大したばかりではなく，分社やM&Aの積極的な活用によって連結子会社数が増加し，企業のグループ組織は巨大化していった。そして，これらの戦略展開の結果，日本企業は株主と経営者間の伝統的なエージェンシー問題だけではなく，トップ・マネジメントと事業部などの事業ユニット間，あるいは親会社と子会社間という二層目のエー

ジェンシー問題にも直面するようになった。すなわち，企業組織内あるいは企業グループ内におけるエージェンシー問題の解決が最重要な戦略課題の1つとなったのである。

　事業ポートフォリオ構造の複雑化とグループ組織の巨大化は，明らかに経営者の意思決定負荷を増大させたといえる。管理機構の限界が見え始めた日本企業は，1997年の銀行危機を契機に，あるいは2000年3月期からの連結決算の本格化を見据えて，戦略的意図をもって「選択と集中」を活発化させた。そして，その効果は概ね2000年代以降に，企業の事業ポートフォリオに反映され始めた。その後，比較的安定的に推移した事業構造は，2008年のリーマンショックを経て再びリストラクチャリングを要するようになったのである。なお，この「選択と集中」による事業ポートフォリオの再編は，不採算事業などの整理を進めて自社の競争力を高めるという一般に認識されている効果だけではなく，企業ドメインをコア事業とその関連領域に限定することで，経営陣の意思決定負荷の増大に対処するという意義もあった。激変する経営環境に対処するために，より本質的で重要性の高い戦略的課題に希少な資源である経営陣のエネルギーを集中させなければならなくなったのである。そして，経営者の典型的な戦略的意思決定である企業ドメインの選択や経営資源の配分といった問題に，コーポレート・ガバナンス構造はいかに影響しているのかを本書では問うたのである。

　他方，比較的同質的だった日本企業のガバナンス構造も，この間に大きく変容した。安定的な外部環境のもとで経営戦略との高い親和性を発揮し，経済合理性の維持と向上に寄与したとされる伝統的な関係ベースのガバナンスから，市場ベースのガバナンスまで多様化が大きく進展したのである[1]。つまり，株式の相互持ち合いによる安定株主の存在と，メインバンクによる事前・期中・事後の統合されたモニタリング，そして，大規模で内部昇進者優位の取締役会に代表される伝統的な日本型ガバナンスは，外国人株主や機関投資家などの"もの言う"株主のプレゼンス上昇，取締役会のダウンサイジング，執行役員制度の導入による経営と執行の分離，社外取締役によるモニタリングやアドバイス機能の強化など，新たな特徴を備えるようになったのである。本書の背後には，伝統的な日本型ガバナンスの構造が，経営者の現状認識に対するアンテナの感

度を鈍化させる一方，戦略的意思決定機能とモニタリング機能が強化された取締役会と資本市場からの圧力は，経営者の現状認識の感度を鋭敏化させたのではないかという問題意識があった。

2　多角化戦略の変更メカニズムとコーポレート・ガバナンス

　まず，本書の出発点となる事実を様式化するために，1990年代以降の日本企業の戦略展開を概観した。多角化は，1990年代初頭のバブル崩壊後には一旦修正されるが，その後は1990年代を通じて大きく進展した。この間，多角化の主役は製造業企業であり，特に大企業では関連多角化だけではなく非関連多角化も進展していた。1997年の銀行危機後は，「選択と集中」をモットーに事業ポートフォリオの再編が試みられたが，多角化路線が収束するのは2000年代の初頭になってからであった。その後，2000年代における多角化の推移は極めて安定的であった。そして，2008年のリーマンショック後の不況を経て，事業分野の整理が進み専業化方向への変化が顕著にみられたのである。なお，多角化のタイプでみると，日本標準産業分類の中分類（2桁コード）基準で複数の事業を抱える非関連多角化型がサンプル全体の80％強を占め圧倒的に多いが，本業比率の平均はおよそ80％と高く，基本的には本業を中心としたビジネス展開が主流であった。ただし，リーマンショック後には，日本標準産業分類の中分類（2桁コード）基準でみた事業分野が1つである専業企業がおよそ10％まで，同じく中分類（2桁コード）基準の事業分野が1つであり，かつ小分類（3桁コード）基準の事業分野を複数抱える関連多角化企業がおよそ6％まで増加した。

　次に，グローバル化の進展度合いを，海外売上高比率の推移で確認した。その結果，グローバル化は1990年代の後半から2000年代の後半にかけて大きく進展し，リーマンショック後に停滞をみせたことがわかった。また，1998年から2002年にかけては分社が活発に行われ，2000年代以降はM&Aが活発に行われた結果，企業の連結子会社数が大きく増加した。1990年代は特に大企業でグループ化の進展が顕著であり，2000年代以降は特に製造業企業において子会社

数の伸びが顕著であった。そして，リーマンショック後の不況期には子会社数の絞り込みが行われたのである。このように，1990年代以降の日本企業の戦略展開をフォローし，多角化，グローバル化，グループ化が大きく進展していたという事実を様式化した。

　日本企業では，事業ポートフォリオ構造の複雑化とグループ組織の巨大化への対応が必要になったといえるが，この戦略的対応として，本書では「選択と集中」を鍵概念に，2つのレベルの戦略的意思決定に着目した。第一は，事業分野の"選択"に関連する戦略的意思決定であり，新規事業への進出と既存事業からの撤退による事業ポートフォリオの再編を分析の対象とした。第二は，経営資源の"集中"に関連する戦略的意思決定であり，多角化水準の変更を分析の対象とした。事業分野の"選択"は，進出や撤退の対象となる事業の期待収益や自社の競争力などを将来にわたって見通す必要があり，また，検討対象の時間的・空間的範囲も広範で不確実性が高いため，よりハードな戦略的意思決定といえる。これに比べると，"選択"された事業分野を所与としたうえで，競争力のある事業にヒト・モノ・カネなどの経営資源を重点的に配分する，すなわち経営資源の"集中"はよりソフトな戦略的意思決定といえる。そして，これらの戦略的意思決定に関する最終的な権限をもつ経営者が，戦略変更に対するフィナンシャル・プレッシャーをどのように知覚するのか，さらにこの圧力を増幅ないし緩和する企業のガバナンス要因があるのか否かを，定量的な分析によって解明しようと試みたのである。

　はじめに，経営資源の"集中"という戦略的意思決定の結果が主に反映される多角化水準の変化に着目し，その決定要因を分析した。多角化戦略の変更メカニズムとこれに対するコーポレート・ガバナンスの影響を検証した結果，以下の諸点が明らかになった。

　(1) 基本的に，戦略変更は企業パフォーマンスの低下に応じてシステマティックに行われる。そして，このメカニズムは1990年代の後半から2000年代の半ばにかけての時期に最も顕著であり，資産効率や収益性の低下が戦略変更のトリガーとなっていた。また，このメカニズムは企業パフォーマンスが一定の水準に満たない場合により明確であり，1990年度から1997年度にかけては本業成長率の鈍化が，1998年度から2004年度にかけては総資産経常利益率の低下

が，戦略変更の主要因であった。したがって，企業パフォーマンスの低下は，経営者に対する既存戦略の見直し圧力を高めるといえる。

(2) 大規模な取締役会と株式の相互持ち合いは，1990年代の後半から2000年代の半ばにかけての時期に，企業パフォーマンスの低下に感応的な戦略変更を阻害し，既存戦略の固定化をもたらす負の効果をもった。伝統的な日本型ガバナンスの逆機能である。したがって，大規模な取締役会をもつ企業では，戦略的意思決定機能が低下している可能性が示された。取締役会の肥大化が調整コストの増大をもたらし，迅速な意思決定を阻害する可能性，意思決定責任の分散によって個々の努力水準やコミットメントが低下する可能性，自身の担当部門の利害優先が全社的な視点に基づく戦略策定を阻害する可能性などの潜在的な弊害である。日本企業が，戦略的意思決定機能の向上のために，取締役会のダウンサイジングを進めてきた判断は合理的であったと評価できよう。

また，株式の相互持ち合いによる安定株主の存在は，資本市場からの圧力を緩和することで，改革の切迫度に対する経営者の感覚を鈍化させる可能性が示された。そして，この影響は，特に非関連多角化の戦略変更で顕著であったから，「選択と集中」によって非効率とされる非関連事業の整理を進めるという企業行動が妨げられた可能性が高い。

他方，社外取締役の存在は，企業パフォーマンスの低下に応じた戦略変更を促進するという意味で，経営の規律づけ効果をもった。したがって，社外取締役が経営に対するモニタリング機能やアドバイス機能に関して一定の役割を果たしている可能性が示唆された。

(3) 企業パフォーマンスが業種平均に満たない場合，伝統的な日本型ガバナンスの逆機能が依然として確認できる一方，経営の規律づけ効果をもつガバナンス要因を特定することができた。すなわち，大規模な取締役会や持ち合い株主が企業パフォーマンスの低下に応じた戦略変更を阻害する一方，社外取締役比率が高い企業，および外国人株主や機関投資家の持株比率が高く，経営者が資本市場からの強い圧力に晒されている企業では，組織パフォーマンスの低下に感応的な戦略変更が促進されていた。したがって，社外取締役の存在に加えて，"もの言う"株主の存在も，経営者が知覚するフィナンシャル・プレッシャーを増幅する役割を果たしていたといえる。これらの結果は，第一に，取締役会

の改革がトップ・マネジメントの戦略的意思決定機能とモニタリング機能の強化に寄与する可能性を示している。そして第二に，資本市場からの圧力が「選択と集中」による事業ポートフォリオの再編を促す規律づけメカニズムとして重要な役割を果たしていたことを示している。なお，外国人株主や機関投資家の規律づけ効果は，低パフォーマンス・サンプルにおける非関連多角化の戦略変更に対してのみ確認できたから，資本市場からの圧力は「選択と集中」が求められる状況で，非効率とされる非関連事業の見直しを促す規律づけメカニズムとして重要な役割を果たしたといえる。

3　進出と撤退のメカニズムとコーポレート・ガバナンス

　次に，事業分野の"選択"に関連する戦略的意思決定として，新規事業への進出と既存事業からの撤退による事業ポートフォリオの再編に着目した。進出件数と撤退件数は同じような推移を示しており，日本企業が進出と撤退を同時に組み合わせながら事業ポートフォリオの再編を行っていた可能性が示された。また，進出と撤退は，1990年代初頭のバブル崩壊後，1997年の銀行危機後，および2008年のリーマンショック後に活発化しており，大きなマクロ経済ショックを契機に事業ポートフォリオの再編が進められたといえる。しかしながら，実は，進出のメカニズムと撤退のメカニズムは微妙に異なっていた。進出と撤退それぞれの発生確率に対する企業のパフォーマンス要因とガバナンス要因の影響を検証した結果，以下の諸点が明らかになった。

　(1)　新規事業への進出は，1990年代の前半から2000年代の半ばまで，一貫して本業成長率の鈍化によって引き起こされていた。したがって，本業の成長不振は企業全体の将来に対する大きな不安要素であり，新規事業への進出を図ることで経営基盤の安定化を模索するインセンティブを強めるといえる。一方，既存事業からの撤退は，1990年代の後半になってはじめて，資産効率や収益性の低下に応じて発生するようになった。したがって，新規事業への進出と既存事業からの撤退を組み合わせた事業ポートフォリオの再編は，「選択と集中」が経営のスローガンになった1997年の銀行危機後の局面になってはじめて，企業

パフォーマンスの低下に応じてシステマティックに行われるようになったのである。

(2)　1990年度から1997年度にかけては，持ち合い株主と機関投資家の持株比率が高いほど，新規事業への進出確率が高かった。しかし，分析対象のすべての期間で，企業パフォーマンスの低下に応じてシステマティックに進出と撤退の発生確率が上昇するという関係を増幅ないし緩和するガバナンス要因は確認されなかった。企業のガバナンス構造は，進出のパフォーマンス感応度および撤退のパフォーマンス感応度に，一切影響を与えていなかったのである。したがって，企業パフォーマンスの低下が改革圧力となって事業のリストラクチャリングが進展するという関係を増幅するという意味で，経営を規律づけるガバナンス要因を特定することはできなかった。

(3)　企業パフォーマンスが業種平均に満たない場合に分析の焦点を絞ったところ，以下の諸点が明らかになった。はじめに，企業のパフォーマンス要因が，進出と撤退に明確な影響を与えていたことが確認できた。東証一部上場非金融事業法人全体では，1997年の銀行危機後の局面になってはじめて，企業パフォーマンスの低下に応じて進出と撤退の双方が行われるという関係が確認できるようになったが，低パフォーマンス・サンプルの場合は，1990年代の前半からこの関係を見出だすことができたのである。つまり，企業パフォーマンスの低下が，進出と撤退による事業ポートフォリオの再編を促すという関係がより明確であった。

次に，「選択と集中」が活発化した1990年代の後半から2000年代の半ばまでの時期に着目して，企業のガバナンス要因が進出と撤退に与えた直接的な影響を確認した。その結果，執行役員制度を導入している企業ほど新規事業への進出確率が高く，社外取締役比率が高い企業ほど新規事業への進出確率と既存事業からの撤退確率の双方が高かった。また，持ち合い株主の持株比率が高いほど既存事業からの撤退確率が低かった。したがって，執行役員制度の導入は，経営と執行の分離によるトップ・マネジメントの戦略的意思決定能力の向上に一定の効果をもつと評価でき，社外取締役の存在も，経営に対するモニタリング機能やアドバイス機能を果たしていた可能性が示された。他方，何らかの改革が必要な時でも，経営者に撤退の必要度を主観的に低く見積もらせることで

既存の事業ポートフォリオの温存に寄与した持ち合い株主が，ガバナンス上問題含みであることも示された。

次に，企業パフォーマンスの低下に応じて進出と撤退による事業ポートフォリオの再編が行われるという関係に対して，企業のガバナンス要因が与える影響を確認した。その結果，企業のガバナンス構造は進出のパフォーマンス感応度には一切影響を与えないが，撤退のパフォーマンス感応度には影響を与えていることがわかった。持ち合い株主がこの関係を鈍化させるのに対して，機関投資家がこの関係を増幅していたのである。したがって，経営者が，企業パフォーマンスの低下を新規事業への進出圧力としてどれだけ強く認識するかに関しては，企業のガバナンス構造の影響は限定的であった。他方，既存事業からの撤退に対する影響に関しては，持ち合い株主などの"もの言わぬ"株主が，既存の事業ポートフォリオを温存させるだけではなく，業績悪化のフィナンシャル・プレッシャーも緩和していた。対照的に，機関投資家などの"もの言う"株主は，企業パフォーマンスの低下という改革圧力を増幅するという意味で，経営に対する規律づけ機能を果たしていた。

4　結論－ガバナンスは戦略に影響する－

コーポレート・ガバナンスは経営戦略に影響する。これが基本的な結論である。本書では，企業のガバナンス構造が，経営者の現状認識に影響を与え，その意思決定が反映される経営戦略の策定に影響する可能性を示した。

興味深いことに，企業のガバナンス構造は，「選択と集中」における"選択"と"集中"それぞれの戦略的意思決定に対して，等しく影響していたわけではなかった。すなわち，競争力のある事業分野を見極めて進出し，競争力のない事業分野を見極めて撤退するという事業ポートフォリオの再編は，「選択と集中」の"選択"に関連が深く，事業部門間における経営資源配分の濃淡の結果が現れる多角化水準の変更は，「選択と集中」の"集中"に関連が深いが，双方に対するガバナンス構造の影響は異なっていたのである。多角化水準の変更というよりソフトな戦略的意思決定に対するガバナンス構造の影響は顕著に確認できたが，進出と撤退による事業ポートフォリオの再編というよりハードな戦

第5章　経営戦略を適正化するコーポレート・ガバナンス

略的意思決定に対するガバナンス構造の影響は限定的であった。東証一部上場非金融事業法人全体をサンプルとした分析では，企業のガバナンス構造が，多角化戦略変更のパフォーマンス感応度に影響を与えていることは確認できたが，進出と撤退のパフォーマンス感応度に影響を与えていることは確認できなかったからである。

　さらに興味深いことに，企業のガバナンス構造の影響は，新規事業への進出と既存事業からの撤退で異なっていた。進出と撤退というハードな戦略的意思決定のパフォーマンス感応度に対する企業ガバナンス構造の影響は，資産効率が業種平均に満たない場合にのみ確認できたが，その影響が確認できたのは，既存事業からの撤退に対してのみであった。「選択と集中」が活発化した1990年代の後半から2000年代の半ばまでの時期でみると，企業パフォーマンスの低下に応じて撤退確率がシステマティックに上昇するという関係が，持ち合い株主の持株比率が高い企業では緩和される一方，機関投資家の持株比率が高い企業では増幅されていたのである。既存事業からの撤退という意思決定は，撤退する事業分野における従業員や取引先などのステークホルダーの利害を大きく毀損するから，経営者が二の足を踏むのは当然であろう。その際，持ち合い株主や安定株主がいれば，撤退を決断しなければならない切迫感は和らぎ，決定を先延ばしできるのかもしれない。逆に，機関投資家のプレゼンスが大きい企業では，思い切った決断をより強く迫られることになるのであろう。他方，企業パフォーマンスの低下に応じて進出確率が上昇するという関係は確認されるが，企業のガバナンス構造はこの関係に全く影響を与えていなかった。新規事業への進出に関しては，ガバナンス構造の影響よりも自社で保有する経営資源や組織能力などの制約が大きいのかもしれない。例えば，新規事業を手がけるために必要な資金や技術やノウハウなどの経営資源や組織能力がなければ，資本市場からの圧力があっても無理な進出は決断できないだろう。

　ところで，コーポレート・ガバナンスは経営戦略に影響するということが基本的な結論であると書いたが，"基本的な"と断ったことにはもちろん大きな意味がある。本書の結論には，特に次の2つの重要な注意点を付す必要があるためである。

　第一に，コーポレート・ガバナンスは，常に経営戦略に影響するわけではな

い。ある特定のガバナンス構造の影響力はパーマネントに一定というわけではなく，強く表出する時期もあれば，ガバナンス・マターではない時期もあるといえる。企業のガバナンス構造が経営戦略に与える影響が顕著に確認できたのは，1990年代の後半から2000年代の半ばにかけての時期であった。しかし，2000年代の半ば以降になると，経営戦略に対する企業ガバナンス構造の影響は，企業パフォーマンスの影響とともに，極めて限定的で不明確になった。

　それでは，なぜ1990年代の後半から2000年代の半ばにかけて，ガバナンス構造の影響が顕在化したのだろうか。そして，なぜ2000年代の半ば以降，ガバナンス構造の影響は影を潜めるようになったのだろうか。これらの疑問に対しては，1990年代の後半から2000年代の半ばにかけてという時期が，企業ガバナンス構造の大転換期であり，この変化に対する経営者の意識が非常に敏感であったという可能性が考えられる。この時期，経営戦略の面では，1997年の銀行危機後に事業の「選択と集中」が活発化し，多角化路線から安定化路線への転換が図られていた。そして，コーポレート・ガバナンスの面では，執行役員制度の一般化に伴って取締役会が一気にダウンサイズするとともに，社外取締役の導入も徐々に進展した。さらに，株式の相互持ち合いが急速に減少し，代わって外国人株主をはじめとする機関投資家のプレゼンスが急速に拡大した。つまり，内部ガバナンス構造と外部ガバナンス構造の両面で，従来の伝統的な日本型ガバナンスの諸特徴にドラスティックな変化が生じ，日本企業は新たなガバナンス構造，しかもそれは経営に対する規律づけ機能がより強い構造に直面するようになったのである。コーポレート・ガバナンスに対する経営者の意識にも大きな変化があって当然であろう。そして，その後，スリムな取締役会と"もの言う"株主という資本市場からの圧力が常態化するとともに，経営者の認識も新たなガバナンス構造に慣れていったのかもしれない。

　もし，これらの考え方が妥当であれば，コーポレート・ガバナンスが大きな変化の節目にある現在，経営者の意識も再び大きく変わりつつある，あるいは変わらざるをえないと推察される。2014年には，責任ある機関投資家の行動規範である日本版スチュワードシップ・コードが公表され，コーポレート・ガバナンス元年と称される2015年には，コンプライ・オア・エクスプレイン・ルールによって社外取締役の設置を強く推奨する会社法が改正されるとともに，少

第5章　経営戦略を適正化するコーポレート・ガバナンス

なくとも2名以上の独立社外取締役の選任を求めるなどのコーポレートガバナンス・コードが東京証券取引所の上場規則として施行されるようになった。目下，日本企業は再び大きなガバナンス構造の変化に直面しているのである。そして，これらのガバナンス構造の変化は，経営の意思決定に対する機関投資家と社外取締役の重みが増したことを意味する。したがって，外部ガバナンスと内部ガバナンスの両面において再び大きな変化に直面する日本企業の経営戦略の策定プロセスが，今後どのように変化していくのかは大変興味深い。

　第二に，経営戦略に対するコーポレート・ガバナンスの影響は，企業パフォーマンスが良好な時はそれほど明瞭に確認できるわけではない。逆にいえば，企業パフォーマンスが一定の水準に満たない場合に，ガバナンス構造の影響が顕在化するという特徴があった。コーポレート・ガバナンスの真価が問われるのは，企業パフォーマンスが良好な時よりもむしろ組織に問題がある場合であるから，何らかの改革が求められる状況でガバナンス構造の影響を確認できた意義は大きいといえる。しかも重要な点は，企業パフォーマンスが一定の水準に満たない場合のほうが，経営の規律づけ効果をもつガバナンス要因を，より多く特定することができたことである。東証一部上場非金融事業法人全体でみた場合は，主に大規模な取締役会や持ち合い株主が，経営者の現状認識の感度を鈍化させ，既存戦略を温存させる方向に作用していた。つまり，企業パフォーマンスの低下に応じた経営戦略の柔軟な変更を阻害するという意味で，伝統的な日本型ガバナンスの逆機能が確認された。しかしながら，分析サンプルを資産効率が業種平均に満たない場合に限定すると，経営を規律づけるガバナンス要因が，トップ・マネジメント構造という内部ガバナンスと株式所有構造という外部ガバナンスの両面で確認できた。すなわち，社外取締役の存在や，外国人株主・機関投資家などの"もの言う"株主の存在が，企業パフォーマンスの低下に応じた経営戦略の変更を促進するという関係が確認されたのである。

　日本企業のガバナンスに関しては，メインバンクの影響力が後退したといわれて久しいが，1990年代以降でも，企業の財務状態が芳しくない時に経営を規律づけるガバナンス・メカニズムの発現がみられるという点は重要な発見であった。そして，その鍵は，資本市場からの圧力という外部ガバナンスと，取締役会のスリム化や社外取締役の採用といったトップ・マネジメントの構造改

革による内部ガバナンスの強化にあったのである。

　本書で得られた実証事実から今後を展望すれば，企業の意思決定機関である取締役会の改革がどのように進むのか，また，機関投資家を中心として，資本市場における株主の影響力がどのように変化するのかは，日本企業の経営戦略の形成メカニズムに大きな影響を与えるだろう。

1　日本企業のガバナンスの多様化とハイブリッド化に関しては，Jackson and Miyajima (2007)，宮島 (2011) を参照のこと。

あとがき―残された課題―

　最後に残された課題について触れておく。第一に，本書では，企業のガバナンス構造が多角化戦略の変更や進出と撤退による事業ポートフォリオの再編に与える影響を分析したが，これらの経営行動が事後的な組織パフォーマンスにどのような影響を与えるのかは検証していない。多角化タイプや多角化レベルと組織パフォーマンスとの関係を検証した先行研究の蓄積は厚いが，戦略変更の視点を加味したうえでの多角化と組織パフォーマンスとの関係，あるいは進出や撤退の事後的パフォーマンスに対する寄与度を検証することは今後の課題である。そして，その際は特に，事業部門間のシナジー効果を考慮する必要があり，そのためには各事業分野の技術や市場のバックグラウンドを含めた繋がりを理解することが求められる。

　第二に，本書では連結決算ベースのセグメント情報や財務データを用いて分析を行ったが，今後は単独決算ベースでも同様の分析を行い，本書の結果と比較することも有意義であろう。連結決算ベースでみた場合，1990年代を通じて多角化が進展していたが，単独決算ベースでみた場合には，専業化方向への変化が進展していた可能性もある。つまり，分社によって親会社本体のスリム化を図ったうえで，他社との戦略的アライアンスやグループ経営の強化を進めていた可能性である。したがって，連結決算ベースでみた本書の分析結果に，単独決算ベースでみた場合の分析結果を補完し，日本企業の多角化戦略の実態に接近することが必要である。

　第三に，本書では，コーポレート・ガバナンスと経営戦略の接点に経営者が存在すること，そして，その経営者の認知が経営戦略の変更に影響を与えることを想定した。しかし，戦略変更の必要性をどの程度感じるのかという経営者の現状認識に影響を与えるのは，絶対的・相対的なパフォーマンス水準だけではないだろう。例えば，過去の実績から推測される将来の期待値と現実とのギャップの大きさや，パフォーマンス指標の変化の大きさ，あるいはライバル企業の戦略動向などの影響も重要だろう。これらの要因を総合的に考慮した分析も有用だろう。

第四に，多角化戦略の変更を表す変数として採用したエントロピー指数は，事業ポートフォリオの選択や資源配分の重点化に関する経営者の戦略的意思決定の結果を，間接的に，あるいは事後的に反映するという性格をもつ。例えば，不採算事業の縮小という意思決定が行われた場合，エントロピー指数は売上高構成比における事後的な変化を捉えることになるが，事前的な資源配分の変化に関する直接的な情報を与えるものではない。したがって，事業分野別の経営資源のインプットの変化，例えば部門間の資金配分の増減などの直接的変数を用いた分析も必要であろう。

　最後に，本書ではコーポレート・ガバナンスが経営戦略に与える影響を定量的に分析したが，個別企業の具体的事例には十分踏み込めていない。特に経営者の現状認識に関しては，戦略的意思決定メカニズムの解明の観点からも，ヒアリング調査などによって本書の実証結果を補完することが重要である。

【参考文献】

Agihon, P. and J. Tirole (1997) "Formal and Real Authority in Organizations", *Journal of Political Economy*, Vol. 105, No. 1, pp.1-29.

Allen, F. and D. Gale (2000) *Comparing Financial Systems*, MIT Press.

Aoki, H. (2004) "Boardroom Reform in Japanese Business: An Analysis of the Introduction of the Executive Officer System and its Effects", *Asian Business & Management*, Vol. 3, No. 2, pp.173-199.

Aoki, M. (1984) "Aspects of the Japanese Firm", Aoki, M. eds., *The Economic Analysis of the Japanese Firm*, North-Holland, Amsterdam, pp.3-43.

Aoki, M. (1994a) "Monitoring Characteristic of the Main Bank System: An Analytical and Developmental View", Aoki, M. and H. Patrick eds. (1994), *The Japanese Main Bank System*, Oxford University Press, （白鳥正喜監訳『日本のメインバンク・システム』, 東洋経済新報社, 1996年).

Aoki, M. (1994b) "The Contingent Governance of Teams: An Analysis of Institutional Complementarity", *International Economic Review*, Vol. 35, No. 3, pp.657-676.

Bain, J.S. (1968) *Industrial Organization*, 2nd edition, New York: John Wiley & Sons.

Berger, P. and E. Ofek (1995) "Diversification's effect on firm value", *Journal of Financial Economics*, 37, pp.39-65.

Berger, P. and E. Ofek (1999) "Causes and Effects of Corporate Refocusing Programs", *Review of Financial Studies*, 12, pp.311-345.

Berger, W. and C. Montgomely (1988) "Tobin's q and the structure performance relationship", *American Economic Review*, 78, pp.246-250.

Bolton, P. and D.S. Scharfstein (1998) "Corporate finance, the theory of the firm and organizations", *Journal of Economic Perspectives*, Vol. 12, No. 4, pp.95-114.

Chandler, A.D. Jr. (1962) *Strategy and Structure*, MIT Press, Cambridge, （三菱経済研究所訳『経営戦略と経営組織』, 実業之日本社, 1969年).

Coase, R.H. (1937) "The Nature of the Firm", *Economica*, 4, November, pp.386-405.

Coase, R.H. (1988) *The Firm, The Market, and The Law*, （宮沢健一・後藤晃・藤垣芳文訳『企業・市場・法』, 東洋経済新報社, 1992年).

Denis, D.J., D.K. Denis and A. Sarin (1997) "Agency Problems, Equity Ownership, and Corporate Diversification", *Journal of Finance*, 52, pp.135-160.

Grimm, C.M. and Smith, K.G. (1991) "Management and organizational change: A note on the railroad industry", *Strategic Management Journal*, 12, pp.557-562.

Hanazaki, M and A. Horiuchi (2000) "Is Japan's Financial System Efficient?", *Oxford Review of Economic Policy*, Vol. 16, No. 2, pp.61-73.

Hannan, M.T. and J. Freeman (1984) "Structural inertia and organizational change", *American Sociological Review*, 49, pp.149-164.

Hirschman, A.O. (1970) *Exit, Voice, and Loyalty : Responses to Decline in Firms, Organizations, and States*, Harvard University Press, Cambridge, MA,（矢野修一訳『離脱・発言・忠誠－企業・組織・国家における衰退への反応』, ミネルヴァ書房, 2005年).

Hofer, C.W. and D. Schendel (1978) *Strategy formulation : Analytical concepts*, St Paul, MN, West.

Holmstrom, B. and S.N. Kaplan (2001) "Corporate Governance and Merger Activity in the United States : Making Sense of the 1980s and 1990s", *Journal of Economic Perspectives*, 15, pp.121-144.

Itoh, H. and Z. Shishido (2001) "The Firm as a Legal Entity : What Distinguishes Wholly Owned Subsidiaries from Internal Divisions in Japan?", Working Paper.

Jackson, G. and H. Miyajima (2007) "Introduction : The Diversity and Change of Corporate Governance in Japan", Aoki, M., G. Jackson and H. Miyajima, eds., *Corporate Governance in Japan : Institutional Change and Organizational Diversity*, Oxford University Press, pp.1-47.

Jacquemin, A.P. and C.H. Berry (1979) "Entropy Measure of Diversification and Corporate Growth", *Journal of Industrial Economics*, 27, pp.359-369.

Kaplan, S.N. and B.A. Minton (1994) "Appointments of Outsiders to Japanese Boards Determinants and Implications for Managers", *Journal of Financial Economics*, 36, pp.225-258.

Kelly, D. and T.L. Amburgey (1991) "Organizational inertia and momentum : A dynamic model of strategic change", *Academy of Management Journal*, 34, pp.591-612.

Kikutani, T., H. Itoh and O. Hayashida (2007) "Business Portfolio Restructuring of Japanese Firms in the 1990s : Entry and Exit Analysis", Aoki, M., G. Jackson and H. Miyajima, eds., *Corporate Governance in Japan : Institutional Change and Organizational Diversity*, Oxford University Press, pp.227-256.

Lang, L. and R. Stulz (1994) "Tobin's q, Corporate Diversification and Firm Performance", *Journal of Political Economics*, 102, pp.1248-1291.

Lichtenberg, F.R. and G.M. Pushner (1994) "Ownership Structure and Corporate Performance in Japan", *Japan and the World Economy*, 6, pp.239-261.

Lins, K. and H. Servaes (1999) "International Evidence on the Value of Corporate Diversification", *Journal of Finance*, 45, pp.31-48.

Markides, C. and P. Williamson (1994) "Related Diversification, Core Competences, and Corporate Performance", *Strategic Management Journal*, 15, pp.149-165.

McConnell, J.J. and H. Servaes (1990) "Additional Evidence on Equity Ownership and Corporate Value", *Journal of Financial Economics*, 27, pp.595-612.

Miller, D. and M. Chen (1994) "Sources and consequences of competitive inertia : A study of the U.S. airline industry", *Administrative Science Quarterly*, 39, pp.1-23.

Miyajima, H. and F. Kuroki (2007) "The Unwinding of Cross-Shareholding in Japan: Causes, Effects, and Implications", M. Aoki., G. Jackson and H. Miyajima eds., *Corporate Governance in Japan : Institutional Change and Organizational diversity*, Oxford University Press, pp.79-124.

Morck, R., A. Shleifer and R.W. Vishny (1988) "Management Ownership and Market Valuation : An Empirical Analysis", *Journal of Financial Economics*, 20, pp.293-315.

Morck, R., A. Shleifer and R.W. Vishny (1990) "Do Managerial Objectives Drive Bad Acquisitions?", *Journal of Finance*, 45, pp.31-48.

Penrose, E.T. (1959) *The Theory of the Growth of the Firm*, Blackwell,（末松玄六訳『会社成長の理論』，ダイヤモンド社，1962年）．

Rajagopalan, N. and G.M. Spreitzer (1997) "Toward a theory of strategic change : A multi-lens perspective and integrative framework", *Academy of Management Review*, 22, pp.48-79.

Rumelt, R.P. (1974) *Strategy, Structure and Economic Performance*, Harvard University Press,（鳥羽欽一郎・山田正喜子・川辺信雄・熊沢孝訳『多角化戦略と経済成果』，東洋経済新報社，1977年）．

Rumelt, R.P. (1982) "Diversification Strategy and Profitability", *Strategic Management Journal*, 3, pp.359-369.

Schaede, U. (2008) *Choose and Focus—Japanese Business Strategies for the 21st Century*, Cornell University Press, New York.

Scherer, F.M. (1980) *Industrial Market Structure and Economic Performance*, 2nd edition, Boston : Houghton Mifflin Company.

Ushijima, T. (2015) "Diversification, Organization, and Value of the Firm", RIETI Discussion Paper Series 15-E-019.

Van de Ven, A.H. and M.S. Poole (1995) "Explaining development and change in organi-

zations", *Academy of Management Review*, 20, pp.510-540.
Varadarajan, P. and V. Ramanujam (1987) "Diversification and Performance: A Re-examination Using a New Two-Dimensional Conceptualization of Diversity in Firms", *Academy of Management Journal*, 30, pp.380-393.
Wernerfelt, B. and C. Montgomery (1988) "Tobin's q and the Importance of Focus in Firm Performance", *American Economic Review*, 78, pp.246-250.
Williamson, O. (1975) *Markets and Hierarchies: Analysis and Antitrust implications*, New York, Free Press, (浅沼萬里・岩崎晃訳『市場と企業組織』, 日本評論社, 1980年).
Yermack, D. (1996) "Higher Market Valuation of Companies with a Smaller Board of Directors", *Journal of Financial Economics*, 40, pp.185-211.

青木英孝（2002）「取締役会の改革とコーポレート・ガバナンス－執行役員制度導入の要因分析－」,『日本経営学会誌』, 第8号, 3-14頁。
青木英孝（2008）「事業ポートフォリオの再編と企業統治－事業集約化からのアプローチ－」, 宮島英昭編『企業統治分析のフロンティア』, 日本評論社, 115-141頁。
青木英孝（2014）「企業のガバナンス構造が経営戦略の変更に与える影響－多角化戦略の分析－」,『日本経営学会誌』, 第34号, 37-50頁。
青木英孝（2017）「企業統治と会計不正－企業のガバナンス改革は有効か？－」, 宮島英昭編『企業統治と成長戦略』, 東洋経済新報社, 335-368頁。
青木英孝・新田敬祐（2004）「経営トップ交代の効果とガバナンスの影響－在任期間とエントレンチメント－」, ニッセイ基礎研究所『所報』, 第33巻, 99-132頁。
青木英孝・宮島英昭（2011）「多角化・グローバル化・グループ化の進展と事業組織のガバナンス」, 宮島英昭編『日本の企業統治－その再設計と競争力の回復に向けて－』, 東洋経済新報社, 245-288頁。
青木昌彦（1995）『経済システムの進化と多元性－比較制度分析序説－』, 東洋経済新報社。
青木昌彦（1996）「メインバンク・システムのモニタリング機能としての特徴」, 青木昌彦・ヒュー・パトリック編『日本のメインバンク・システム』, 東洋経済新報社, 129-166頁。
浅羽茂（2005）「外資は日本企業を立て直せるか」,『一橋ビジネスレビュー』, 第53巻, 第2号, 46-59頁。
浅羽茂（2006）「競争戦略論と経済学の共進化」, 伊丹敬之・藤本隆宏・岡崎哲二・伊藤秀史・沼上幹編『リーディングス　日本の企業システム　第Ⅱ期　第3巻　戦略とイノベーション』, 有斐閣, 72-94頁。

参考文献

蟻川靖浩・宮島英昭(2007)「M&Aはなぜ増加したのか」，宮島英昭編『日本のM&A 企業統治・組織効率・企業価値へのインパクト』，東洋経済新報社，45-79頁。

蟻川靖浩・宮島英昭 (2008)「どのような企業がM&Aを選択するのか」，一橋大学イノベーション研究センター編『一橋ビジネスレビュー』，第56巻，第3号，74-91頁。

伊藤邦雄 (1993)「株式持合い－その螺旋型ロジック・シフト」，伊丹敬之・加護野忠男・伊藤元重編『日本の企業システム 第1巻 企業とは何か』，有斐閣，151-189頁。

伊藤秀史・菊谷達弥・林田修 (1997)「日本企業の分社化戦略と権限委譲－アンケート調査による分析－」，『通産研究レビュー』，第10号，24-63頁。

伊藤秀史・菊谷達弥・林田修 (2002)「子会社のガバナンス構造とパフォーマンス－権限・責任・モニタリング－」，伊藤秀史編『日本企業－変革期の選択－』，東洋経済新報社，235-268頁。

伊藤秀史・菊谷達弥・林田修 (2003)「親子会社間の多面的関係と子会社ガバナンス」，花崎正晴・寺西重郎編『コーポレート・ガバナンスの経済分析』，東京大学出版会，51-80頁。

井上達彦 (2004)「「選択と集中」と企業組織－再編パターン4類型の検出－」，都留康・電機連合総合研究センター編『選択と集中－日本の電機・情報関連企業における実態分析－』，有斐閣，52-104頁。

上野恭裕 (2004)「日本企業の多角化経営と組織構造」，『組織科学』，第37巻，第3号，21-32頁。

大坪稔(2004)「日本企業における分社化に関する実証研究」，『証券経済研究』，第47号，83-96頁。

小田切宏之 (1992)『日本の企業戦略と組織－成長と競争のメカニズム－』，東洋経済新報社。

加護野忠男(1993)「職能別事業部制と内部市場」，『国民経済雑誌』，第167巻，第2号，35-52頁。

加護野忠男・野中郁次郎・榊原清則・奥村昭博 (1983)『日米企業の経営比較－戦略的環境適応の理論－』，日本経済新聞社。

河村耕平・広田真一 (2002)「株主によるガバナンスは必要か？－インタビューとモデル分析」，伊藤秀史編『日本企業－変革期の選択－』，東洋経済新報社，107-140頁。

神田秀樹・財務省財務総合政策研究所(2007)『企業統治の多様化と展望』，金融財政事情研究会。

菊谷達弥・伊藤秀史・林田修(2005)「事業進出と撤退－1990年代日本企業の事業再編－」，伊丹敬之監修・一橋大学日本企業研究センター編『日本企業研究のフロンティア第1号』，有斐閣，81-100頁。

菊谷達弥・齋藤隆志 (2006)「事業ガバナンスとしての撤退と進出－どのような事業から撤退

し，どのような事業に進出するか－」，『組織科学』，第40巻，第2号，15-26頁。
菊池敏夫・平田光弘編（2000）『企業統治の国際比較』，文眞堂。
久保克行（2011）「配当政策と雇用調整－日本企業は株主重視になってきたのか－」，宮島英昭編『日本の企業統治－その再設計と競争力の回復に向けて－』，東洋経済新報社，409-438頁。
齋藤卓爾（2011）「日本企業による社外取締役の導入の決定要因とその効果」，宮島英昭編『日本の企業統治－その再設計と競争力の回復に向けて－』，東洋経済新報社，181-213頁。
斎藤達弘（2002）「取締役会の規模と企業評価－グループ企業のガバナンス－」，『日本経済研究』，第45号，86-111頁。
佐々木隆文・佐々木寿記・胥鵬・花枝英樹（2016）「日本企業の現金保有と流動性管理－サーベイ調査による分析－」，『現代ファイナンス』，第37号，19-48頁。
佐々木隆文・米澤康博（2000）「コーポレート・ガバナンスと株主価値」，『証券アナリスト・ジャーナル』，第38巻，第9号，28-46頁。
シェアード，P.（1993）「日本の株式持ち合いと企業支配」，『フィナンシャル・レビュー』，第28号，56-92頁。
篠田朝也（2010）「わが国企業における経営の規律づけに関する検討－外国人投資家を中心にした分析－」，『立命館経営学』，第48巻，第5号，79-97頁。
下谷政弘（2006）『持株会社の時代－日本の企業結合－』，有斐閣。
下谷政弘（2009）『持株会社と日本経済』，岩波書店。
鈴木誠・胥鵬（2000）「取締役人数と企業経営」，『証券アナリスト・ジャーナル』，第38巻，第9号，47-65頁。
高橋俊夫編（1995）『コーポレート・ガバナンス－日本とドイツの企業システム－』，中央経済社。
田中一弘（2002）『企業支配力の制御：戦後日本企業の経営者－資金提供者関係』，有斐閣。
都留康（2004）「「選択と集中」による企業組織・雇用システムの変容－＜企業の境界＞再編の視点から－」，都留康・電機連合総合研究センター編『選択と集中－日本の電機・情報関連企業における実態分析－』，有斐閣，13-51頁。
手嶋宣之（2000）「経営トップの株式保有と企業価値」，『現代ファイナンス』，第7号，41-55頁。
手嶋宣之（2004）『経営者のオーナーシップとコーポレート・ガバナンス－ファイナンス理論による実証的アプローチ－』，白桃書房。
中野貴之（2012）「多角化ディスカウントの実証分析－事業多角化と地域多角化の影響－」，『証券経済研究』，第78号，81-101頁。

参考文献

中山徳良（1999）「日本企業の生産性と役員数」,『日本経済研究』, 第38号, 48-61頁。

西崎健司・倉澤資成（2003）「株式保有構成と企業価値－コーポレート・ガバナンスに関する一考察－」,『金融研究』（日本銀行金融研究所）, 第22巻, 別冊第1号, 161-199頁。

新田敬祐（2008）「日本型取締役会の多元的進化－取締役会組織はいかに分化したか－」, 宮島英昭『企業統治分析のフロンティア』, 日本評論社, 17-43頁。

延岡健太郎・田中一弘（2002）「トップ・マネジメントの戦略的意思決定能力」, 伊藤秀史編『日本企業－変革期の選択－』, 東洋経済新報社, 173-199頁。

萩原俊彦（2007）『多角化戦略と経営組織』, 税務経理協会。

花崎正晴・寺西重郎編（2003）『コーポレート・ガバナンスの経済分析－変革期の日本と金融危機後の東アジア－』, 東京大学出版会。

平元達也（2002）「事業の多角化と企業価値」,『現代ファイナンス』, 第12号, 31-55頁。

広田真一・宮島英昭（2001）「メインバンク介入型ガバナンスは変化したか？－1990年代と石油ショック後との比較－」,『現代ファイナンス』, 第10号, 35-61頁。

深尾京司・権赫旭・滝澤美帆（2007）「外資によるM&Aはより高いパフォーマンスをもたらすのか」, 宮島英昭編『日本のM&A』, 東洋経済新報社, 81-108頁。

深尾光洋・森田泰子（1997）『企業ガバナンス構造の国際比較』, 日本経済新聞社。

舟岡史雄（2003）「企業行動の多角化の実体とその成果－事業所・企業・企業グループについての実証分析」, 松田芳郎・清水雅彦・舟岡史雄編『講座ミクロ統計分析第4巻企業行動の変容－ミクロデータによる接近－』, 日本評論社, 213-259頁。

本庄裕司（2002）「新規参入と退出の計量分析」,『日本経済研究』, 第44号, 106-121頁。

松田千恵子（2015）『コーポレートガバナンスの教科書』, 日経BP。

宮島英昭（1998）「戦後日本企業における状態依存的ガヴァナンスの進化と変容－Logitモデルによる経営者交代分析からのアプローチ－」,『経済研究』, 第49巻, 第2号, 97-112頁。

宮島英昭（2007）「増加するM&Aをいかに読み解くか」, 宮島英昭編『日本のM&A 企業統治・組織効率・企業価値へのインパクト』, 東洋経済新報社, 1-41頁。

宮島英昭編（2008）『企業統治分析のフロンティア』, 日本評論社。

宮島英昭編（2011）『日本の企業統治－その再設計と競争力の回復に向けて－』, 東洋経済新報社。

宮島英昭（2011）「日本の企業統治の進化をいかにとらえるか－危機後の再設計に向けて－」, 宮島英昭編『日本の企業統治－その再設計と競争力の回復に向けて－』, 東洋経済新報社, 1-70頁。

宮島英昭編（2017）『企業統治と成長戦略』, 東洋経済新報社。

宮島英昭・青木英孝（2002）「日本企業における自律的ガバナンスの可能性－経営者選任の分

析」，伊藤秀史編『日本企業－変革期の選択－』，東洋経済新報社，71-106頁。
宮島英昭・蟻川靖浩・齊藤直（2001）「日本型企業統治と「過剰」投資－石油ショック前後とバブル経済期の比較分析－」，『フィナンシャル・レビュー』，第60号，139-168頁。
宮島英昭・稲垣健一（2003）『日本企業の多様化と企業統治－事業戦略・グループ経営・分権化組織の分析－』，財務省財務総合政策研究所。
宮島英昭・新田敬祐（2003）「生産性と外部からの規律－不振産業におけるガバナンス問題は何か－」，『証券アナリスト・ジャーナル』，第41巻，第12号，29-47頁。
宮島英昭・新田敬祐（2007）「日本型取締役会の多元的進化：その決定要因とパフォーマンス効果」，神田秀樹・財務省財務総合政策研究所編『企業統治の多様化と展望』，金融財政事情研究会，27-77頁。
宮島英昭・新田敬祐（2011）「株式所有構造の多様化とその帰結－株式持ち合いの解消・「復活」と海外投資家の役割－」，宮島英昭編『日本の企業統治－その再設計と競争力の回復に向けて－』，東洋経済新報社，105-149頁。
宮島英昭・新田敬祐・齊藤直・尾身祐介（2004）「企業統治と経営効率－企業統治の効果と経路，及び企業特性の影響－」，『所報』（ニッセイ基礎研），第33号，52-98頁。
森川正之（1996）「製造業における撤退・縮小」，通商産業研究所ディスカッション・ペーパー，#96-DOJ-70。
森川正之（1998）「新規事業への進出と既存事業からの撤退－日本企業の実証分析－」，通商産業研究所ディスカッション・ペーパー，#98-DOJ-87。
森川正之・橘木俊詔（1997）「参入・退出と雇用変動：製造業のマイクロデータに基づく分析を中心に」，通商産業研究所ディスカッション・ペーパー，#97-DOJ-85。
森本三男（2006）『現代経営組織論』，学文社。
吉原英樹・佐久間昭光・伊丹敬之・加護野忠男（1981）『日本企業の多角化戦略－経営資源アプローチ－』，日本経済新聞社。
吉森賢（2001）『日米欧の企業経営－企業経営と経営者－』，放送大学教育振興会。
米澤康博・宮崎政治（1996）「日本企業のコーポレート・ガバナンスと生産性」，橘木俊詔・筒井義郎編『日本の資本市場』，日本評論社，222-246頁。
渡辺康夫（1996）「カンパニー制からみた社内資本金制度」，『産業経理』，第55巻，第4号，78-86頁。

索　引

■ 欧文

Exit（退出） ………………………… 13
M&A ………………………………… 61
SCP パラダイム …………………… 4
Voice（発言） ……………………… 13

■ あ行

安定株主 ………… 12, 15, 78, 124, 179
売上高連単倍率 ……………… 57, 61
エージェンシー理論 …………… 1, 71
エントロピー指数 ………… 40, 47, 52

■ か行

海外売上高比率 …………………… 55
海外進出 …………………………… 35
外国人株主 ………………………… 86
外部ガバナンス ………… 11, 78, 124
外部成長 …………………………… 34
株式所有構造 …………… 12, 78, 124
株式の相互持ち合い … 12, 78, 109, 179
関連多角化 ………………… 7, 73, 80
関連多角化エントロピー指数 … 41, 47
関連多角化企業 ……………… 39, 42
機関投資家 …………………… 86, 184
企業ドメイン …………………… 6, 19
企業のガバナンス構造 … 17, 182, 183
企業の境界 ………………… 24, 118
企業パフォーマンス … 75, 82, 121, 126
議決権行使 …………………… 79, 125
銀行離れ …………………………… 15

グループ化 ………………… 56, 61, 64
グループ経営 ……………………… 9
グループ組織 ……………………… 8
グローバル化 …………………… 55, 64
経営資源 …………………… 19, 183
経営資源配分の重点化 ………… 6, 19
経営者 ……………………………… 5
経営者インセンティブ …………… 13
経営者の責任 …………………… 96, 151
経営者の認知 …………………… 70
経営戦略 ………………… 5, 16, 175
経営戦略の変更 ………… 72, 80, 106
経営の規律づけメカニズム
　　………… 1, 26, 77, 106, 123, 165
経営目標 …………………… 34, 121
コア・コンピタンス ……………… 31
コア事業 …………………… 19, 36
コーポレート・ガバナンス
　　………… 1, 5, 11, 15, 75, 76, 123, 182
コーポレート・ガバナンス元年 … 184
コーポレートガバナンス・コード … 185
コーポレート・ファイナンス …… 2
子会社ガバナンス ………… 9, 23, 67
子会社の「選択と集中」 ………… 11
固定効果モデル …………………… 80
固定効果ロジット・モデル … 126, 129
コングロマリット型企業 ………… 34

■ さ行

サイレント・パートナー …… 79, 125
事業ガバナンス …………………… 67

事業再組織化 …………………… 8	戦略変更の必要度 ………………… 95
事業部制 ……………………………… 34	総資産経常利益率 ……………… 82, 84
事業分野 ……………………………… 37	組織慣性 ……………………………… 69
事業分野数 ……………………… 45, 50	組織能力 …………………………… 183
事業ポートフォリオ …………… 7, 19, 33	組織非効率 …………………………… 73
事業ポートフォリオ再編の必要度 … 149	
事業ポートフォリオの再編	■ た 行
……………………… 117, 131, 180	多角化 …………… 32, 39, 63, 72, 141, 177
執行役員制度 ……………… 14, 78, 84, 124	多角化水準の変化 ……………… 18, 68
シナジー効果 ………………………… 73	多角化タイプ ……………… 32, 39, 41
資本市場からの圧力 …… 90, 112, 180, 185	多角化ディスカウント ……………… 73
社外取締役 …… 14, 78, 124, 173, 179, 184	多角化度指数（DI） ………………… 32
社内カンパニー制 …………………… 36	単独決算 ……………………………… 22
純粋持株会社 …………………… 11, 36	長期経営計画 ………………………… 89
上場廃止 ……………………………… 22	調整コスト ……………………… 73, 108
状態依存的ガバナンス ……………… 12	敵対的な企業買収 ………… 12, 78, 124
情報の非対称性 …………………… 9, 73	撤退 … 19, 119, 130, 131, 139, 165, 167, 180
常務会 ………………………………… 13	同時性 ……………………………… 120
職能別組織 …………………………… 34	トップ・マネジメント構造 …… 6, 77, 123
自律的な戦略形成 ………………… 165	トップ・マネジメント組織 …………… 2
進出 … 19, 119, 130, 131, 136, 165, 167, 180	取締役会 ………… 2, 12, 13, 77, 107, 179
スチュワードシップ・コード …… 184	取締役会の改革 …………… 13, 113, 179
ステークホルダー ……………… 15, 71, 183	取締役会のスリム化（ダウンサイジング）
ストック・オプション ……………… 13	……………………………… 13, 84, 111
スパン・オブ・コントロール ……… 11	取締役人数 …………………………… 84
製造業 …………………………… 50, 59	
セグメント情報 ……………………… 37	■ な 行
専業化 ………………………………… 72	内部ガバナンス ……………… 13, 77, 123
専業企業 ………………………… 39, 42	内部ガバナンスの強化 …………… 186
戦略の固定化 …………………… 76, 122, 179	内部成長 …………………………… 7, 34
選択と集中 ………………… 6, 10, 50	2層のエージェンシー関係（問題）
戦略的意思決定 …………………… 6, 71	……………………………………… 9, 175
戦略的意思決定機能 ………………… 14	日本型ガバナンス
戦略変更 …………………… 69, 75, 76, 178	………… 12, 25, 110, 112, 176, 179, 184

日本型ガバナンスの逆機能…25, 107, 179
日本型取締役会 ……………………123
日本標準産業分類 ………………33, 37

■ は行

パネルデータ ……………22, 33, 119
非関連多角化 …………………73, 80
非関連多角化エントロピー指数 …41, 47
非関連多角化企業 ………………39, 41
非製造業 …………………………50, 59
不採算事業………………………………36
負債の規律づけメカニズム …………2
プリンシパルとエージェント…………71
プロフィット・センター……………35
分権化 ……………………………35, 36
分社 …………………………………61
本業 ……………………40, 83, 127
本業回帰 ……………………………119
本業成長率 ……………………82, 84

本業成長率の鈍化 ……………166, 180
本業比率 ……………………40, 42, 177

■ ま行

マネジメント・サイクル……………14
メインバンク………………………2, 12
持ち合い株主…………………………86
モデレート効果……………83, 128, 130
モニタリング機能……………………14
"もの言う"株主 ……13, 79, 86, 182
"もの言わぬ"株主 ……………12, 182
モラルハザード……………………71

■ ら行

ライフサイクル ……………………141
リーマンショック……………………46
リスク分散……………………………74
連結決算……………………11, 23, 36
連結子会社数 …………………56, 59

〔著者紹介〕

青木　英孝（あおき　ひでたか）

中央大学総合政策学部教授。博士（商学）早稲田大学。
早稲田大学商学部卒業。早稲田大学大学院商学研究科博士後期課程単位取得退学。早稲田大学商学部助手，千葉商科大学商経学部教授，University of London (SOAS) Visiting Professor，千葉商科大学大学院商学研究科教授，中央大学総合政策学部准教授等を経て現職。
専門はコーポレート・ガバナンス，経営学。

主要著作
「企業統治と会計不正－企業のガバナンス改革は有効か？－」宮島英昭編『企業統治と成長戦略』東洋経済新報社，2017年。
「企業のガバナンス構造が経営戦略の変更に与える影響－多角化戦略の分析－」『日本経営学会誌』第34号，2014年。（日本経営学会賞受賞）
"Benchmarking Business Unit Governance in Turbulent Times: The Case of Japanese Firms", *Benchmarking: An International Journal*, 19(4/5), 2012年（共著）。
"The Decrease in Diversification and Corporate Governance: Evidence from Japanese Firms", *Corporate Ownership and Control*, 6(4), 2009年。
"Boardroom Reform in Japanese Business: An Analysis of the Introduction of the Executive Officer System and its Effects", *Asian Business & Management*, 3(2), 2004年。

日本企業の戦略とガバナンス
－「選択と集中」による多角化の実証分析－

2017年5月10日　第1版第1刷発行

著者　青　木　英　孝
発行者　山　本　　　継
発行所　㈱中央経済社
発売元　㈱中央経済グループ
　　　　パブリッシング

〒101-0051　東京都千代田区神田神保町1-31-2
電話　03 (3293) 3371 （編集代表）
　　　03 (3293) 3381 （営業代表）
http://www.chuokeizai.co.jp/
印刷／昭和情報プロセス㈱
製本／誠　製　本㈱

© 2017
Printed in Japan

＊頁の「欠落」や「順序違い」などがありましたらお取り替えいたしますので発売元までご送付ください。（送料小社負担）

ISBN978-4-502-21821-7　C3034

JCOPY〈出版者著作権管理機構委託出版物〉本書を無断で複写複製（コピー）することは，著作権法上の例外を除き，禁じられています。本書をコピーされる場合は事前に出版者著作権管理機構（JCOPY）の許諾を受けてください。
JCOPY〈http://www.jcopy.or.jp　eメール：info@jcopy.or.jp　電話：03-3513-6969〉

●好評既刊●

企業評価の組織論的研究
―経営資源と組織能力の測定―

藤田　誠［著］

知的資産の中核をなす経営資源と組織能力の概念を正面から取り上げて概念の体系化を試み，その測定モデルとマネジメントモデルを提示

Contents

序　章
第1章　企業評価の視点
第2章　企業評価とResource Based View
　　　　──Resource Based View小史
第3章　経営資源，組織能力と
　　　　競争優位性
第4章　インタンジブルズとIC
第5章　ブランドの価値評価とマネジメント
第6章　知的財産の価値評価
　　　　──特許権を中心に
第7章　知的財産戦略と組織マネジメント
　　　　──特許権を中心に
第8章　組織能力の概念枠組みと
　　　　測定モデル
第9章　経営資源と組織能力の
　　　　組織論的検討
第10章　結　論
補　論──いわゆる「方法論」に関して

日本経営学会賞受賞

A5判・上製・340頁

中央経済社